CHEFS-D'ŒUVRE

DES

THÉATRES ÉTRANGERS.

QUATRIÈME LIVRAISON.

IMPRIMERIE DE FAIN, PLACE DE L'ODÉON.

CHEFS-D'ŒUVRE

DES

THÉATRES ÉTRANGERS,

ALLEMAND, ANGLAIS, DANOIS, ESPAGNOL,
HOLLANDAIS, ITALIEN, POLONAIS, PORTUGAIS, RUSSE, SUÉDOIS;

TRADUITS EN FRANÇAIS

PAR MESSIEURS

AIGNAN, ANDRIEUX, MEMBRES DE L'ACADÉMIE FRANÇAISE;
LE BARON DE BARANTE, BENJAMIN CONSTANT, CHATELAIN, COHEN, DENIS, ESMÉNARD, GUIZARD, GUIZOT, LABEAUMELLE, MALTE-BRUN, MERVILLE, CHARLES NODIER, PICHOT, REMUSAT, LE COMTE DE SAINTE-AULAIRE, LE BARON DE STAEL, TROGNON, VILLEMAIN, MEMBRE DE L'ACADÉMIE FRANÇAISE.

A PARIS,

CHEZ LADVOCAT, LIBRAIRE,
ÉDITEUR DES OEUVRES DE SHAKSPEARE ET DE SCHILLER,
AU PALAIS-ROYAL.

M. DCCC. XXII.

CHEFS-D'ŒUVRE

DU

THÉATRE ESPAGNOL.

CALDÉRON.

TOME I.

A PARIS,

CHEZ LADVOCAT, LIBRAIRE,
ÉDITEUR DES ŒUVRES DE SHAKSPEARE ET DE SCHILLER,
AU PALAIS-ROYAL.

M. DCCC. XXII.

VIE DE CALDÉRON.

VIE DE CALDÉRON.

La vie de Pedro Caldéron de la Barca commença avec le dix-septième siècle. Il naquit le Ier janvier 1601, six ans avant Corneille. Philippe II était mort; son fils, Philippe III, héritier de ses états, mais non de ses talens, portait le titre de roi d'Espagne. Cette monarchie occupait alors un rang imposant en Europe, par ses souvenirs et par les traditions politiques et militaires qui gouvernaient encore. Les circonstances qui avaient donné aux Espagnols une prépondérance universelle ne pouvaient pas cesser d'agir subitement.

C'est dans ces momens de calme et de force qui suivent les époques de la gloire militaire d'une nation que se développe sa gloire littéraire. La fin du règne de Philippe II, et celui de son successeur, furent l'âge d'or de la littérature espagnole. Alors brillaient Cervantes, Lope de Vega, Quévédo, Solis, Mendoza, Gongora, Fr. Louis de Léon, et tant d'autres dont les travaux fixèrent la langue, et, sans les circonstances politiques, lui auraient peut-être conservé l'espèce d'universalité dont elle jouit long-temps. Le siècle de Philippe III fut pour l'Espagne ce qu'avait été celui de Léon X pour l'Italie, ce que fut ensuite celui de Louis XIV pour la France. L'exemple de quelques beaux génies avait répandu une émulation universelle, et un tailleur de Tolède fit aussi des comédies.

C'est au milieu de cette effervescence que Caldéron vit le jour. Sa famille était très-ancienne; elle tirait son origine d'un *solar* (manoir héréditaire) de la vallée de Carriedo, dans les montagnes de Burgos; sa mère appartenait, disait-on, aux anciens souverains du Hainault. Tout cela est devenu assez indifférent. Il a été un temps où les Caldérons de la Barca Bar reda, et les comtes de Hainault, illustraient le poëte ; à présent c'est du poëte que ses ancêtres retirent quelque illustration. Don Diegue de Caldéron, son père, secrétaire du conseil des finances, connaissait le prix d'une bonne éducation. Il soigna celle de son fils.

Envoyé au collége des Jésuites à neuf ans, il y fit des progrès rapides ; à treize il composa une comédie intitulée : *El Carro del Cielo*, le Char du ciel. Dès l'année d'après, il fut envoyé à l'université de Salamanque où il fit ses cours de philosophie et de droit.

On peut supposer que celui dont le génie dramatique s'était développé à treize ans, n'étudia pas avec beaucoup de soin des sciences abstraites ; et, en effet, on trouve dans ses ouvrages des preuves trop évidentes qu'il n'avait pas profité de cette première instruction qui est si nécessaire. Il savait probablement les langues anciennes, mais ne s'était jamais occupé d'apprendre l'histoire ni les mœurs des peuples qui les parlaient.

D'après le genre de ses études, Caldéron se destinait probablement à suivre la carrière des lois. Nous ignorons ce qui l'en détourna ; plusieurs de ses comédies doivent appartenir à cette époque ; quoi qu'il en soit, il quitta la plume pour l'épée, abandonna Thémis pour Mars, mais ne renonça pas aux Muses ; son historien nous apprend qu'à vingt-quatre ans, le jeune avocat devint militaire. Il servit d'abord à Milan, et ensuite en Flandre.

Pendant son repos, pendant ses expéditions militaires, il exerça ses talens pour la scène ; car Philippe IV appela le jeune officier à Madrid pour être occupé, comme poëte comique, aux fréquentes fêtes qu'il donnait ; Lope qui vieillissait n'aimait pas cette sorte de composition, et n'aurait peut-être pas pu s'assujettir à travailler à jour fixe et sur un sujet donné.

Philippe IV n'était pas un grand roi, quoique ses courtisans lui eussent donné le surnom de grand, et quoique les poëtes de sa cour, et Caldéron tout le premier, ne cessassent de le comparer au soleil. Mais une gloire que ne peuvent lui ôter les malheureux événemens qui signalèrent son règne, c'est qu'il eut de l'affection pour les lettres, et en particulier pour la littérature dramatique. On lui a attribué beaucoup de pièces, entre autres celles qui ont vu le jour sous le nom vague de : *Por un ingenio de esta corte* (par un auteur de cette capitale), et il paraît que : *Dar sa vida por su dama* (Donner sa vie pour sa dame), est en entier son ouvrage.

Ce qui prouve que le roi dut se décider d'après la réputation de Caldéron absent, ce qui nous démontre aussi que cette réputation était déjà bien grande et qu'elle ne disparaissait pas auprès de celle de Lope, alors au plus haut degré de gloire auquel homme vivant soit parvenu, c'est que dans *le Laurier d'Apollon*, ouvrage de Lope lui-même, écrit en 1629, cet auteur fait déjà un grand éloge de celui qui devait lui succéder, mais qui, nonobstant l'avis des critiques allemands, n'est point parvenu à l'effacer. Voici comment, dans la *Sylve* VII, la Muse s'exprime en parlant au Manzanarès.

« Tu le connaîtras si je te fais son portrait. En te parlant de celui dont le nom est célébré depuis les montagnes où tu prends ton origine jusques à celles que les sources du Pinde arrosent de leurs ondes vénérées, tu nommeras don Pedro Caldéron de la Barca. Je te dis des vérités et non des flatteries ; dans l'harmonie et la vigueur de son style, il s'élance au sommet du double mont. La vive ardeur de cet illustre jeune homme doit te plaire, etc. »

Quoiqu'il y ait en général beaucoup à rabattre des louanges que Lope de Vega, au faîte de la gloire littéraire, à la fin de sa carrière, distribuait à ses rivaux, si

Caldéron n'avait pas eu à cette époque une réputation faite, l'éloge que je viens de citer n'aurait été qu'une sanglante ironie.

Les faveurs du roi le fixèrent à Madrid. Il y reçut l'épée de l'ordre militaire de Saint-Jacques comme prix de ses travaux littéraires. Cinq ans après les chevaliers des quatre ordres ayant été appelés à l'armée de Catalogne, commandée par le comte-duc d'Olivarès, Caldéron y alla, quoiqu'il eût été dispensé par le roi de ce service. Mais, pour ne manquer à aucun de ses engagemens, il se hâta avant son départ d'achever une pièce (*Combat d'amour et de jalousie*) que le roi lui avait commandée. A la suite de cette campagne il reçut une pension de trente écus par mois sur les fonds de l'artillerie.

Ce fut dans ce temps que ses pièces commencèrent à être recueillies. Son frère en publia douze en un volume dans l'année 1640, mais les approbations sont de 1637. Cette différence de date donnerait lieu de penser que les libraires de Madrid furent long-temps à se décider à faire les frais de l'impression.

Ces pièces sont déjà un choix, car elles ne sont pas rangées par ordre chronologique, puisque le *Carro del cielo* n'y paraît pas, et que d'ailleurs il n'est pas probable que *la Vie est un songe*, *la Maison à deux portes*, et les autres qui composent ce volume, et que l'on compte parmi les meilleures, fussent précisément les premières. Au reste, d'après le peu d'empressement que l'Espagne mit à recueillir les ouvrages de Lope de Vega, mort en 1635, et dont, dans les douze années suivantes, on ne publia que six volumes, on n'est pas étonné du peu d'accueil que le nouveau poëte reçut chez les libraires.

De retour de la campagne de Catalogne, Caldéron ne quitta plus Madrid. En 1649, à l'époque où Philippe III épousa en secondes noces Marie-Anne d'Autriche, sa nièce, il fut chargé de faire la relation en vers des fêtes qui eurent lieu. Il en a inséré un abrégé dans sa comédie de *Guardate del agua mansa* (Gardez-vous de l'eau qui dort.).

En 1651 il quitta l'épée pour entrer dans l'état ecclésiastique, comme il avait quitté le barreau pour l'épée; mais il fut auteur comique, étant prêtre, comme il l'avait été dans les camps et dans son étude. C'était le principal de sa vie. Les autres circonstances n'en étaient que l'accessoire.

Depuis Naharro jusqu'à Lope de Vega, la prêtrise n'avait empêché aucun auteur dramatique de continuer ses travaux. L'église espagnole ne s'en offensait pas; et nonobstant les dissertations de Mariana, plusieurs casuistes permettaient cette sorte de composition. L'approbation donnée aux œuvres de notre poëte, par le licencié Fr. Manuel de Guerra y Ribera, est une dissertation assez étendue, où l'auteur, très-savant théologien, a cherché à démontrer par les pères, les conciles, la tradition, que le théâtre moderne est une chose indifférente en soi sous le rapport théologique, bonne sous le rapport politique, et susceptible de devenir utile, et même méritoire, suivant la manière dont elle est traitée. Je ne suis nullement compétent pour juger de la valeur intrinsèque des argumens qu'il emploie, mais on ne peut nier que sa dialectique ne soit très-puissante.

Philippe IV avait récompensé son poëte par une pension sur l'artillerie, lorsqu'il était soldat; devenu prêtre, Caldéron obtint des bénéfices pour ses comédies. Il fut nommé, en 1653, chapelain des *Rois nouveaux* de Tolède. Après que Henri de Transtamare fut monté sur le trône, ne voulant pas que sa cendre fût mêlée à celle des rois dont il ne descendait pas légitimement, il fit construire dans la cathédrale de Tolède une chapelle magnifique et richement dotée, pour servir de sépulture à lui et à ses descendans. C'était ce qu'on nommait la chapelle des Rois nouveaux.

Calderon résida à Tolède pour desservir son bénéfice ; mais cela ne l'empêcha pas de se livrer à ses travaux ordinaires, et de travailler, soit sous les ordres de la cour, soit pour le plaisir du public. En 1663 il fut rappelé dans la capitale, et nommé chapelain d'honneur de la chapelle du palais, avec permission de garder son bénéfice de Tolède. Il reçut en même temps une pension ecclésiastique en Sicile.

Ce fut la même année qu'il entra dans la congrégation des prêtres nés à Madrid, dont il fut nommé prieur en 1666. Lope de Vega l'avait été avant lui. Indépendamment de ses pièces de théâtre destinées au public, il était chargé, par les villes de Madrid, de Séville, de Tolède et de Grenade, de faire chaque année les actes sacramentaux, pièces allégoriques qui étaient jouées le jour de Fête-Dieu dans chaque ville. Il composa ces actes pour Madrid pendant trente-sept ans de suite.

La vieillesse de Calderon s'écoula au milieu de la paix la plus profonde. Une haute considération pour ses talens, l'estime que méritaient ses qualités personnelles, une grande aisance, une retraite tranquille, une santé vigoureuse, prolongèrent ses jours sans affaiblir ses facultés. Il composa, dit-on, une de ses pièces, *Hado y Divisa*, dans la dernière année de sa vie (1). Sophocle et Voltaire, octogénaires comme lui, travaillaient encore comme lui pour le théâtre ; mais, à cet âge-là, Sophocle seul fit un chef-d'œuvre.

Calderon mourut le jour de la Pentecôte, 15 mai 1681, dans sa quatre-vingt-unième année. Il laissa tout son bien à la

---

(1) Ce fait, attesté par Villaroël, n'est rien moins que certain. Cette pièce est citée dans une liste dressée par Calderon lui-même, et elle ne se trouve pas la dernière.

confrérie des prêtres, dont il était membre. Il paraît que son frère était mort avant lui; une sœur religieuse lui survécut. La confrérie des prêtres de Madrid lui fit, par reconnaissance, des obsèques magnifiques, et lui érigea dans l'église paroissiale de Saint-Sauveur, un tombeau en marbre, sur lequel est son portrait.

La vie de Caldéron ne paraît pas avoir été troublée par des discussions littéraires; et ce n'est pas le moindre éloge que l'on puisse faire de son caractère. Du moins dans ses pièces, qui sont pleines d'allusions du moment, et où il en fait fréquemment à ses propres ouvrages, ne voit-on rien qui indique qu'il fût engagé dans la carrière polémique. Il ne s'y plaint guère que de ses contrefacteurs.

Il fut protégé par plusieurs grands seigneurs. On l'aurait deviné quand son historien ne l'aurait pas dit, car il était honoré de la faveur du roi. Le connétable de Castille, les ducs d'Albe et de l'Infantado, le comte-duc d'Olivarès, furent au nombre de ses Mécènes. Il manqua rarement, dans ses ouvrages, l'occasion de faire l'éloge de ces seigneurs ou de leurs ancêtres.

Quatre volumes de ses comédies furent imprimés de son vivant : ils contenaient quarante-huit pièces; soixante-trois autres étaient en manuscrit ou imprimées séparément, quelques années avant sa mort. Son historien, don Juan de Vera-Tassis et Villaroël, en porte le nombre total à cent-vingt. L'édition d'Apontes n'en contient que cent-huit; mais il en a oublié plusieurs que j'ai trouvées à la bibliothèque du roi. Caldéron a quelquefois travaillé en société, et cela a pu contribuer encore à jeter de l'incertitude sur le nombre de ses ouvrages. *El Mejor amigo el muerto*, pièce sur le même sujet que *el Marques de las Navas* de Lope de Vega, est de trois auteurs. Louis de Barahona écrivit la première journée, la seconde est de François de Roxas, et la troisième de Caldéron.

Parmi celles qui se sont perdues, on doit regretter surtout *El Carro del cielo*, le premier ouvrage de l'auteur; il serait curieux de voir d'où est parti celui qui s'est élevé si haut. Il avait aussi écrit un *don Quichotte*, qui est perdu aussi-bien que ceux de G. de Castro. Il eût été bien intéressant de juger comment il avait pu soutenir la lutte avec Cervantes, dont le roman est si comique, qu'il a été jusqu'à présent impossible d'en tirer une bonne comédie.

L'édition d'Apontes contient soixante-douze actes sacramentaux; mais dans la liste dont j'ai parlé plus haut, il en est plusieurs qui ne se retrouvent plus; de sorte qu'il est assez probable qu'il en a composé plus de cent.

Il a fait aussi des *saynètes*, ou petites pièces; beaucoup de poésies détachées, un savant *Traité sur la noblesse de la peinture*, un autre sur le *Déluge universel*. Ils n'ont point été réunis en une seule collection.

Cette fécondité paraîtra surprenante; cependant, en réfléchissant à la longue carrière qu'il a parcourue, en songeant qu'il a consacré sa vie toute entière au théâtre; en le comparant, enfin, sous ce rapport, à Lope de Vega, on concevra qu'il ait pu suffire à cet immense travail, et l'on ne sera pas même étonné qu'il ait, plus que son illustre prédécesseur, soigné les détails de ses plans et de son style.

POÉTIQUE DE CALDÉRON.

Chaque auteur a sa poétique particulière. Cependant ceux de la même époque se ressemblent par des caractères communs; et lorsqu'il y en a un qui, à l'ascendant d'un grand talent, joint l'avantage d'une longue vie, il domine son siècle; ses contemporains sont plus ou moins empreints des formes, revêtus des couleurs de son génie; et, pour me servir de l'expression consacrée pour la peinture, il fait école.

Les modifications particulières que Caldéron apporta à l'art dramatique sont d'autant plus utiles à examiner, qu'elles terminent à peu près l'histoire du théâtre espagnol. Quelques-uns de ses disciples lui survécurent; mais vingt ans s'étaient à peine écoulés depuis sa mort, qu'une nouvelle direction fut donnée aux esprits.

Caldéron a joui de sa renommée : célèbre de bonne heure, il survécut à tous ses rivaux; et, contemporain de deux générations, il pût, si l'on peut s'exprimer ainsi, recevoir les applaudissemens de la postérité. Peu de temps après sa mort, voici comment s'exprimait le censeur chargé d'examiner ses ouvrages, Fr. Manuel de Guerra y Ribéra, trinitaire, prédicateur du roi, professeur de philosophie, etc. Je sais qu'en général les censeurs espagnols étaient plus flatteurs que ceux qu'il y avait autrefois en France, et même que ceux dont nous avons vu les travaux; mais l'opinion du P. Guerra a été celle de ses contemporains : il serait aisé de le prouver.

« Sans faire tort à la mémoire de tant de grands poëtes qui ont illustré les théâtres des diverses nations modernes, et surtout le nôtre, on me permettra de dire qu'il suffirait que don Pedro Caldéron s'en fût occupé pour rétablir l'honneur de la scène, et dissiper les préventions de ceux qui en craignent les dangers. Cet homme, grand par son jugement, ses études, son génie, s'est élevé avec tant de majesté au plus haut point de l'art dramatique, qu'il n'a laissé à l'envie que le désir de l'imiter. Ce n'est pas moi, ce sont ses ouvrages qui le disent.

» Personne n'a su marier comme lui la délicatesse de l'intrigue avec la vraisemblance des événemens, ce qui était d'autant plus difficile que la trame en est ourdie avec tant de finesse, qu'elle semblait devoir se rompre en la tissant. Quels que soient les sujets qu'il a traités, il a partout obtenu les mêmes succès. Ses comédies, tirées de l'*Histoire sainte*, sont édifiantes ; celles qui sont historiques nous offrent des leçons utiles ; celles dont l'amour est le sujet nous amusent sans nous offrir de danger. Au milieu des plaisanteries, il conserve la majesté des sentimens, la clarté des idées, la pureté du discours ; jamais il ne tombe dans des puérilités, jamais il ne montre des affections basses ; il conserve une haute dignité dans tous les sujets. S'il s'occupe d'un saint, il ennoblit les vertus ; si c'est d'un prince, il excite aux actions les plus héroïques ; s'il prend pour argument les événemens de la vie privée, il rend plus pures les affections du cœur....

» Ce que j'admire le plus dans ce rare génie, c'est qu'il n'imita personne. Il naquit pour être maître et non disciple. Il se fraya sur le Parnasse de nouveaux sentiers, et s'éleva seul et sans guide à son sommet....

» Ce fut surtout dans ses actes sacramentaux qu'il se surpassa. La dévotion de son âme embrasait son esprit, et son génie, enflammé comme celui d'Ézéchiel, s'élevait au-dessus de ses rivaux et de lui-même. C'est en lui que l'on a vu se réaliser cette exagération de Cicéron que les poëtes sont des êtres remplis d'une inspiration divine. Ses sujets sont si pieux, ses allégories si religieuses, la morale et la doctrine si bien enchaînées avec l'action, la sainteté y est mêlée avec tant d'art à l'éloquence, et l'utilité s'y trouve si intimement liée à l'intérêt, que l'auteur se fait à la fois admirer par l'esprit et suivre par le cœur, et que le spectateur se retire plein d'autant de piété que d'admiration, d'autant de contrition que de plaisir. »

On pourra comparer avec ce jugement d'un savant critique espagnol du dix-septième siècle, celui d'un illustre critique allemand du dix-neuvième.

« Enfin parut don Pedro Calderón de la Barca, génie aussi fertile, écrivain aussi laborieux que Lope de Vega, et bien plus grand poëte, un grand poëte, si jamais ce nom a été mérité sur la terre. En lui se renouvelèrent, et dans un degré bien plus éminent, la puissance d'exciter l'enthousiasme, l'empire exercé sur la scène, et, pour tout dire enfin, le miracle de la nature...

» L'enthousiasme religieux anime surtout le poëte lorsque dans les actes sacrés destinés à solenniser la Fête-Dieu, il peint allégoriquement, et sous les couleurs les plus éclatantes, l'univers embrasé des flammes de l'amour céleste. C'est dans ce genre qu'il excitait surtout l'admiration de ses contemporains, et c'est à ces compositions que lui-même attachait sa plus grande gloire....

» Les comédies de Caldéron finissent par le mariage comme celles des anciens. Mais combien tout ce qui précède ce mariage n'est-il pas différent ! Dans les pièces anciennes on se sert de moyens très-immoraux pour satisfaire des passions sensuelles ou remplir un but égoïste : les hommes épient leurs faiblesses mutuelles et se combattent avec leurs forces morales, comme s'ils luttaient avec leurs forces physiques. Dans les pièces espagnoles, au contraire, on voit régner cette ardeur passionnée qui ennoblit toujours les désirs de l'homme parce qu'elle les met hors de proportion avec toute jouissance matérielle...... L'honneur, l'amour et la jalousie sont les ressorts de ces comédies. Le jeu hardi des passions les plus généreuses forme le tissu de l'intrigue, et aucune fourberie vulgaire n'y vient mêler ses fils grossiers. L'honneur est toujours un principe idéal, car il repose sur cette morale élevée qui consacre les principes des actions sans avoir égard aux conséquences.... Caldéron donne aussi aux femmes un sentiment d'honneur également prononcé, qui l'emporte sur l'amour ou tient sa place à côté de lui. Ne pouvoir aimer qu'un homme irréprochable, l'aimer avec une pureté parfaite, ne souffrir aucun hommage équivoque, aucune atteinte à la dignité la plus sévère, voilà en quoi le poëte fait consister l'honneur des femmes. La jalousie n'a pas dans les mœurs que dépeint Caldéron, comme dans celles de l'Orient, la possession pour objet, elle s'attache aux plus légères émotions du cœur et aux signes imperceptibles qui les trahissent; c'est un genre de jalousie fait pour ennoblir un sentiment qui, dès qu'il n'est pas entièrement exclusif, est altéré dans son essence la plus noble et la plus intime. Quelquefois le conflict de ces diverses forces morales n'amène aucun résultat, et alors le dénoûment est véritablement comique : quelquefois aussi la catastrophe semble appartenir au domaine de la tragédie, et l'on voit l'honneur jouer le rôle d'une destinée ennemie pour ceux qui ne peuvent obéir à ses lois rigoureuses sans anéantir leur bonheur ou sans devenir coupables.

» La partie burlesque ne consiste d'odinaire que dans un valet bouffon, connu sous le nom de *Gracioso*. Ce valet sert à parodier la partie idéale de la pièce, et il contrefait de la manière la plus agréable les sentimens exaltés de son maitre. Il est rarement employé activement à former par ses fourberies le nœud de l'intrigue; c'est le hasard qui s'en charge et qui s'en acquitte avec esprit.

» Il y a encore des pièces de Caldéron qu'il nomme lui-même pièces de fêtes (*fiestas*), parce qu'elles étaient destinées à paraître sur le théâtre de la cour dans des occasions solennelles. Il comptait sur l'effet du spectacle, des changemens fréquens de décorations, des prodiges exécutés sur la scène, et même quelquefois de la musique, et cependant tous les accessoires restaient tellement dans l'ombre, qu'on peut nommer ces drames des opéra-poétiques, parce qu'ils produisaient, au moyen du seul éclat de la poésie, le genre d'effet que l'appareil théâtral, la danse, la musique, produisent à l'opéra. C'était là que le poëte laissait l'essor le plus libre à son imagination; aussi ces fictions légères et fantastiques touchent-elles à peine la terre. »

Si, après l'opinion de M. Schlegel, la mienne pouvait avoir quelque poids, je dirais que toutes les beautés qu'il trouve dans Caldéron s'y rencontrent effectivement, sauf cependant ce mérite d'invention qu'il lui attribue après le père Guerra, et qui ne lui appartient pas. Avant Caldéron, on avait fait des pièces d'intrigue, en employant les mêmes ressorts que lui; dans plusieurs comédies de Lope de Vega, la *Discreta Enamorada*, la *Dama Melindrosa*, *los Locos de Valencia*, la fable est ourdie par les moyens qu'emploie Caldéron; et Juan de la Cueva, antérieur à Lope, avait dit, en 1582, en justifiant ses compatriotes d'avoir secoué le joug des unités théâtrales:

« L'invention et la grâce sont des qualités propres aux fables ingénieuses de la scène espagnole. Rien n'y est déplacé, comme disent nos adversaires : les scènes et les actes sont remplis par une intrigue fortement embrouillée, et par l'intérêt qu'excite son dénoûment, choses qu'aucune autre nation ne peut imiter. »

Avant Caldéron, l'honneur et l'amour avaient été les sentimens dont l'expression avait été dominante dans les pièces espagnoles. Je ne partage pas davantage l'opinion de M. Schlegel sur l'infériorité de Lope de Vega ; mais, au lieu de me livrer à des discussions pour savoir lequel des deux avait la meilleure poétique, ou même si leurs poétiques étaient bonnes, je vais exposer les règles qu'a suivies Caldéron, montrer en quoi il s'est éloigné de Lope et des contemporains de celui-ci.

Je suivrai à peu près la division qu'a établie entre les pièces de Caldéron le critique que j'ai cité. Je distinguerai des drames historiques, les sujets inventés ; entre ceux-ci, je séparerai ceux qui peignent les mœurs espagnoles, réelles ou conventionnelles, de ceux dont le sujet est fabuleux ; et enfin la dernière classe sera formée des drames allégoriques religieux.

Je considère comme drames historiques tous ceux dont la marche a été tracée à l'auteur par une histoire, un conte, une légende vraie ou fausse; car je m'occupe ici de la nature de la composition, et non de la vérité des événemens. Aussi les drames religieux, comme *le Prince de Fez*, *l'Aurore à Copacavana*; *l'Origine, la Perte et la Restauration de Notre-Dame du Sanctuaire de Tolède*, entrent dans cette classe. Je crois que quelques autres pièces, *le Peintre de son Déshonneur*, par exemple, doivent y être aussi rangées, parce que, si nous ne connaissons pas le fait original qui en a fourni le sujet, nous y retrouvons du moins les formes qu'a adoptées l'auteur lorsqu'il a un récit à suivre.

C'est dans ces pièces que Caldéron dispose avec le plus d'étendue des élémens de temps et de lieu. *L'Origine, la Perte et la Restauration de Notre-Dame du Sanctuaire* forme une trilogie qui comprend l'espace de sept siècles; mais si dans cette sorte de composition il néglige toutes les vraisemblances de l'illusion théâtrale, cet inconvénient est compensé par un respect plus grand pour la vérité morale des caractères. On voit des jeunes gens débauchés dans *la Maîtresse de Gomez Arias*, dans *la Dévotion de la Croix*, dans *l'Alcade de Zalaméa*. On rencontre dans d'autres, comme on en trouve dans le monde, des femmes, des filles faibles, même pis que cela; mais aussi, quelle variété, quelle vigueur dans les portraits! Le bandit, dans *Louis Pérès de Galice*; le riche laboureur espagnol, dans *l'Alcade de Zalaméa*; don Lope de Figuéroa, dans la même pièce et dans *Tuzani de l'Alpuxarra*; vingt autres, que je pourrais citer, indiquent que le poëte possédait au plus haut degré l'art de caractériser les individus qu'il faisait paraître. Le marquis de Barlançon ne prononce pas trente vers dans *le Siége de Bréda*, pièce très-médiocre d'ailleurs; mais ces trente vers le font connaître aussi-bien qu'un volume écrit sur sa vie.

Quelque bien que Caldéron traitât le drame historique national, il paraît que ce n'était point le genre qu'il affectionnait le plus. Les ouvrages de cette classe forment le quart du répertoire de Lope, et ne sont pas le dixième de celui de Caldéron. Mais la plus grande différence qui existe entre les deux, c'est que jamais, dans ses pièces historiques, le dernier ne s'est élevé aux intérêts généraux : ses comédies sont de l'histoire plus ou moins altérée ; mais elles sont l'histoire de tel ou tel cavalier. Les princes, les rois d'Espagne n'y interviennent que comme pouvoir, pour récompenser et punir. On y voit leur justice, leur force, mais non leurs passions : ils y jouent le rôle des dieux dans les tragédies anciennes ; ils n'y paraissent point comme des hommes. Lope de Vega, au contraire, peint Wamba, Rodrigue, Alphonse-le-Chaste, Maurégat, Fernand-Gonzalès, et jusqu'à Charles V que ses contemporains avaient pu voir, dans les actes de leur gouvernement : il retrace les faits de l'histoire générale de l'Espagne ; et, à mon avis du moins, il est, dans cette sorte de composition, aussi supérieur à son successeur que celui-ci l'a été dans l'art de se servir de quiproquos de toutes les espèces, pour nouer fortement une intrigue.

Quelques-unes de ces pièces historiques, le *Siége de Bréda*, par exemple, n'ont point d'intrigue ; d'autres ont une fin sans avoir de dénoûment, comme *le Schisme d'Angleterre* et *Louis Perès de Galice*, dont la seconde partie n'est pas de Caldéron. Cependant, en général, il s'est efforcé de lier l'événement principal à une fable dramatique, et ne s'est fait aucun scrupule de disposer librement des accessoires ; moins consciencieux en cela que Shakspeare ou Lope de Vega, qui ont toujours conservé avec assez de fidélité les données des historiens ou des romanciers qu'ils mettaient à contribution.

Dans ces créations, notre auteur a suivi le système de

ses pièces d'invention; et les déguisemens, les cachettes, les erreurs de lieu, les changemens de nom, lui servent à ourdir son intrigue.

Comme l'a observé M. Schlegel, il ne faut pas prendre pour historiques les pièces où Calderon s'est emparé des noms consacrés par l'histoire ancienne. Il ne suit les documens avec quelque exactitude, que quand il s'agit de l'histoire de son pays, ou des chroniques religieuses. Encore même, Judas Macchabée a-t-il été traité par lui avec aussi peu d'égards que s'il eût été un héros grec ou romain.

Les comédies d'intrigue de Calderon forment près de la moitié de ses pièces; et c'est dans celles-là surtout qu'il a montré l'inconcevable fécondité de son imagination.

Il s'est, en général, efforcé d'exiger peu du spectateur, quant aux vraisemblances théâtrales. Il est remarquable de voir l'un de ceux que l'on nomme les chefs de l'école romantique chercher les unités de temps et de lieu, de la même manière que les Romains cherchaient la rime, comme un embellissement bon à employer, mais non comme une chaîne indispensable à porter, et d'observer comment, pour resserrer, pour abréger son action, il la fait précéder d'expositions bien amenées, il est vrai, mais qui sont en général d'une longueur démesurée. Il en est telle qui a plus de cinq cents vers, d'un mètre uniforme et assez monotone (celui de *romance*), gêne dont Lope de Vega se serait affranchi en faisant deux ou trois scènes qui n'auraient pas été plus longues. C'est le parti que Calderon lui-même a pris dans *le Meilleur est de se taire*, et dans quelques autres; mais, en général, il a préféré la méthode contraire.

Dans cette sorte de drames, il a rarement cherché à peindre des caractères; il a voulu seulement mettre en situation des individus à peu près tous pareils : c'est le système de la comédie latine et de la comédie italienne, avec cette différence toutefois que l'auteur espagnol n'avait point l'avantage de disposer de cette variété de mœurs, de professions que les autres présentent dans leurs ouvrages. Le Parasite, le Capitan, le Marchand d'esclaves (si j'écrivais en espagnol, je pourrais mieux traduire *Leno*) mettent de la diversité dans les pièces de Plaute; Pantalon, le Docteur, Scaramouche, Arlequin, ont chacun leur physionomie marquée dans les comédies italiennes. Chez Caldéron, tous les amans se ressemblent; ils ont tous les mêmes sentimens d'honneur, d'amour et de jalousie : tous les pères obéissent également au point d'honneur; les femmes sont aussi toujours les mêmes, et l'on voit qu'elles sont toutes d'une famille : le valet et la soubrette sont seuls distingués, et le sont tellement qu'ils semblent d'une race différente de celle des maîtres. Lope de Vega, si quelquefois il a peint ceux-ci comme des hommes assujettis à tous les défauts de l'humanité, n'a point, en général, dégradé autant la classe inférieure; ses valets sont rarement poltrons, et en cela il s'est conformé à la nature aussi-bien qu'à la vérité historique. « En Espagne, comme il le dit lui-même, tout le monde est si bien né, que la nécessité de servir distingue seule le pauvre du riche. »

En donnant des mœurs plus pures à ses héros et à ses héroïnes, Caldéron s'est aussi ôté beaucoup de ressources. Il n'a pu peindre les femmes que dans une seule position, au lieu que ceux qui l'avaient précédé les avaient présentées dans toutes celles où elles peuvent se trouver.

Il ne faut pas cependant en croire aveuglément M. Schlegel, lorsqu'il vante d'une manière absolue la pureté de sentimens des personnages de notre auteur. Dans plus d'une occasion il met dans la bouche de ses amoureuses une formule qu'il avait adoptée: « Ici je me tais; ma honte doit vous dire ce que ma bouche ne peut vous répéter. » Il y a mieux, ou pour parler plus juste, il y a pire. Il fait quelquefois le spectateur, non pas témoin, grâce à l'opacité des décorations des coulisses, mais confident immédiat d'événemens dont le récit seul nous choquerait.

On doit reconnaître pourtant qu'il a sur ce point un grand avantage sur Lope. Cela dut tenir au siècle où il vivait. La réunion de toute l'Espagne sous le même gouvernement, l'essor prodigieux qu'avaient pris la littérature et les arts, l'augmentation de l'aisance des citoyens, les connaissances rapportées par les militaires de leurs voyages en Italie, en Allemagne, en France, devaient avoir singulièrement avancé la civilisation dans l'intervalle qui s'est écoulé entre le règne de Philippe II et celui de son petit-fils. La décence de l'expression, non-seulement dans les pièces de Caldéron, mais dans celles de ses contemporains, suffirait pour prouver combien la société avait reçu d'amélioration sous ce rapport. Je sais bien qu'on dit que la pruderie des paroles est d'autant plus grande, que les mœurs sont moins chastes ; mais je sais aussi qu'il est ridicule de juger d'une collection d'individus par des principes absolument opposés à ceux qu'on adopte pour juger ces individus eux-mêmes : qu'il est absurde que, lorsqu'on juge de l'esprit industrieux, militaire, religieux d'un peuple par l'influence que les mots et les phrases relatifs à ces sentimens ont sur la langue, on veuille faire une exception par une autre passion.

Caldéron n'a tracé que rarement des caractères dans ses pièces d'intrigue; on ne peut cependant s'empêcher de remarquer dans ce genre une peinture très-saillante, et à laquelle il semble se complaire. C'est celle d'une femme forte de son caractère, de sa résolution, de sa présence d'esprit, d'une femme bien femme (*muy muger*); expression qui, en espagnol, n'a pas le sens que, faute d'attention, on pourrait lui donner en français; elle indique un caractère viril, exactement comme ces mots, *es muy hombre* (c'est bien un homme). Toutes les fois que Caldéron introduit ce personnage (Dans *Basta callar*, *Peor está que estaba*, etc.), il efface ou domine tous les autres. C'est le plus souvent en habits étrangers qu'il fait paraître son héroïne, comme dans *El encanto sin encanto* (l'enchantement sans enchantement); parce que la clôture à laquelle il a condamné les femmes espagnoles ne leur permettait pas les actions nécessaires au développement complet de ce caractère. D'ailleurs, que la scène de sa pièce soit à Babylone ou à Séville, qu'il fasse parler des Hongrois, des Mores ou des Saxons, ils ont toujours les mœurs comme la langue de Castille : seulement, lorsqu'un Espagnol se trouve mêlé à ces étrangers, le patriotisme de l'auteur lui assigne toujours la meilleure place.

Deux causes paraissent avoir obligé Caldéron à transporter quelquefois la scène hors de son pays : je viens d'en dire une ; la seconde a été le besoin qu'il avait pour l'exécution de ses plans de princes souverains qu'il ne pouvait trouver en Espagne. Ces personnages forment une exception aux règles de mœurs qu'il a généralement adoptées. Ils sont amoureux, tout comme les autres jeunes gens, mais ils veulent séduire et non pas épouser. Ils sont jaloux tout comme les autres ; mais quelquefois, au lieu de se battre, ils se contentent de faire assassiner. Il est très-singulier de voir notre auteur, en même temps qu'il invente pour la classe moyenne de la société une perfection idéale, réserver la débauche, la lâcheté, tous les vices, pour en faire le partage des souverains et des valets. Et ce n'est point ici le résultat de cette profonde observation qui sait trouver de l'analogie entre les cours des princes et les maisons de force ; c'est encore moins la conséquence d'une intention irrespectueuse ; c'est au contraire une preuve de profonde vénération pour des êtres aussi supérieurs à l'humanité. Il pensait que leurs défauts cachés par l'éclat de la pourpre ne dérangeraient point l'harmonie de ses compositions. Il les voyait trop supérieurs aux lois pour ne pas leur permettre de les violer, et il étendait cette faculté jusqu'aux lois qu'il avait établies pour son théâtre; les règles de l'honneur elles-mêmes y sont souvent mises au-dessous de l'obéissance due au souverain, ce qui n'est exact ni moralement ni historiquement. Caldéron trouvait les princes si grands, qu'il les croyait au-dessus de la vertu; il ne sentait pas qu'il leur convient de surmonter leurs passions; et par conséquent leur volonté aveugle et irréfléchie joue quelquefois dans ses pièces le rôle attribué au destin dans la tragédie grecque.

Dans toutes les comédies dont nous nous occupons, on trouve deux dames, assez souvent amoureuses du même cavalier, et jusques à trois amans épris de la même maîtresse. Quelquefois la femme chérie et destinée à un autre, est la sœur de l'ami intime de son amant; quelquefois deux amis sont enflammés pour la même. La jalousie des amans et des maîtresses; la lutte entre ce qu'on doit à sa belle, et ce qu'on doit à l'ami qui vous a pris pour confident; l'embarras où l'on se trouve lorsque les obligations de frère et les affections d'amant sont en contradiction; enfin, les combats entre la fidélité due à sa maîtresse, et l'obéissance pour le prince qui veut vous employer à la séduire, telles sont les situations morales qui, isolées ou rassemblées, forment le nœud des pièces de Caldéron. Ajoutez-y l'usage pour les femmes, d'être continuellement voilées dans la rue, la facilité pour les hommes de se couvrir le visage de leur manteau, les maisons à deux portes, les changemens de domicile, les portes secrètes, les changemens de nom, et vous aurez encore de la peine à concevoir comment ce poëte a pu mettre autant de variété dans plus de cinquante de ses comédies; d'autant plus qu'il a largement usé de ces ressources, qu'il n'est pas une de ces pièces où il se soit contenté d'un imbroglio simple; que presque toujours il fait succéder un nouvel embarras à celui dont il vient de tirer ses personnages, et surtout que jamais l'intrigue ne paraît comme intrigue; qu'elle n'est jamais présentée comme le résultat d'un plan, mais seulement de circonstances vraisemblables.

Les dénoûmens sont presque toujours les mêmes; les accidens successifs de l'action réunissent à la fin tous les acteurs dans la même maison. La plupart y sont cachés à l'insu les uns des autres. Un accident, un soupçon fait découvrir le secret au père, au frère, au jaloux; le père ou le frère vont tuer leur fille, leur sœur coupable, l'amant ou les amans mettent l'épée à la main pour la défendre ou la disputer entre eux : un mot d'explication rend le héros de la pièce l'heureux époux de son amante, les amans de l'intrigue collatérale se marient aussi, et cela arrive à ceux-mêmes qui ne s'aiment pas auparavant; le dédaigné de l'épouse ne manque pas de s'offrir à la dédaignée de l'époux, qui l'accepte sans le moindre retour sur le passé.

Si c'est un prince qui soit l'obstacle, la présence des deux amans lui donne un moment de bonté ou de remords et il les marie.

La doctrine de Caldéron sur les lois du point d'honneur, relativement à l'obéissance des sujets, n'est pas uniforme.

Quelques-unes de ces pièces offrent des amans qui avec tout le respect possible, défendent l'épée au poing, leur maîtresse contre leur maître. Dans *Amant, ami et sujet fidèle*, on voit au contraire le héros qui offre gracieusement à son souverain la clef de la chambre où son amante s'est renfermée pour éviter les poursuites du duc. Il est vrai que ce dernier ne l'accepte pas, et que l'amant, ami et sujet fidèle, débarrassé de cette première obligation, peut encore faire l'offre de sa clef à son ami, qui la refuse comme un prince.

On a dit que la littérature dramatique d'un peuple était l'expression de son état social. Cela est vrai, mais ce n'est qu'une fraction d'une grande vérité, c'est que la manière d'écrire d'un peuple comme sa manière de se vêtir, ses pensées comme ses alimens, ses divertissemens comme ses lois politiques, ses mœurs comme son industrie sont coordonnés ensemble. Le célèbre auteur que je suis dans cet article, blâme la poésie dramatique française, et pourtant convient en vingt endroits qu'elle est conforme aux goûts, aux opinions, aux habitudes des Français. Or, que peut-il y avoir de bon que ce qui est à sa place? Il faut aussi que la comédie d'intrigue ait de l'analogie avec l'Espagne, pour qu'elle y ait eu autant de succès avant Calderón, pendant sa vie, et depuis sa mort.

Entre autres causes j'en citerai une, c'est l'aptitude particulière des habitans de la Péninsule, à suivre, sans les confondre, les fils des intrigues les plus embrouillées qu'ils voient représenter. M. Bourgoing, dont on connaît l'exactitude, a observé ce fait, et je puis le confirmer. J'ai vu des hommes et des femmes d'un condition obscure, des enfans suivre et comprendre une pièce de Calderón avec plus de facilité que des Français de leur âge et de leur condition ne se rendraient compte de la marche d'un vaudeville; chez nous une intrigue trop compliquée,

D'un divertissement nous fait une fatigue.

Au delà des Pyrénées il n'en est pas ainsi, et quelques essais qu'aient tenté Calderón et ses successeurs, ils ne sont point encore parvenus à être difficiles à suivre dans leurs développemens.

Le nœud de toutes les pièces de Calderón tient à un système particulier de mœurs. Voici les principaux articles qu'il faut croire pour admettre la vraisemblance de ses ouvrages.

1°. Que toutes les fois qu'un homme, hors qu'il ne soit poursuivi par la justice, se trouve chez une femme, il existe entre eux une liaison criminelle;

2°. Que dans ce cas le père ou le frère doivent extemporanément tuer la coupable d'un coup de poignard;

3°. Qu'une femme voilée ne doit point être démasquée, et que pour empêcher qu'on ne l'arrête, qu'on ne la dévoile, qu'on ne la suive, elle peut demander secours au premier venu qui, soit qu'il la connaisse ou non, est obligé d'arrêter l'indiscret au péril de sa vie;

4°. Que quand on parle à une femme à son balcon on doit tuer tous ceux qui passent dans la rue. Ajoutez à cela les lois sur le duel, les appels, et vous aurez à peu près les données des pièces de Caldéron.

Ce qui le distingue le plus de Lope de Vega, c'est l'emploi qu'il a fait du voile des femmes. N'était-il pas en usage dans les temps antérieurs à Philippe III? Et si l'on s'en servait alors pour se cacher, pourquoi Lope qui emploie si souvent les déguisemens n'a-t-il pas eu recours plus fréquemment à celui-là? A présent l'usage du voile ou *manto* est à peu près confiné dans la ville de Véjer en Andalousie. Encore, en fait de modes, ne peut-on répondre de rien après sept ans.

Quant aux autres usages, il en a existé quelque chose non pas du temps de Caldéron, mais avant Charles-Quint. Tuer sa fille, sa femme ou sa sœur, était devenu, à mesure que la société s'était policée, un délit plus grave et qui sortait des attributions de la juridiction de famille. On doit remarquer que Caldéron, qui fait sentir l'amélioration des mœurs sous le rapport de la chasteté, ne semble pas avoir reconnu leur adoucissement sous le rapport de la férocité. L'un et l'autre sont cependant inséparables des progrès de la civilisation.

L'usage de défendre la rue où l'on se trouvait s'est conservé plus long-temps. En 1605, D. Gaspar d'Ezpeleta, entendant la nuit de la musique à Valladolid, voulut s'approcher. Un homme de moyenne stature lui barra le passage, ils se battirent et D. Gaspar fut tué (1). On en faisait encore autant à Saragosse avant la révolution. Lorsqu'un amant donnait une sérénade à sa maîtresse, il devait par discrétion faire garder par des hommes armés les deux extrémités de la rue. Les curieux qui voulaient pénétrer étaient repoussés par le cri : *Atras* (en arrière)! Ceux mêmes qui logeaient dans la rue barrée ne pouvaient, qu'avec difficulté et après longue vérification, regagner leur maison ; et dans les nuits qui précédaient les fêtes des Maries, des Manuèles et des autres noms vulgaires, il fallait beaucoup de fatigues et une connaissance plus qu'ordinaire de la topographie de la ville pour parvenir à son gîte, malgré les *atras!* qui vous repoussaient à tous les coins de rue. Les particuliers isolés, fussent-ils armés, ne disputaient pas le passage ; mais ceux qui avaient des sérénades à donner ne pouvaient, en honneur, céder leurs droits d'user du pavé public : s'ils avaient été prévenus, ils répondaient aux *atras* par des coups d'épée ; tout le monde s'en mêlait ; les instrumens étaient brisés, les musiciens et les galans blessés ou morts : la justice, arrivant, mettait en fuite vainqueurs et vaincus ; si bien que, de ce qu'il devait y avoir deux sérénades dans la même rue, il s'en suivait qu'il n'y en avait aucune.

Beaucoup de pièces d'intrigue de Caldéron ont pour titre un proverbe : elles semblent destinées à le justifier par le dénoûment. Le but manifeste que se propose alors l'auteur, contribue à l'intérêt de cette sorte de drames,

---

(1) Cet événement ayant eu lieu devant la maison de Cervantes, qui fut impliqué dans l'information, son historien Pellicer nous a conservé ces détails.

Tels sont: *La Vie est un Songe*, *Le Meilleur est toujours de se taire*, *Il faut caver au pire*, *Gardez-vous de l'Eau qui dort*, etc.

Je range dans la troisième classe les pièces d'imagination, non-seulement celles appelées *Fiestas*, que M. Schlegel a fort bien caractérisées, mais encore toutes celles qui sont tirées de l'histoire ancienne ou des traditions chevaleresques du moyen âge. « La mythologie grecque n'a été, pour Caldéron, qu'une fable charmante, et l'histoire romaine qu'une hyperbole majestueuse. »

Je ne puis partager entièrement cette opinion. M. Schlegel semble dire que, comme Corneille, Caldéron a vu dans les Romains des êtres plus grands que nature, et qu'il leur a prêté des sentimens d'une élévation exagérée. Il n'en est point tout-à-fait ainsi : si, dans *Le second Scipion*, il a peint son héros avec la dignité romaine, il l'a entouré d'accessoires tout-à-fait semblables à ses don Juan et à ses don Pèdre. Dans la plupart de ses pièces, il s'est contenté d'emprunter à l'histoire les noms de ses personnages ; et la manière dont il les a peints n'indique nullement qu'ils se soient présentés à son esprit sous les traits d'une majesté excessive.

Les Armes de la Beauté, tel est le titre d'une pièce dont les principaux personnages sont Coriolan et Véturie : celle-ci n'est plus la mère, elle est l'amante de l'orgueilleux vainqueur de Corioles ; ils sont prêts à se marier lorsqu'on annonce que la guerre va se rallumer. Suit une exposition assez longue, mais indispensable, parce que, quelle que fût la connaissance de Tite-Live qu'on supposât aux auditeurs, encore fallait-il leur apprendre que c'était immédiatement après la mort de Numa, successeur de Romulus, que les Romains avaient établi la république ; qu'il existait, au temps de Coriolan, un Sabinius, roi de Sabinie, qui venait venger les outrages faits aux Sabines, et réclamer celles qui étaient encore à Rome contre leur gré ; que Rome était gouvernée par deux premiers sénateurs ; que le père de Coriolan était l'un d'eux.

Enfin, ce dernier est nommé général. Il est vainqueur de Sabinius ; fait prisonnière la reine Astrée sa femme, et la renvoie sans rançon : il revient triomphant à Rome ; mais il ne voit pas les dames à leurs fenêtres..... il s'est passé bien des événemens en son absence : on a rendu une loi qui défend aux femmes de porter les armes, de parler en public ; qui leur interdit les parures, la frisure, le fard et les autres *armes de la beauté*. Véturie vient se plaindre à Coriolan de cet attentat : il soulève son armée pour qu'on rapporte la loi ; et, dans le tumulte, le premier sénateur, collègue de son père, est tué.

Le coupable a pour juges son père, pour l'ordre des sénateurs ; le frère du mort, pour la noblesse, et le tribun Ennius, pour le peuple : le premier, après un *à-parte*, le seul morceau tragique de la pièce, condamne son fils à mort ; le second, en chevalier, non pas romain, mais espagnol, l'acquitte pour pouvoir se battre avec lui ; le troisième, vote pour le bannissement : c'est cette dernière sentence qui est confirmée par le peuple.

Coriolan se retire chez Sabinius, qui le reçoit à la demande d'Astrée : il est fait général des armées de Sabinie ; marche contre Rome, qui est bientôt aux abois. Maître de traiter de la paix ou de la refuser, il résiste aux prières des trois ordres, et cède à Véturie qui vient avec les autres Romaines. Il est vaincu par *les armes de la beauté* ; mais il stipule dans le traité que les femmes pourront dorénavant paraître à l'armée et au Forum, s'habiller, se friser, se parer à leur guise.

Si l'on trouve de l'exagération dans ce tableau des anciens Romains, il n'est pas évident qu'elle soit majestueuse.

Il faut, cependant, faire la part du temps. Peu après l'époque où Caldéron écrivait, Scudéry, La Calprenède, etc., nous peignaient des mêmes traits les Cyrus, les Juba ; et Horatius Coclès, faisant des madrigaux pour Clélie, vaut bien Coriolan stipulant dans un traité de paix les papillotes de sa maîtresse.

Dans cette sorte d'ouvrages le poëte s'est laissé entraîner à toute la fougue de son imagination. Il a surtout visé à l'effet théâtral. Presque tous commencent par un combat, une chasse, une fête, un naufrage, ou tout au moins un cheval qui se précipite avec son cavalier. Les apparitions magiques, les métamorphoses n'y sont pas épargnées ; mais, au milieu de cette confusion, on reconnaît encore le grand poëte à l'art avec lequel sont disposés les effets de la scène et aux sentimens qu'il met dans la bouche de ses personnages. Au reste, si ces pièces, intitulées *Fiestas*, sont les plus faibles de Caldéron, il faut en attribuer la faute, non pas à lui, mais à ceux qui lui donnaient des sujets, qu'il était obligé de traiter lors même qu'ils n'étaient pas dramatiques. Il est même assez probable que le roi Philippe IV, qui s'occupait aussi de dramaturgie, a parfois imposé à l'auteur non-seulement les titres, les sujets, mais la marche de ses poëmes ; si bien qu'on doit tout au plus être surpris qu'ils ne soient pas plus mauvais. Le génie est fils de la liberté.

Cervantes prétendait avoir le premier, dans sa *Destruction de Numance*, introduit des personnages allégoriques sur le théâtre. Lope de Vega n'a fait faute de l'imiter. Caldéron a été plus réservé : si, dans quelques pièces, par exemple dans *Le Prince de Fez*, il nous montre son bon et son mauvais Génie, la Religion, l'Espagne, l'Italie, etc., il ne présente guère ces figures que dans des apparences magiques ou religieuses, qui transportent le spectateur dans un autre ordre d'idées.

Dans ses comédies d'imagination les divinités du paganisme étaient considérées comme des êtres réels, et entraient comme des acteurs dans le tissu de l'intrigue. Dans les *Autos sacramentales* il a fait plus. Il a créé des pièces entièrement allégoriques.

Les *Autos* ou actes étaient originairement la même chose que nos mystères. Ils représentaient ou les faits historiques de l'Écriture sainte, ou des vérités de doctrine, et, dans ce cas, les personnages étaient allégoriques; c'étaient les vertus, les grâces, les sens, le monde personnifiés. Caldéron en a fait plusieurs d'après ce système, mais il a été encore plus loin, et je crois que c'est lui qui a inventé de rendre allégoriques jusques aux personnages, jusques au titre; de peindre par exemple l'amour de l'âme pour Jésus-Christ, sous le voile de l'amour de Psyché pour Cupidon. Il a même fait quelquefois davantage, et c'est dans ses pièces d'intrigue ou historiques qu'il a choisi le cadre qu'il a appliqué aux doctrines les plus élevées de l'amour divin.

Caldéron est un des auteurs espagnols chez lequel on voit le plus l'influence de la littérature orientale, soit qu'il la connut, ce dont on peut douter, soit qu'elle lui eût été inspirée par un concours de causes pareilles à celles qui l'avaient développée chez les Arabes. Sa règle que toute femme qui se trouve avec un homme est coupable, est à peu près une maxime musulmane; le respect pour les femmes, qui défend de les suivre dans les rues, est encore aujourd'hui dans les mœurs turques. Enfin la peinture des affections ascétiques, sous le voile souvent trop peu déguisé de l'amour terrestre, se trouve dans tous les ouvrages des Musulmans. Chardin l'a remarqué depuis long-temps, et la traduction du poëme arabe intitulé: *Les Oiseaux et les Fleurs*, en fournit autant de preuves qu'il contient de sections.

S'il faut beaucoup d'imagination dans le poëte, pour s'élever à cette hauteur de conceptions, il n'en faut guère moins au spectateur et au lecteur pour l'y suivre. Il faut se trouver ou se placer dans cette disposition de spiritualisme, pour juger des beautés de ces ouvrages, dont M. Schlegel parle en homme qui les a vivement senties. On me permettra de lui emprunter encore ce passage.

« C'est dans les compositions religieuses que les sentimens de Caldéron se déploient avec le plus d'abandon et d'énergie. Il n'a peint l'amour terrestre que sous des traits vagues et généraux. Il n'a parlé que la langue poétique de cette passion. La religion est son amour véritable, elle est l'âme de son âme, ce n'est que pour elle qu'il pénètre jusques au fond de nos cœurs, et l'on croirait qu'il a tenu en réserve pour cet objet unique nos plus fortes et nos plus intimes émotions. Ce mortel favorisé s'est échappé de l'obscur labyrinthe du doute et a trouvé un refuge dans l'asile élevé de la foi. C'est de là qu'au sein d'une paix inaltérable il contemple et décrit le cours orageux de la vie. Éclairé de la lumière religieuse, il pénètre tous les mystères de la destinée humaine; le but même de la douleur n'est plus une énigme pour lui, et chaque larme de l'infortune lui paraît semblable à la rosée des fleurs dont la moindre goutte réfléchit le ciel. Quelque soit le sujet de sa poésie, elle est un hymne de réjouissance sur la beauté de la création, et il célèbre avec une joie toujours nouvelle les merveilles de la nature et celles de l'art, comme si elles lui apparaissaient dans leur jeunesse primitive et dans leur plus éclatante splendeur. »

J'interromps à regret cette citation pour en revenir au style de Caldéron. Il me paraît pour l'harmonie et comme versificateur au-dessous de Lope de Vega, quoique infiniment au-dessus de la plupart des autres. Il suffirait pour prouver que son organisation était moins favorable à la poésie, de montrer qu'il a fait du mètre de romance, le plus facile de tous, un usage bien plus étendu que Lope, qui en avait borné l'emploi aux récits.

Il s'est parfois moqué du *cultisme* ou du jargon affecté qui s'était introduit dans la littérature. Cependant ses vers ne sont point exempts de ce ton précieux. Mais telle en était l'influence que ceux-là même qui le blâmaient en ressentaient l'impression, et tel était son décri que Gongora même, le plus *culto* des poëtes de son temps, ne croyait pas pouvoir se dispenser de faire des plaisanteries sur le *cultisme*.

Calderon a suivi en général les usages établis quant à l'emploi des divers modes de poésie, en donnant cependant aux rimes assonantes plus d'étendue que ses prédécesseurs. Dans les pièces d'imagination dont le sujet est pastoral, il a prodigué avec beaucoup de grâces les vers de cinq et de six syllabes. (Six et sept suivant le calcul espagnol.)

Il aimait à raconter et à décrire. Ses descriptions sont brillantes de poésie, mais ne sont pas toujours à leur place. Ses récits sont souvent un peu longs, et il ne se contentait pas seulement de ceux qu'amenait le développement de son sujet, il racontait encore les événemens contemporains étrangers à la pièce; les fêtes, les combats, etc.; ces narrations sans doute fort agréables pour ses premiers spectateurs, ont beaucoup perdu de leur intérêt.

Son dialogue est en général moins vif que celui de Lope. Il se plaît quelquefois à montrer son esprit dans des combats de *dixains* que se livrent ses personnages auxquels il fait soutenir des opinions opposées. C'était alors la mode dans les sociétés où l'on se piquait d'avoir de l'esprit, et il faut remarquer que c'est presque toujours dans cette position qu'il les a introduits.

Il y a des formes de style qu'il paraissait affectionner

particulièrement. Par exemple, il aimait à faire quatre ou cinq comparaisons de suite pour les résumer en un seul vers à la fin de la tirade. Il est assez singulier que cette sorte de composition, extrêmement fréquente dans les poésies détachées de Lope de Vega, dans ses poëmes, etc., se présente très-rarement dans ses œuvres dramatiques. Cet auteur fait souvent de longues tirades où chaque vers, et ils ne sont que de huit syllabes, est partagé entre les deux interlocuteurs ; Caldéron l'a imité, mais parfois d'une manière moins agréable. Il place dans un monologue une phrase qui se compose de tous les premiers hémistiches, tandis que toutes les fins de vers sont entre parenthèses, qui parfois se suivent aussi. C'est ainsi que Procris, blessée mortellement par Céphale, lui déclare qu'elle était jalouse de l'Aure. Ne sais-tu pas, lui répond son époux, que l'Aure est l'air. Elle réplique :

> Qu'importe (le cœur me manque)
> Que (tous mes membres frissonnent)
> L'Aure (je respire à peine)
> Soit (je me sens défaillir)
> L'air (déjà ma voix se trouble),
> Si quand (mon âme s'échappe)
> On aime (je vais périr)
> Comme j'aime (je m'égare),
> On serait si jaloux de l'air,
> Qu'on mourrait de jalousie.

Il est assez difficile de suivre, au milieu de ces interruptions, cette phrase :

> Qu'importe que l'Aure soit l'air,
> Si lorsqu'on aime comme j'aime, etc.

Caldéron se répétait assez souvent. M. Schlegel en convient. Et ce ne sont pas seulement des descriptions communes, mais des idées remarquables qu'il emploie plus d'une fois. Par exemple, Rosaure, dans *Les Trois effets de l'amour*, est dans la même position que Sigismond dans *La Vie est un songe* ; et, comme lui, elle compare sa situation à celle de tous les objets qu'elle voit dans le même ordre, presque dans les mêmes termes, mais en moins beaux vers.

La manière dont notre auteur a employé la musique, varie dans ses différentes pièces. En général, dans celles d'imagination, il lie les paroles chantées, de sorte qu'elles fassent la suite des paroles déclamées dans l'intervalle par les interlocuteurs. La difficulté de ce travail, le même que celui des gloses, fort en vogue du temps de Calderón, est à donner un sens suivi aux paroles chantées isolément, et à les faire cependant arriver à propos pour finir les phrases de ceux qui déclament.

Ces observations ne tiennent qu'aux détails du style ; quant à sa plus importante qualité, à sa convenance, il n'y a que des éloges à donner au poëte ; il prend toujours le ton convenable au sujet qu'il traite, en le subordonnant toutefois à celui que doivent employer les personnages qu'il fait parler. Les dames, les cavaliers, les soubrettes, les valets ont chacun leur langage. Il introduit quelquefois des paysans, des Mores, etc., alors il cherche à rendre leur rôle plus plaisant par les fautes de langue et de prononciation. Ce genre de plaisanterie est très-difficile, sinon impossible à transporter d'une langue dans une autre. Il est même quelquefois assez déplacé dans l'original, lorsque les personnages sont eux-mêmes étrangers. Comment concevoir que des paysans assyriens, ne sachant prononcer les noms de Sémiramis et de Memnon, les estropient de manière à présenter des calembourgs en espagnol ? Comment un Napolitain, de *Frederico de Sicilia*, dans *Le Geôlier de lui-même*, fera-t-il *frayle rico de Cecina*, moine riche de Salaison ?

La langue castillane, très-polysyllabique, se prête moins aux jeux de mots que la nôtre. Calderón ne se les refuse pas toujours; il ne les met, il est vrai, que dans la bouche de ses *graciosos*. Quelquefois, mais très-rarement, il se permet des plaisanteries un peu libres; il est en général beaucoup plus réservé dans son style que dans la disposition des scènes.

Après la mort de Caldéron l'Espagne parut épuisée, mais les circonstances politiques influèrent beaucoup sur l'état de la scène. Charles II, toujours malade, ne partageait pas les goûts de son père. Les guerres de la succession, le règne de Philippe V, qui mit à la mode la langue et le théâtre français; sous Ferdinand VI, la passion ou la manie de ce prince pour la musique italienne, enfin la richesse et la variété du répertoire existant, engageaient peu d'auteurs à travailler pour la scène.

D'ailleurs si des théologiens espagnols avaient approuvé les représentations dramatiques, il fallait bien que d'autres les désapprouvassent. Ils eurent le dessus dans beaucoup d'endroits; dans la capitale même les théâtres furent fermés plusieurs années de suite sous le règne de Charles III; et ni ce grand prince ni son fils ne se permirent le divertissement du spectacle.

Enfin, en 1800, après l'invasion de la fièvre jaune, la ville de Séville, par dévotion et repentance, renonça solennellement aux jeux scéniques; mais elle conserva l'usage des combats de taureaux.

Au milieu de tous ces changemens, la renommée de Caldéron se conserva. Ses pièces historiques, mais surtout celles d'intrigue, ont été souvent reprises; et il ne s'est pas trouvé d'officieux Trigueros qui se soit chargé de les perfectionner en les mutilant.

La réputation de Caldéron n'a pas été renfermée dans l'Espagne. Plusieurs de ses comédies ont été traduites ou imitées en français, par Le Sage et Linguet. M. Schlégel en a donné une traduction en allemand.

Nous ferons précéder le volume destiné aux pièces des successeurs de Calderón de courtes observations sur les pièces à brigands et à magiciens qui envahirent le théâtre après lui, et qui n'y ont pas encore perdu toute leur vogue.

Angliviel LA BEAUMELLE.

Note. Les personnes qui ont lu les avertissemens de l'édition de Calderón, publiée par Apontes et qui ont remarqué avec quelle conviction il parle de son exactitude, seront étonnées que j'y aie trouvé des omissions qu'on eût pu éviter. Je vais donner la liste des pièces oubliées. Elle ont été publiées du vivant de l'auteur, et dans un recueil qui en contient beaucoup d'autres qui lui appartiennent incontestablement.

El Escandalo de Grecia contra las sanctas imágenes.
La Española de Florencia.
El Vencimiento de Turno.
Los Desdichados dichosos.
Las canas en el papel y dudoso en la venganza.
Seneca y Neron.
El Mejor padre de Pobres, S. Juan de Dios.
Saber desmentir sospechas.
El Rigor de las desdichas y mudanzas de fortuna.

GARDEZ-VOUS
DE L'EAU QUI DORT.

NOTICE

SUR

GARDEZ-VOUS

DE L'EAU QUI DORT.

Guardate del agua mansa, est le proverbe espagnol qui correspond au nôtre : *Il n'est pire eau que celle qui dort.* La Fontaine en a fait une fable que tout le monde sait par cœur.

Quelquefois les Castillans mettent ce proverbe en forme de prière : *Guardame del agua mansa ! que de la brava me guardaré yo* « Préservez-moi de l'eau tranquille ; je me préserverai de celle qui est impétueuse. »

Forcé pour justifier son titre d'établir une comparaison, Caldéron a dû avoir deux héroïnes, et une double intrigue. Mais il a conservé l'unité d'intention depuis le commencement jusqu'à la fin.

Sa Clara est, sous une apparence de tranquillité, une de ces femmes de tête et de résolution qu'il aimait à peindre. Elle s'enflamme un peu vite, mais elle n'hésite jamais à prendre sa détermination dans les circonstances avantureuses ; elle brave tout, se fiant sur sa capacité et son courage pour se tirer d'affaire.

Eugénie n'est pas seulement une étourdie ; Caldéron a saisi avec beaucoup de finesse une nuance qui la caractérise. Ses étourderies ne viennent point de son cœur ; elle ne ressent aucune affection ; sa coquetterie est toute spirituelle, si l'on peut s'exprimer ainsi. C'est sa tête qui s'amuse d'intrigues auxquelles son cœur reste étranger. Le mot espagnol, *Amor bachiller*, rend parfaitement cette idée ; mais toutes les expressions par lesquelles on pourrait rendre *bachiller*, précieux, instruit, pédant, etc. seraient fausses en français.

On verra aisément combien Molière a tiré parti de cet ouvrage pour *l'École des maris*, et l'on regrettera peut-être qu'il ne se soit pas tenu plus près de son modèle. D'ailleurs, l'idée fondamentale que l'étourderie vaut mieux qu'une fausse réserve a donné lieu à une foule de romans et de comédies. *Tom Jones* et *les*

Brigands de Schiller ne sont pas édifiés sur un autre fondement; et peut-être trouverait-on dans la fin de la parabole de l'Enfant prodigue la donnée fondamentale de toutes ces compositions.

M. Moratin a voulu parcourir la même carrière, et *la Mogigata* (la femme hypocrite) tend à prouver cette vérité, que démontre l'existence même du théâtre, qu'il ne faut point juger d'après les apparences.

On regrette que don Félix, qui dans les premières scènes a un caractère d'insouciance très-prononcé, ne le rappelle pas assez par la gaieté de son ton, dans la suite de son rôle ; le contraste de ses idées légères avec l'amour qu'il ressent malgré lui et les situations pénibles où il se trouve engagé, auraient fourni des développemens d'un excellent comique.

Le bouffon de la pièce est don Torribio : ce caractère analogue à celui de Pourceaugnac et de tant d'autres amans ridicules, a été parfois mis sur le théâtre espagnol ; mais il me semble que dans cette pièce, la seule où Caldéron l'ait présenté, il est développé avec un talent remarquable. Il est ridicule, il est le jouet de tout le monde; sa vanité, sa poltronnerie, son ignorance paraissent dans toutes les occasions, et tout arrive naturellement par le seul développement de la pièce, sans qu'il soit la victime d'une intrigue ourdie contre lui.

L'ouvrage est en général parfaitement conduit. J'ai remarqué dans les notes un oubli que Caldéron me semble avoir commis à la dernière scène.

Je n'aime pas les mutilations. Cependant je m'en suis rendu coupable, ou, pour mieux dire, j'ai réuni après les notes la traduction de trois grands fragmens qui forment ensemble une relation des fêtes relatives au mariage de Philippe IV, en 1649. Caldéron avait été chargé par le duc d'Albe de les décrire, et il est probable qu'il intercala dans cette pièce un extrait de son travail. Ces relations sont tellement un hors-d'œuvre, qu'après avoir, dans la seconde scène, lié la liberté de don Juan à l'indult à publier au mariage du roi, le poëte l'a complétement oublié à la fin, et qu'il ne rappelle nulle part que cette grâce ait été accordée.

Ce n'est point la seule pièce où Caldéron se soit amusé à raconter des événemens contemporains parfaitement étrangers à l'intrigue de ses compositions. Dans *La banda y la flor* (Le ruban et la fleur), entre autres, il raconte en quelques centaines de vers la prestation de serment faite au prince des Asturies, don Baltazar, frère aîné de Charles II.

Je répète qu'on trouvera ces récits traduits tout entiers à la fin. Cette transposition permettra de les lire avec tout l'intérêt qu'ils méritent comme relation, et la marche de la pièce n'y perd rien.

L'action dure à peu près trente-six heures et se passe dans deux maisons voisines l'une de l'autre, et dans la rue qui les sépare.

A. L. B.

GARDEZ-VOUS
DE L'EAU QUI DORT.

PERSONNAGES.

DON ALONZE QUADRADILLES.
CLARA,
EUGÉNIE, } ses filles.
DON TORRIBIO QUADRADILLES, son neveu.
OTAGNÈS, écuyer [1].
MARIE NUGNE, duègne
BRIGITTE, suivante } de Clara et d'Eugénie.
DON FÉLIX, cavalier de Madrid.
DON JUAN DE MENDOCE, } amis de don Félix et amans
DON PÈDRE, } d'Eugénie.
HERNAND, domestique de don Félix.

La scène est à Madrid.

GARDEZ-VOUS DE L'EAU QUI DORT.

JOURNÉE PREMIÈRE.

SCÈNE PREMIÈRE.

Une chambre de la maison de don Alonze.

DON ALONZE, OTAGNÈS.

OTAGNÈS.

Daignez, seigneur, me permettre de vous baiser encore mille fois la main.

DON ALONZE.

Je t'embrasserai mille fois, mon cher Otagnès.

OTAGNÈS.

Que je suis heureux d'avoir vécu assez long-temps pour vous revoir dans cette capitale !

DON ALONZE.

Tu le désirais moins que moi. Mes deux filles, les deux moitiés de mon cœur, m'y rappelaient sans cesse, et mon amour ne cessait de hâter mon départ.

OTAGNÈS.

Que sera-ce quand vous les embrasserez ? Ah ! si ma pauvre maîtresse avait vu ce beau jour !

DON ALONZE.

Ne renouvelle pas mes douleurs, en rappelant des souvenirs qui ne s'effaceront jamais de mon âme. Que Dieu l'ait reçue en sa gloire ! Hélas ! le jour où le roi, daignant récompenser mes services antérieurs, voulut bien me donner au Mexique la charge que j'y ai occupée, je lui fis un adieu qui devait être éternel. Elle refusa de passer avec moi dans le Nouveau-Monde, moins à cause des dangers du voyage, que par la difficulté que présentait la traversée pour mes filles encore enfans : elle resta pour les élever ; et Dieu, après tant d'années, a voulu la rappeler à lui. C'est pour cela que j'ai mis ordre à mes affaires, et quitté mon emploi, afin de la remplacer auprès de nos enfans. A l'âge où elles sont, elles ne peuvent vivre convenablement loin de la protection de leur père ou de leur mère.

OTAGNÈS.

Ce souci était bien naturel ; cependant, personne là-dessus n'avait moins à craindre que vous. Dès le jour où elles perdirent leur mère, mes jeunes maîtresses se renfermèrent comme pensionnaires dans un couvent, où, sans autres domestiques que Marie Nugne et moi, elles ont été auprès de leurs tantes. Aujourd'hui, d'après vos ordres, elles reviennent ; et moi, ne pouvant souffrir la lenteur de leur voiture, j'ai pris les devans pour vous présenter le premier mes hommages.

DON ALONZE.

Les dépêches que j'ai eues à remettre au gouvernement, les dispositions qu'il m'a fallu faire pour arranger cette maison, m'ont empêché d'aller les prendre moi-même : d'ailleurs le voyage est si court, que c'est presque comme si elles venaient d'un autre quartier. Comment se portent-elles ?

(On crie au dehors : *Arrête, cocher! c'est ici.*)

OTAGNÈS.

Elles vous le diront mieux elles-mêmes ; elles arrivent.

DON ALONZE.

Allons au-devant d'elles.

OTAGNÈS.

Les voici.

(Clara, Eugénie et Marie Nugne, entrent en habit de voyage.)

CLARA, aux genoux de son père.

Mon père et seigneur, puisque le ciel, touché de mes larmes, a permis que j'eusse le bonheur de vous baiser la main, tous les jours qu'il m'accordera encore sont un excès de faveur, car je n'ai plus rien à demander à sa bonté qu'un éternel repos.

EUGÉNIE, à genoux.

Pour moi, mon père et seigneur, quoique je goûte en ce moment le bien que j'ai le plus ardemment désiré, j'ai encore à demander à Dieu de m'en faire jouir des siècles avec vous, parce que la vie m'est trop agréable près de mon père pour que je veuille la quitter.

Tom. I. *Caldéron.* 4.

DON ALONZE.

Le ciel ne m'a donné qu'un cœur, mes chères amies ; mais il vous reçoit toutes les deux avec une égale affection [2]. Levez-vous : venez sur mon sein paternel, où il me semble que je vous donne une seconde fois la vie.

(Il les embrasse.)

CLARA.

Je reçois, dans vos embrassemens, une nouvelle existence.

EUGÉNIE.

Votre tendresse nous fait renaître.

DON ALONZE.

Entrez, mes enfans ; prenez possession de la maison qui vous est destinée. Je vous y attendais pour vous en rendre les maîtresses, jusqu'à ce que le sort favorable m'adresse des hommes dignes de posséder d'aussi aimables filles. Cependant, soyez tranquilles ; jusqu'alors un père tendre, un époux complaisant, un amant soigneux, vous trouverez tout en moi. Brigitte !

(Brigitte entre.)

BRIGITTE.

Monsieur ?

DON ALONZE.

Montre à tes maîtresses leur appartement.

BRIGITTE.

Tout est prêt, orné, arrangé : il doit servir de demeure à deux anges, il faut bien que cet appartement soit comme un petit paradis [3].

CLARA, en sortant à Eugénie.

Je suis heureuse d'avoir vu ce jour, quoique je regrette l'heureuse tranquillité de notre couvent.

EUGÉNIE, à Clara.

Je suis heureuse d'avoir vu le jour où je pourrai sortir sans en être empêchée par des grilles.

(Elles sortent avec Brigitte.)

MARIE NUGNE.

Je n'ai pas voulu interrompre le plaisir que vous aviez à voir vos filles ; mais permettez à présent que je vous baise la main.

DON ALONZO.

Mes bras vous sont ouverts, Marie Nugne : vous avez remplacé leur mère auprès d'elles ; et puisqu'elles sont sorties, puisque nous nous trouvons seuls, dites-moi, je vous prie, quel est leur caractère : elles étaient si jeunes quand je les quittai, que je ne pourrais former sur elles que des jugemens téméraires ; et, pour que je puisse avec sagesse remplir la charge de les conduire, que le ciel m'a imposée, je dois connaître leurs inclinations.

MARIE NUGNE.

Ce sont vos dignes filles, monsieur, et c'est assez faire leur éloge ; mais, pour que vous ne pensiez pas que je veuille vous flatter, quoique la conduite de chacune d'elles soit irréprochable, quoique leurs principes soient solides, je vais parler de ce qui les distingue l'une de l'autre. Mademoiselle Clara, ma maîtresse, l'aînée par l'âge et par la raison, est la tranquillité même ; on n'a pas vu de femme plus douce, plus modeste, plus réservée. Elle ne dit pas une parole inutile ; elle ne s'emporte jamais, n'a jamais dit un mot plus haut que l'autre à un domestique : enfin, c'est un ange sous forme humaine ; et, seule avec elle, on serait heureuse d'être son esclave. Ma maîtresse, mademoiselle Eugénie, quoiqu'elle égale sa sœur en vertu, est d'une humeur toute différente. Son caractère est capricieux : elle se fâche souvent ; elle ferait enrager une sainte : elle est fière et indocile : elle aime les lectures profanes, fait des vers ; et, s'il faut vous le dire, elle ne met pas plus d'importance à recevoir un sonnet et à répondre par un autre, qu'à boire un verre d'eau. D'ailleurs... elle est, malgré cela.....

DON ALONZE.

C'est bon, c'est bon ; vous m'en avez dit assez. Je vous remercie de votre exactitude et, bien prévenu, je saurai où je dois appliquer mes soins. Aussi, quoique la plus jeune, ce sera la première établie. Le mariage et les soins d'une famille sont les meilleurs remèdes contre ces emportemens de jeunesse. Dès le jour de mon arrivée j'ai écris à la Montagne [4], pour faire venir un neveu, fils de mon frère aîné, et je veux augmenter pour lui le majorat qu'il tient de nos ancêtres. Il est pauvre, je suis riche ; nous réunirons la fortune et la noblesse, et l'antique manoir [5] de Quadradilles reprendra un nouvel éclat. Ainsi, dès qu'il arrivera, Eugénie sera sa femme, et bientôt toute cette effervescence de son âge se passera.

JOURNÉE I, SCÈNE II. 53

(Otagnès entre.)

OTAGNÈS.

Un homme est là qui vous attend.

DON ALONZE.

Qui est-ce? Dites-leur que je vais rentrer. Des vers, des vers! Joli travail. Ne vaudrait-il pas mieux rentraire une déchirure ou filer une fusée?

(Il sort.)

OTAGNÈS.

Quel est le tripotage, ou pour mieux dire le *duègnage* que tu as conté à notre maître? Il a l'air tout fâché.

MARIE NUGNE.

Et, ne sais-tu donc pas que la religion d'une duègne est de parler, et que ce serait une apostasie si elle s'avisait de se taire.

(Ils sortent.)

SCÈNE II.

Une chambre de la maison de don Félix.

DON FÉLIX; HERNAND l'habillant.

HERNAND.

De bien jolies femmes, monsieur, sont arrivées dans ce quartier.

DON FÉLIX.

Il faut qu'elles soient bien belles pour que je leur pardonne le bruit qu'elles ont fait. Elles ne m'ont pas laissé dormir.

HERNAND.

Mais, monsieur, une heure est déjà sonnée.

DON FÉLIX.

Que m'importe qu'il ait sonné une heure, lorsqu'à une heure je dors. Quelle espèce de gens est-ce?

HERNAND.

Tout ce qu'il y a de meilleur. Ce sont les filles de ce riche Indien [6] qui a acheté la maison et le jardin vis-à-vis. Il est arrivé gorgé d'or et d'argent, tout exprès pour les marier.

DON FÉLIX.

C'est bien. Sont-elles jolies?

HERNAND.

Je les ai vues à leur arrivée, et elles m'ont paru très-bien.

DON FÉLIX.

Jolies et riches.

HERNAND.

Oui.

DON FÉLIX.

Voilà de gracieux bijoux. Nous leur dirons toutes nos tendres pensées, surtout pour profiter du voisinage; car, à te dire le vrai, je suis fatigué de courir.

HERNAND.

Un vieil écuyer m'a raconté de point en point tout ce qui se passe. Il m'a dit que le père était un déterminé, et que pour défendre son honneur il tuerait le sophi.

DON FÉLIX.

Tant pis. Je ne suis pas le sophi, et je serais très-fâché qu'il me tuât, pour son honneur ou pour autre chose; mais des demoiselles, qu'en a dit ton écuyer? car un écuyer qui commence à parler ne s'arrête pas en si beau chemin.

HERNAND.

D'après ce qu'il m'a conté, il y a un peu de tout. C'est mêlé comme le service : ici des cadeaux, là des coups de bâton. L'une est sérieuse.

DON FÉLIX.

Cela ne vaut rien.

HERNAND.

L'autre est gaie.

DON FÉLIX.

A la bonne heure. Nous ferons de beaux sonnets pour celle-là; et pour l'autre : « Voyez dans mes yeux tous les maux qu'endure mon âme. »

HERNAND.

Triste ou gaie, seigneur, je voudrais vous voir un jour pris dans une galanterie qui vous coûtât quelques soins.

DON FÉLIX.

A moi! Celle pour qui cela m'arrivera pourra s'en vanter. Vive Dieu! aucune femme n'obtiendra ce triomphe. Si je fais quelquefois la cour à celles-ci, ce sera parce qu'elles sont deux, et que c'est à portée. Je te l'avouerai, je sens déjà un commencement de passion pour une d'elles.

HERNAND.

Parce qu'elle est jolie.

DON FÉLIX.

Non.

HERNAND.

Parce qu'elle est riche.

DON FÉLIX.

Non. Parce qu'elle est ma voisine. C'est là le plus grand mérite qu'elle puisse avoir; d'autant mieux qu'aucune autre ne peut se loger plus près. Mais on frappe. Vois qui c'est.

(Don Juan entre en habit de voyage.)

DON JUAN.

C'est moi, don Félix. J'ai vu la porte ouverte, et je n'ai pas cru devoir attendre.

DON FÉLIX.

Vous savez, mon cher, que ma maison, mes bras et mon cœur vous sont toujours ouverts.

(Ils s'embrassent.)

DON JUAN.

Ces liens sont si forts, que la mort même ne pourra les détacher qu'en les rompant.

DON FÉLIX.

Soyez le bienvenu. Quoique je susse que la campagne de Hongrie était terminée, je ne m'attendais pas à vous revoir de sitôt.

DON JUAN.

J'ai été forcé de me hâter, pour régler quelques affaires relativement à ma grâce.

DON FÉLIX.

L'avez-vous obtenue?

DON JUAN.

Ma partie ayant renoncé à ses poursuites, j'espère que je pourrai profiter de l'amnistie qui sera accordée à l'occasion des noces du roi; et je me suis pressé pour que mon arrivée précédât ces fêtes, et que, caché dans votre maison, je fusse à même de profiter sur-le-champ de l'indult.

DON FÉLIX.

C'est un bonheur pour moi que vous m'ayez choisi. Mais comment votre affaire est-elle en si bon train?

DON JUAN.

Vous savez, don Félix, que lorsque j'eus le malheur de tuer ce cavalier, je passai en Italie; et, dès mon arrivée, mon heureux destin voulut que l'illustre duc de Terranova fût envoyé ambassadeur en Allemagne: il me reçut dans sa suite; et, content de mes services, il écrivit en Espagne à mes adversaires, avec qui il était lié, de sorte qu'au moment où je m'y attendais le moins, je trouvai leur désistement dans une lettre que le duc me remit.

DON FÉLIX.

L'affaire avait été telle, que vos parties auraient dû faire cette démarche dès le commencement du procès. Votre querelle n'avait été que l'effet du hasard; c'était la suite de quelques expressions trop vives qui vous étaient échappées dans une société.

DON JUAN.

C'est ce qu'on a dû penser; mais dans le fait mon impatience avait des causes plus importantes que le jeu.

DON FÉLIX.

Je ne le savais pas.

DON JUAN.

Je puis à présent le dire. Je faisais la cour, dans l'intention de me marier avec elle, à une jeune personne, belle et riche, et j'avais eu assez de bonheur pour pouvoir penser que mes espérances étaient fondées. Seulement j'étais forcé d'attendre, parce que le père de ma maîtresse était absent, et que sa mère ne voulait pas la marier avant son retour. J'appris dans ce temps-là que le cavalier avec qui j'eus cette affaire, était mon rival ; et ainsi, sous le prétexte de la dispute que nous eûmes au jeu, je me vengeai et satisfis ma jalousie. Mais, hélas ! ce fut tout perdre ; car je me confierais aussi par trop à mon étoile, si je pensais qu'après plusieurs années ma belle se rappelle encore de moi.

DON FÉLIX.

Soyez bien persuadé, mon cher, que, chez les dames de Madrid, la mémoire loge quelquefois tout à côté de l'oubli. Il ne faut jamais compter sur leur dédain, comme il ne faut jamais compter sur leurs faveurs. Moi seul ai été heureux, en ma vie je n'ai aimé personne.

DON JUAN.

Vous conservez toujours la même humeur.

DON FÉLIX.

Sans doute, les femmes sont belles, je l'avoue, mais je m'aime encore mieux que leur beauté ; aussi ai-je pour principe de tromper le premier celle qui me tromperait bientôt après. Je préfère de beaucoup le plaisir à la peine. Mais afin que mes goûts ne vous offensent pas, et que vous ne pensiez pas que les vôtres me déplaisent, parlons d'autre chose. Comment avez-vous fait votre voyage.

DON JUAN.

Comme un homme qui a eu l'inexprimable avantage d'être témoin de la pompe, de l'appareil, de la richesse, qu'ont déployés deux puissans souverains, lorsque la fille charmante de l'aigle impérial, abandonnant le Nord pour l'étoile favorable à l'Espagne, échangeant l'aire de l'aigle pour le lit du lion, montrait avec orgueil une joie que tempéraient ses pleurs.

DON FÉLIX.

Vous aurez là de quoi me faire d'amples récits [7].

(Don Pèdre entre.)

DON PÈDRE.

Don Félix, je vous baise les mains.

DON FÉLIX.

Soyez le bienvenu, don Pèdre; tous les biens aujourd'hui m'arrivent à la fois. Mais qui vous amène en ces lieux. Votre cours est-il fini.

DON PÈDRE.

Non.

DON FÉLIX.

Pourquoi êtes-vous venu?

DON PÈDRE.

Je vous le dirai.

DON JUAN.

Si je vous gêne....

DON PÈDRE.

Vous pouvez rester. Je vous vois chez don Félix, c'est assez pour avoir en vous toute confiance; et, puisque vous êtes son ami, vous pouvez me compter pour un de vos serviteurs. D'ailleurs je puis tout vous dire sans indiscrétion ; une personne charmante que j'ai pu voir quelquefois à Alcala où elle ne repoussait point mes vœux, est venue aujourd'hui à Madrid, je l'ai suivie pour tâcher de lui parler, et...

DON FÉLIX.

Achevez....

DON PÈDRE.

Afin que mon père ne me sache pas ici, il faut que vous ayez la bonté de me garder deux jours caché dans votre maison.

DON FÉLIX.

Vous pouvez vous féliciter d'être arrivé si à propos. Don Juan y sera pour vous une agréable compagnie.

DON JUAN.

Je serai enchanté que vous connaissiez en moi quelqu'un qui désirera de vous servir.

DON PÈDRE.

Agréez ma reconnaissance.

DON FÉLIX.

C'est cependant à une condition. Vous êtes amoureux l'un et l'autre, et je vous prie de ne parler ni de tendresse, ni de jalousie, ni d'absence, ni de regrets. Hernand, fais-nous servir à dîner.

HERNAND.

J'y vais.... (*Il revient.*) Monsieur !

DON FÉLIX.

Qu'est-ce donc ?

HERNAND.

Les deux belles dames qui sont arrivées dans notre quartier sont à la fenêtre, et de celle-ci vous pouvez les voir.

DON FÉLIX.

Je vous quitte un moment, avant tout est ma dame [8]; et le plus pressé c'est de voir celles-ci qui m'appartiennent comme mes voisines. Par le ciel! elles sont charmantes.

DON JUAN, à la fenêtre.

Regardons ces beautés. (*A part.*) Que vois-je? c'est elle.

DON PÈDRE.

Puisque vous les avez vues, permettez-moi de les regarder.

(Il va à la fenêtre.)

DON FÉLIX.

Vraiment, elles sont toutes les deux à ravir.

DON PÈDRE, à part.

O ciel! que vois-je? c'est elle. (*Haut.*) Il est fort heureux pour moi d'être venu loger chez vous.

DON JUAN, à part.

Cachons mon embarras. (*Haut.*) Elles sont très-belles l'une et l'autre.

DON PÈDRE, à part.

Dissimulons mes tendres soucis. (*Haut.*) On ne saurait laquelle admirer le plus.

DON FÉLIX.

Écoutez donc, messieurs; elles ne doivent être

pour vous ni belles, ni admirables. Vous êtes par trop tendres pour que dans ma juridiction je vous confie les beautés qui l'habitent; vous êtes tous les deux amoureux ailleurs, ne venez pas louer ici les charmes, ni les attraits de mes voisines; elles doivent être pour vous sacrées comme le bien d'un ami.

DON JUAN.

Ma joie a été courte ; elles ont déjà quitté la fenêtre et je vais pleurer leur absence. (*A part.*) La première chose que mes chagrins ont aperçu, c'est la belle qui les cause. Que je suis malheureux !

DON PÈDRE, à part.

La première femme que je vois est celle pour qui je suis venu.

(Hernand entre.)

HERNAND.

Votre dîner est servi.

DON FÉLIX.

Allons dîner, quelque amoureux que je sois, j'ai encore plus de faim que de tendresse.

DON JUAN, à don Félix.

Vous plaisantez, mais apprenez que l'une des deux est la cause de toutes mes infortunes.

(Il sort.)

DON FÉLIX.

Et d'une de perdue.

DON PÈDRE, à don Félix.

Vous êtes de bonne humeur, mais à tout hasard

je dois vous dire que l'une des deux est celle que j'ai suivie ici.

(Il sort.)

DON FÉLIX.

Et de deux, c'est avoir du malheur ; à moins cependant que ce ne soit la même qu'ils chérissent tous les deux ; ce serait encore bien pis. Fasse le ciel que mon honneur ne se trouve pas engagé dans les intrigues de mes amis, et que, sans avoir ni amour ni jalousie, je ne sois pas obligé de souffrir de leur jalousie et de leur amour !

SCÈNE III.

Salon de compagnie de don Alonze.

CLARA, EUGÉNIE.

CLARA.

En vérité, ma chère, la maison, l'ameublement tout est charmant.

EUGÉNIE.

Pour moi, je suis loin d'en être aussi contente.

CLARA.

Pourquoi donc ?

EUGÉNIE.

D'abord à cause du quartier ; c'est le coin où se retirent tous les hiboux de la capitale. Mon père va prendre une maison auprès des glacières. Le voisinage est frais ; mais il n'y a que le mois d'août qui puisse en faire apprécier le mérite [9].

CLARA.

Il l'a choisie sans doute à cause de la tranquillité et de l'avantage d'y avoir un jardin.

EUGÉNIE.

De la tranquillité et un jardin ! Pour avoir cela ce n'est pas la peine de venir à la ville. Quel est le repos le plus doux à Madrid ? N'est-ce pas d'entendre un bruit continuel ? Quel est le carré de jardin, quelque enrichi qu'il soit de tulipes étrangères, qui soit aussi agréable à voir qu'une rue bien pleine de boue en hiver, bien pleine de poussière en été [10], couverte en tout temps d'hommes, de chevaux, de voitures, où une femme, appuyée à sa jalousie, immobile sur son balcon, puisse promener ses yeux toute la journée ? Quant aux ameublemens....

CLARA.

Cette estrade n'est-elle pas de velours ainsi que les siéges ? N'avons-nous pas de beaux tapis, des lits de damas, de riches tapisseries, des tableaux de prix, et ce qui tient au ménage n'est-il pas neuf et propre ? Que veux-tu de plus ?

EUGÉNIE.

Tout cela est très-bien, mais dix ans du Mexique devaient être meilleurs. Je croyais que le proverbe, avoir son père alcade, n'annonçait que des bagatelles auprès de l'avantage suprême d'avoir son père indien. Et d'ailleurs, au milieu de tout ce que tu me vantes là, il manque la meilleure pièce et le meuble le plus utile de la maison. Je ne les trouve pas.

CLARA.

Que veux-tu dire?

EUGÉNIE.

La remise et la voiture. En été et en hiver, l'une est la galerie la plus utile, l'autre le meuble le plus commode qu'on puisse trouver. Quelles Indes y a-t-il où l'on n'a pas une voiture? Notre père nous écrivit qu'il portait d'Amérique beaucoup de piastres de poids. Et qu'importe qu'elles soient de poids, si elles ne doivent pas jouer leur rôle?

CLARA.

Dieu me le pardonne! Ta langue satirique n'épargne pas ton père.

EUGÉNIE.

Dis que je suis une fille ingrate : va, je voudrais vivre mille ans pour savoir si je pourrai me corriger.

CLARA.

Écoute, ma chère Eugénie, songe que nous sommes ici dans une grande ville; que tes manières libres, tes gentillesses, tes étourderies sont ici une faute; que les courtisans élèvent à l'honneur une fragile statue de cire, et qu'ils immortalisent les défauts sur le marbre. Je ne dis pas que l'esprit, que l'élégance soient de mauvaises choses, mais qu'importe si elles ne passent pas pour bonnes? Il vaut encore mieux paraître vertueux sans l'être, que l'être sans le faire voir au dehors. L'honneur d'une femme, et surtout celui d'une demoiselle, peut souffrir de la plus légère atteinte. Il n'est pas de neige dont la blancheur soit plus aisément ternie par les pas de celui qui la foule, il n'est point de fleur qui se fane plus rapidement, non-seulement au souffle glacé du nord, mais encore à la douce chaleur qu'apporte le zéphir. Tous ceux qui vantent tes vers, tes agrémens, ton esprit, ceux-là les premiers en louant ton amabilité médiront de ta conduite légère, et, s'ils commencent par t'applaudir, finiront par te mépriser. Une femme comme toi, mon Eugénie, ne doit pas s'exposer à voir aucune de ses actions inculpée; elle ne doit pas avoir à craindre qu'on l'accuse de montrer une gaieté qui bientôt devrait se changer en tristesse. Dis-moi, ma sœur, jusqu'à ce jour, a-t-on jamais fait figurer sur un contrat de mariage, la grâce?

EUGÉNIE.

Du Seigneur, qui soit sur vous, mes frères, et sur moi. Ainsi soit-il. C'est comme cela que doit s'achever ton sermon pour qu'il n'y manque rien. Écoute, pour en finir d'une fois, ma chère Clara, il faut que tu apprennes, si tu ne le sais pas, que les *Ne ferez* [11] des damoiselles du temps passé, et les autres belles choses de ce temps-là, les chausses à aiguillettes et les collerettes empesées gissent ensemble à Simancas entre les sept vierges et les procès [12]. Don Scrupule de Pruderie était un gentilhomme fort ennuyeux, et ses parchemins sont si vieux qu'on ne les lit plus. Je suis à Madrid, et j'y vivrai sans minauderies, sans songer à ce qu'on dira de moi; certaine qu'on ne dira rien contre mon honneur, et ainsi le manteau rejeté sur les épaules, la tête haute, exempte de gêne, toujours polie, je parcourrai sans danger les mers très-peu orageuses du Prado et de la Calle-Mayor, je serai le corsaire de tous les ports depuis Atocha jusqu'au palais (13). Il n'y aura pas une mode nouvelle que je ne porte des premières. Je n'aurai pas une amie qui n'ait un carrosse. Un carrosse! c'est le conseiller le plus prudent, le meilleur ami qu'on puisse avoir. Aucun calendrier ne saura mieux que moi toutes les fêtes, toutes les occasions de parcourir les églises, depuis l'Ange-Gardien jusqu'à Saint-Blaise, et du Trapillo à Saint-Jacques. Si les beaux cavaliers de la capitale, plus amoureux d'eux-mêmes que de moi, font les yeux doux à ma dot, tu verras à quelles tortures je les mettrai, comme tout mon plaisir sera de les subjuguer et ma vanité de les abandonner. Tu te souviendras de tout cela, ma chère Clara; et si par hasard tu voyais dans ma conduite....

CLARA.

Dieu me préserve d'y rien voir! Je ne sais seulement comment je puis t'entendre.

(Don Alonze entre.)

DON ALONZE.

Eugénie! Clara!

TOUTES DEUX.

Mon père.

DON ALONZE.

Je puis bien vous féliciter.

TOUTES DEUX.

De quoi donc?

DON ALONZE.

Du bonheur le plus grand qui pût m'arriver, du plaisir le plus vif que je pusse éprouver après celui de vous revoir. Don Torribio Quadradilles, fils aîné, héritier de mon frère, sur qui repose le majorat de ma famille, va arriver dans l'instant. Quelques voyageurs qui ont devancé le reste de la caravane, m'ont assuré qu'ils l'avaient laissé très-près de Madrid.

EUGÉNIE, à part.

Je croyais, à voir ses transports, qu'il allait nous annoncer l'arrivée d'un plénipotentiaire qui venait signer la paix de l'univers.

DON ALONZE.

Marie Nugne?

MARIE NUGNE, entrant.

Qu'ordonnez-vous?

DON ALONZE.

Arrangez tout de suite l'appartement du rez-de-chaussée, qu'il soit tout prêt [14]. Toi, Brigitte (*Brigitte entre*), prends du linge, de celui qui est réservé!

BRIGITTE.

Soyez tranquille : le vent n'est pas plus léger qu'un service de toile de Hollande que j'ai tout prêt [15].

(Elle sort avec Marie Nugne.)

DON ALONZE.

Otagnès?

OTAGNÈS, entrant.

Me voici.

DON ALONZE.

Allez vite chercher quelque chose de rare et de délicat pour qu'il le mange en arrivant. (*Otagnès sort.*) Et vous deux, mes enfans, je vous prie de le bien accueillir; songez que c'est le chef de la maison, que c'est votre tête, et que celle qui l'aura pour époux sera la plus heureuse, l'autre sera son écuyère (16). (*A part.*) Je veux piquer l'amour-propre d'Eugénie.

EUGÉNIE.

J'espère peu d'obtenir ce bonheur; tu es mon aînée, Clara.

CLARA.

Mais, en revanche, ton amabilité.....

EUGÉNIE.

Allons, de la fausseté avec moi, ma sœur!

DON ALONZE.

J'entends du bruit dans le vestibule. Écoutez.

DON TORRIBIO, derrière le théâtre.

N'est-ce pas ici que loge un oncle que j'ai à Madrid? Pour plus grands renseignemens, il a deux filles avec l'une desquelles je viens me marier.

OTAGNÈS, derrière le théâtre.

C'est ici, monsieur.

DON ALONZE.

C'est lui, assurément. Venez avec moi le recevoir.

DON TORRIBIO, derrière le théâtre.

Est-il céans?

OTAGNÈS.

Vous le trouverez chez lui.

DON TORRIBIO.

Laurent, tiens-moi l'étrier bien ferme.

(*Don Torribio entre ridiculement mis.*)

EUGÉNIE, à Clara.

Jésus ! quelle étrange figure !

CLARA, à Eugénie.

Tu as bien raison.

EUGÉNIE, à Clara.

Pour cette fois, ma chère sœur a approuvé la médisance.

DON ALONZE.

Enchanté, mon cher neveu, de voir que le ciel m'a accordé le bonheur de vous voir chez moi. Je reconnais en vous, avec plaisir, le chef de notre maison.

DON TORRIBIO.

Et vous ne pouviez faire moins ; car, dans la vallée de Taranzos, depuis mon enfance, où que j'aille, je suis le premier.

DON ALONZE.

Approchez ; vos cousines désirent de vous connaître, et se sont avancées pour vous recevoir.

DON TORRIBIO.

Ce sont des cousines fort raisonnables.

CLARA.

Soyez le bienvenu.

DON TORRIBIO.

Bien obligé à votre politesse.

DON ALONZE.

Comment vous trouvez-vous ?

DON TORRIBIO.

Bien fatigué. Je montais un mulet si dur, qu'il

m'a rendu pour long-temps inhabile à une pareille course ⁽¹⁷⁾.

DON ALONZE.

Pendant qu'on sert votre dîner, ne voudriez-vous pas vous asseoir?

DON TORRIBIO.

Il vaudrait mieux renverser la phrase, et me donner à dîner pendant que je m'assieds. C'est donc pour vous obéir. (*Il s'assied.*) Vous pouvez vous asseoir, si vous voulez; pour moi, je me trouve toujours bien.

MARIE NUGNE, à part.

Il ne se gêne pas.

(Elle sort.)

EUGÉNIE, à Clara.

C'est là mon chef, ma tête?

CLARA, à Eugénie.

Oui.

EUGÉNIE, à Clara.

Je te croirai, quand tu me diras que je suis folle. Quand on a une tête pareille.....

DON TORRIBIO.

Enfin, mes cousines, comme j'avais l'honneur de vous le dire, je vous trouve fort jolies : je n'y avais pas, d'abord, fait attention ; mais à présent je m'en aperçois, et je suis vraiment fâché que vous soyez toutes les deux belles comme une couple d'anges.

TOUTES DEUX.

Pourquoi donc?

DON TORRIBIO.

Parce que... tenez, je vais m'expliquer par un exemple. Les philosophes disent qu'un âne, entre deux rations égales d'orge, se laissera mourir de faim plutôt que de faire un choix, quel que soit d'ailleurs son appétit. C'est ainsi que, moi, entre vous deux qui êtes pour mon goût la ration la plus friande, ne sachant à laquelle des deux je dois donner le premier coup de dent, je risque de mourir de faim, ou à peu près.

DON ALONZE.

O simplicité de mon pays, avec quel plaisir je te retrouve !

CLARA.

L'idée est heureuse.

EUGÉNIE.

La comparaison, du moins, est juste en quelque point.

DON TORRIBIO.

Il y a du remède à tout. N'ai-je pas besoin, mon cher oncle, d'une dispense, à raison de la parenté, pour épouser l'une ?

DON ALONZE.

Sans doute.

DON TORRIBIO.

Eh bien ! demandons-en deux. Je paierai double ; et comme cela, chacune de vous ayant la sienne, je vous épouserai toutes les deux. Au reste, j'avais oublié de vous le demander, comment vous portez-vous tous les trois ?

DON ALONZE.

Je me trouve très-heureux de voir ma patrie et mes enfans, et vous, à qui je destine le fruit de mes travaux.

DON TORRIBIO.

Je mérite tout cela, et bien davantage. Si vous voyez ma généalogie, mes cousines ! le plaisir vous rajeunirait : elle est dans un beau fourreau de velours cramoisi ; et tous mes ancêtres y sont peints comme de petits saints tout dorés : je l'ai là-bas dans mes besaces ; je vais la chercher pour que vous voyiez que je ne vous ments pas.

(Marie Nugne entre.)

MARIE NUGNE.

Le dîner est sur la table.

DON TORRIBIO, effrayé.

Ah ! mon oncle, qu'est-ce donc ? avez-vous amené des Indes cet animal qui n'est ni homme ni femme, et qui parle ?

DON ALONZE.

C'est une duègne.

DON TORRIBIO.

Duègne ou non, la bête est-elle apprivoisée ?

MARIE NUGNE, à Eugénie et Clara.

Il est brutal, le cousin.

EUGÉNIE.

Non, non, c'est un imbécile.

DON ALONZE.

Comment avez-vous laissé votre père et votre famille ?

DON TORRIBIO.

C'est tout au plus si je m'en rappelle.

MARIE NUGNE.

Je vous répète que la table est servie.

DON TORRIBIO.

Et où est-elle cette table?

MARIE NUGNE.

Là-dedans.

DON TORRIBIO.

Je ne sais si je dois le croire.

MARIE NUGNE.

Pourquoi en douteriez-vous?

DON TORRIBIO.

Parce qu'entre les instructions qu'on m'a données, est la recommandation de ne rien croire de ce que disent les duègnes : mais je le verrai bientôt. Pardonnez; avec vous, je ne fais point de façons.

(Il sort.)

CLARA.

Il est gentil, le cousin!

MARIE NUGNE.

Il n'est pas beau; mais, en revanche, il est bien vilain.

EUGÉNIE.

Je ne conçois pas comment les gardes de la santé ont laissé entrer cette peste [18].

DON ALONZE.

De quoi donc êtes-vous tristes toutes deux?

TOUTES DEUX.

Moi? de rien.

DON ALONZE.

Je vous entends; les manières et la mise de mon

neveu vous ont déplu. Vous autres, vous ne pensez qu'à cela ; mais vous verrez bientôt combien l'air de la capitale et la société le formeront en peu de temps. Tous nos jeunes gens arrivent comme cela ; et bientôt après ce sont les plus aimables. Je ne puis vous dire combien je suis satisfait de voir revenir à mes petits-fils le bien de mes aïeux. Par le ciel ! Torribio épousera l'une de vous deux, sans que pour cela l'autre pense qu'elle aura un mari d'une autre tournure. Je ne veux pas que la fortune, qui m'a coûté tant de soins et de peines, soit dissipée par un jeune étourdi qui dépense, en bas de soie, de quoi fonder un majorat. Si je voyais mon gendre donner pour un chapeau de castor vingt ou trente réaux, fruit de mes sueurs, je crois que j'en perdrais le sens. Ainsi, mesdemoiselles, il n'y a plus rien à dire. Mettez seulement dans votre tête que Torribio et un autre comme lui doivent être vos époux.

(Il sort.)

CLARA.

Je perdrais plutôt la vie.

EUGÉNIE.

Pour moi, non ; mais je resterais fille, et c'est plus pénible encore.

(Elles sortent.)

FIN DE LA PREMIÈRE JOURNÉE.

JOURNÉE DEUXIÈME.

SCÈNE PREMIÈRE.

Salon de la maison de don Félix.

DON JUAN, DON FÉLIX, HERNAND.

DON FÉLIX.

Comment avez-vous passé la nuit, don Juan?

DON JUAN.

Chez vous, je ne pouvais qu'être fort bien. Ce n'est point votre maison qui est la cause de ma peine.

DON FÉLIX.

Et qu'avez-vous donc qui vous afflige?

DON JUAN.

Je ne sais comment m'expliquer.... Depuis le moment où j'ai revu cette belle, qui, malgré une si longue absence, vit encore dans ma mémoire, tout cet ancien feu que je croyais éteint s'est rallumé avec plus de violence. J'ai vu qu'il n'était que caché sous la cendre, et que j'allais encore brûler. Je ne l'ai point aperçue dans la soirée d'hier; elle n'a point reparu au balcon : aussi, espérant qu'aujourd'hui, qui est jour de fête, elle sera forcée à sortir, je me suis levé de bonne heure pour la voir. Je vais sur la porte de la rue attendre que le second soleil fasse commencer pour moi une nouvelle journée. Mais, je vous en prie, par tout ce que vous avez de plus cher, comme il est parfaitement inutile que le jeune don Pèdre sache rien de tout ceci, faites en sorte qu'il ne s'en doute pas.

(Il sort.)

DON FÉLIX.

Peut-on être assez bon pour croire qu'une femme se souvienne encore de vous après des années d'absence !

HERNAND.

Laissez-le avec ses erreurs; c'est ce qui le soutient.

DON FÉLIX.

Un courtisan disait que rien ne coûtait moins, et que souvent rien ne coûtait davantage que l'erreur. Voyons dans quel état se trouve l'autre patient, puisqu'enfin ma maison est devenue un hospice de convalescence pour les malades d'amour. Mais le voici. (*Don Pèdre entre.*) Qu'y a-t-il, don Pèdre? Je vous souhaite le bonjour.

DON PÈDRE.

Il sera bon, puisque c'est à vous que je dois et le meilleur accueil, et le bonheur d'être aussi voisin de ce qui est le seul objet de mes tendres espérances. Vous ne sauriez croire combien je suis content de ce que vous soyez logé si près de cette dame. Grâces à ce hasard, mon cher don Félix, j'aurai mille occasions de la voir; et, pour ne pas perdre la première, je vais sur votre porte attendre qu'elle sorte pour aller à la messe; ce qu'elle ne peut manquer de faire aujourd'hui.

DON FÉLIX.

Don Juan a été y respirer l'air frais du matin.

DON PÈDRE.

Tant mieux. En nous promenant tous trois dans la rue, nous serons moins remarqués. Je vous en prie, s'il vous engageait à le suivre ailleurs, excusez-vous-en, mais de sorte qu'il ne puisse rien deviner.

(Ils sortent.)

SCÈNE II.

Rue entre la maison de don Alonze, et celle de don Félix.

DON JUAN, DON FÉLIX, DON PÈDRE, HERNAND.

DON FÉLIX.

Que faites-vous ici, don Juan?

DON JUAN.

Je vous attends pour savoir où vous voulez aller entendre la messe. (*Bas.*) Ne sortons pas d'ici.

DON PÈDRE.

Je disais la même chose. Nous irons où vous voudrez. (*Bas.*) Ne bougeons pas de cette place.

DON FÉLIX, à part.

Il est facile d'obéir à la fois à deux personnes qui ordonnent la même chose. (*Haut.*) Vous autres, messieurs les amoureux, vous imaginez sans doute que vous n'avez qu'à aller chacun chercher sa belle, et m'emmener pour être le témoin de vos amours : mais, vive Dieu! il n'en sera pas ainsi; et, pour aujourd'hui, c'est moi qui vous conduirai. Je veux être amoureux à mon tour; et ainsi, jusqu'à ce que mes belles voisines soient sorties, jusqu'à ce que nous les ayons suivies, et que j'aie décidé quelle est celle à qui je dois faire la cour, vous ne me quitterez pas. Je vous l'ai déjà dit, il faut que j'aime toujours la femme qui se trouve le plus à portée.

DON PÈDRE.

A la bonne heure.

DON JUAN.

J'y consens aussi.

DON PÈDRE, bas à don Félix.

Vous ne pouviez pas, avec plus d'esprit, donner le change à don Juan.

DON JUAN, bas à don Félix.

Vous avez habilement caché mes peines à don Pèdre.

DON FÉLIX, à part.

Je ne le fais que pour savoir s'ils sont amoureux de la même, et si c'est elle... Mais, taisons-nous; la beauté arrive à présent un peu tard pour m'asservir [19].

DON JUAN.

Je crois qu'il sort quelqu'un.

DON PÈDRE.

Ce n'est qu'un domestique, qui sans doute attend son maître.

DON JUAN.

Pour cette fois il vient du monde.

DON PÈDRE.

Oui; mais ce n'est pas ce que vous attendez.

DON FÉLIX.

Non certainement. C'est le père de ces dames.

DON JUAN, bas à don Félix.

Je ne le connais pas; de mon temps il était en Amérique.

DON PÈDRE, bas à don Félix.

Je ne l'ai jamais vu. J'ai aimé pendant son absence.

DON JUAN.

Quel est cet homme qui le suit?

HERNAND.

Je puis vous le dire. C'est un neveu de la Montagne, avec qui le père veut marier l'une des deux.

(Don Alonze et Torribio entrent.)

DON JUAN, à part.

Fasse le ciel que ce ne soit pas celle que j'adore!

DON PÈDRE, à part.

Plaise à Dieu qu'on ne lui destine pas Eugénie!

DON FÉLIX.

Promenons-nous sans affectation.

DON TORRIBIO.

Comme j'avais l'honneur de vous le dire, mon oncle, que font là ces jeunes gens?

DON ALONZE.

Ils sont dans la rue ; de quoi vous fâchez-vous?

DON TORRIBIO.

Oui ; mais cette rue est celle de mes cousines, et ils s'y promènent comme si de rien n'était.

DON ALONZE.

Pourquoi non ?

DON TORRIBIO.

Comment, pourquoi non ? Parce qu'il ne doit y avoir personne qui se promène ici, ni grand ni petit, ni chien ni chat, et encore moins ces grands garçons bien frisés, ces Adonis à moustaches, avec leurs figures étroites et leurs jambes en fuseaux [29].

DON ALONZE.

Qu'y faire ? ce sont nos voisins.

DON TORRIBIO.

Qu'ils ne le soient pas!

DON ALONZE.

Mais si leur maison est dans cette rue...

DON TORRIBIO.

Qu'elle soit dans une autre !

DON FÉLIX.

Il approche ; il faut que je lui parle.

DON JUAN.

L'occasion est excellente.

DON FÉLIX.

Veuillez, don Alonze, me permettre, quoiqu'en passant, de vous baiser la main, et de vous témoigner le plaisir que j'ai eu de vous voir venir habiter ce quartier. J'aurais dû différer jusqu'à ce que j'eusse pu vous rendre mes devoirs chez vous ; mais la satisfaction que j'ai d'avoir un voisin si recommandable, ne me permet pas d'attendre plus longtemps à vous offrir mes services.

DON PÈDRE.

Ce sont nos sentimens que don Félix vient d'exprimer.

DON TORRIBIO, à part.

Quelles sottes cérémonies !

DON ALONZE.

Je vous remercie de l'honneur que vous me faites ; et si j'avais cru mériter de telles faveurs, j'aurais rempli un devoir bien agréable en allant moi-même chez vous. Souffrez que je vous présente mon neveu. Je veux que vous ayez en lui un serviteur [21]. Approchez, don Torribio : ces messieurs veulent vous connaître.

DON JUAN.

Vous aurez en nous des serviteurs et des amis.

DON TORRIBIO.

Bien obligé à votre politesse.

DON FÉLIX.

Êtes-vous venu en bonne santé ?

DON TORRIBIO.

Grâces au ciel, elle n'est ni bonne ni mauvaise ; mais là, là, entrelardée comme du jambon maigre.

DON ALONZE.

J'aurai l'honneur de vous voir plus à loisir. Permettez....

DON FELIX.

Vous êtes le maître.

DON ALONZE.

Venez, don Torribio.

DON TORRIBIO.

Et vous les laissez là?

DON ALONZE.

Que voulez-vous faire?

DON TORRIBIO.

Je le sais bien, et j'y vais de ce pas.

DON ALONZE.

Où donc?

DON TORRIBIO.

A la maison.

DON ALONZE.

Pourquoi?

DON TORRIBIO.

Pour dire à mes cousines qu'elles aient à ne pas sortir de tout le jour.

DON ALONZE.

Doivent-elles manquer à entendre la messe!..

DON TORRIBIO.

Avec ma généalogie elles en ont plus qu'il n'en faut pour être de vieilles chrétiennes.

DON ALONZE.

Allons, vous ne savez ce que vous dites. Venez, que ces messieurs ne vous entendent pas.

DON TORRIBIO.

Si j'étais le maître, qu'elles voulussent ou non, elles ne sortiraient pas.

(Il sort avec don Alonze.)

DON FÉLIX.

Je ne sais comment j'ai pu....

DON JUAN.

Quoi donc ?

DON FÉLIX.

M'empêcher de rire en voyant le cousin.

DON PEDRE.

Quelle figure extraordinaire ?

DON JUAN.

Singulière tournure pour un nouveau marié !

(Clara, Eugénie, entrent précédées d'Otagnès, et suivies de Marie Nugne et de Brigitte.)

HERNAND.

Enfin les voilà.

DON FÉLIX.

D'ici nous pourrons les voir, comme par hasard.

CLARA.

Couvre-toi de ton manteau, Eugénie ; il y a du monde dans la rue.

EUGÉNIE.

Et quel crime ai-je commis, pour ne pas aller le front découvert ?

OTAGNÈS.

La réponse fraternelle ne s'est pas fait attendre.

MARIE NUGNE.

Taisez-vous ; il ne vous appartient pas de parler de ces choses.

BRIGITTE.

Ni à vous, et vous en parlez toujours, ainsi que de beaucoup d'autres qui ne vous regardent pas davantage.

DON FÉLIX, à ses amis.

Croisons-les sans affectation.

DON JUAN, à part.

Fasse le ciel qu'elle se rappelle du moins mon amour !

DON PÈDRE, à part.

Fasse le ciel qu'elle agrée le voyage que j'ai fait pour la suivre !

CLARA, à Eugénie.

Fais donc attention ; ils se rapprochent.

EUGÉNIE. Elle a un mouchoir à la main.

Hé bien ! quand ils se rapprocheraient, qu'y gagnent-ils ? (*A part.*) Mais que vois-je ? Don Juan ! sans doute le procès qui l'éloigna de moi doit être terminé. Voici bien une autre aventure ! Don Pèdre ! c'est la première fois que par ignorance deux rivaux se trouvent amis.

DON FÉLIX, à don Juan.

Quelle est celle des deux qui vous a coûté tant de peines ?

DON JUAN, à don Félix.

Celle qui vient un mouchoir à la main. Mais ne vous tournez pas encore, pour qu'elle ne voie pas que nous parlons d'elle. Afin que don Pèdre ne s'aperçoive pas de mon trouble, je vais l'attendre à l'église; restez avec lui.

(Il sort.)

DON FÉLIX, à don Juan.

Soyez tranquille. (*A don Pèdre.*) Quel est l'objet de vos vœux?

DON PÈDRE.

Eugénie est celle qui a un mouchoir à la main et qui a la figure découverte. Ne vous tournez pas si tôt pour la voir; qu'elle ne s'aperçoive pas qu'elle est l'objet de notre conversation. Restez pour que don Juan ne soupçonne pas mon amour.

(Il sort.)

DON FÉLIX.

Je sais au moins une chose, c'est qu'ils sont tous deux amoureux de la même.

CLARA.

Donne-moi ton mouchoir, ma sœur, j'étouffe sous mon manteau.

(Elle se découvre.)

EUGÉNIE.

Je suis fâchée d'être venue dévoilée; je voudrais pas qu'ils ne m'eussent pas vue.

(Elle donne le mouchoir à sa sœur et se voile.)

DON FÉLIX.

Je puis savoir quelle est celle qu'ils adorent, puisque je connais à présent le nom et le signalement [22].

CLARA.

Ne te retourne pas pour regarder.

EUGÉNIE.

Jésus! quelle humeur! il est dommage, ayant cette

disposition à te fâcher de tout, que tu ne sois pas ma belle-mère.

(Elles sortent.)

DON FÉLIX.

Que j'ai souffert de la reconnaître ! Quel que soit mon souci de voir mes amis engagés dans une rivalité qui peut finir par une querelle, ma peine s'augmente encore en pensant que c'est celle qui, bien que l'autre soit belle aussi, me plut davantage lorsque je les vis hier à leur fenêtre. Mais ce n'est pas l'essentiel ; je remplirai mon devoir, et mon honneur fera taire mon amour. Je dois d'abord empêcher qu'il n'y ait entre mes amis aucun éclaircissement, jusqu'à ce que j'aie trouvé un moyen de prévenir l'éclat qu'ils pourraient faire.

(Il sort avec Hernand. — Don Torribio et don Alonze entrent.)

DON ALONZE.

Pourquoi revenez-vous ?

DON TORRIBIO.

Et pourquoi voulez-vous que je revienne, de par tous les diables ! sinon, pour voir si ces hommes sont encore là, et en balayer la rue si je les y trouve ?

DON ALONZE.

Eh bon Dieu ! que vous importe ?

DON TORRIBIO.

Ce qui importe à tout gentilhomme, qu'il n'y ait point de galans là où il a des cousines.

DON ALONZE.

Jamais je n'ai vu telle folie. A Madrid personne ne fait attention aux gens qui se promènent dans la rue.

DON TORRIBIO.

Eh bien, j'y fais attention, moi.

DON ALONZE.

Mais enfin, pour quelle raison?

DON TORRIBIO.

Par la raison que j'y fais attention.

DON ALONZE.

Au reste, ils sont partis; et vous ne voyez personne.

DON TORRIBIO.

Ils ont bien fait, car je venais déterminé.

DON ALONZE.

Et que vouliez-vous faire?

DON TORRIBIO.

Essayer seulement si mon espadon coupait les chapeaux de castor, aussi-bien que les toques de laine de mon pays.

DON ALONZE.

Mais quelle crainte avez-vous qui vous porte à ces extrémités?

DON TORRIBIO.

J'ai beaucoup à craindre, et je n'ai peur de rien; mais depuis que j'ai vu ces deux astres, mes deux cousines, j'ai tant d'amour pour Eugénie, que je suis jaloux, même des hommes.

DON ALONZE.

Malgré l'humeur que me donnent vos folies, je suis bien aise de voir que vous veuilliez commencer par être amant avant de devenir époux. Soyez ce-

JOURNÉE II, SCÈNE II.

pendant raisonnable; un homme ne doit point être jaloux de sa femme.

DON TORRIBIO.

Voulez-vous qu'il le soit de celle du curé?

DON ALONZE.

Au nom de Dieu, cessez de me dire des extravagances; qu'il vous suffise de savoir que, si vous préférez Eugénie, Eugénie sera votre femme. (*A part.*) C'est ce que je désirais.

DON TORRIBIO.

Cela me fait passer l'ennui que me donne le retour de ces fainéans qui reviennent faire la convertion dans notre rue.

(Don Félix et don Juan paraissent au fond du théâtre)

DON ALONZE.

Je vais m'occuper sur-le-champ de faire venir les dispenses; venez, je veux être le premier qui annonce à ma fille le choix qu'a fait d'elle votre amour.

DON TORRIBIO.

Encore un mot. Ne faut-il pas faire venir la dispense de Rome?

DON ALONZE.

Sans doute.

DON TORRIBIO.

D'après cela, ne pourrait-on pas abréger?

DON ALONZE.

De quelle manière?

DON TORRIBIO.

Je le sais bien.

DON ALONZE.

Expliquez-vous.

DON TORRIBIO.

En nous mariant d'abord, et en envoyant chercher à la fois la dispense de ce qu'il y aurait à faire et l'absolution de ce qui se trouverait fait.

(Ils sortent.)

DON FÉLIX.

Je vous remercie de votre confiance.

DON JUAN.

J'ai vu, lorsqu'elle m'a aperçu, un léger changement sur sa figure, et cela me conduit à espérer qu'il n'y a point eu de changement dans son cœur. Et ainsi, puisque mon bonheur m'a amené ici où l'amour le plus pur est protégé par la plus sincère amitié, il faut que vous fassiez quelque chose pour moi. Vous avez commencé à vous lier avec son père : continuez, je vous prie, afin qu'ayant entrée dans sa maison, vous puissiez me fournir l'occasion de lui écrire, de la voir, de lui parler.

DON FÉLIX, à part.

Me voilà placé dans une jolie situation! Si dans cette circonstance je sers un ami, je trahis la confiance d'un autre.

DON JUAN.

Vous ne me répondez pas.

DON FÉLIX.

Que vous dirais-je? Je ne suis point homme, mon cher don Juan, à surprendre la confiance d'un père pour le tromper.

JOURNÉE II, SCÈNE II.

DON JUAN.

Vous, que je croyais mon meilleur ami !...

(Don Pèdre entre.)

DON PÈDRE.

Don Félix! si mon amour....

DON FÉLIX, à part.

Il faut que je l'arrête. (*Haut.*) Vous êtes venu à propos; vous continuerez ensuite ce que vous avez à me dire, mais je veux qu'auparavant vous soyez juge d'un différent qu'il y a entre nous. (*A part.*) Je m'expliquerai ainsi avec tous les deux.

DON PÈDRE.

De quoi s'agit-il?

DON FÉLIX.

Si un intime ami vous priait de vous lier avec une personne respectable, pour que cette nouvelle intimité vous fournît des moyens de favoriser l'amour qu'il éprouve, le feriez-vous?

DON PÈDRE.

Je le ferais.

DON FÉLIX.

Moi je ne le ferais pas.

DON PÈDRE.

Pourquoi?

DON FÉLIX.

Parce que je vois de la déloyauté dans cette conduite. Lorsque je voudrais gagner par trahison l'amitié de cette personne, ou je réussirais ou non: si je ne l'obtenais pas, je ne servirais en rien mon ami; si je l'obtenais je serais coupable, parce que celui qui, séduit par mes fausses démonstrations, m'aurait accordé sa confiance, serait déjà mon ami; et pourrais-je me conduire comme un ennemi envers celui qui se livre à moi sous un aussi saint caractère? Ainsi, ou mes démarches seraient inutiles, ou elles m'engageraient à une trahison.

DON PÈDRE.

Puisque telle est votre opinion, il ne me reste rien à vous dire.

(Il sort.)

DON JUAN.

A moi non plus. (*A part.*) Il faudra que je cherche un autre moyen.

(Il sort.)

DON FÉLIX.

A-t-on vu un malheur pareil? Il ne me suffira point de ne pas aimer pour être libre de toutes les impertinences de l'amour. Que ferai-je entre ces deux amis qui l'un et l'autre ont mis en moi leur confiance? si près de leur maîtresse, comment trouver un moyen d'empêcher qu'ils ne s'expliquent? comment pourrai-je m'en tirer? Je n'en sais rien. Vive Dieu! il faut recourir aux femmes; ce sont elles qui, dans toutes les occasions, augmentent ou aplanissent les difficultés. Mais comment oserai-je parler de choses aussi délicates à une demoiselle honnête et bien née? Comment pourrai-je lui dire que je connais ses secrets, et lui demander face à face si elle aime ou si elle n'aime pas? Une lettre pourra me débarrasser de cette peine, car celui qui, pour sauver l'honneur d'une femme, l'avertit du péril qu'elle court, ne peut offenser son honneur. Mais cette lettre, par quelle ruse la ferai-je parvenir? Je trouverai bien quelque moyen de la remettre, sans me confier à personne ni redouter d'indiscrétion. Allons, je suis décidé : en prenant le ciel à témoin que si je m'aventure dans cette intrigue, c'est pour sauver deux amis d'une situation plus périlleuse.

(Il sort.)

SCÈNE III.

Chambre d'Eugénie et de Clara, dans la maison de don Alonze.

CLARA, EUGÉNIE, MARIE NUGNE, BRIGITTE.

CLARA.

Pliez ce manteau, Marie Nugne. Que ne pouvons-nous avoir un chapelain dans la maison pour être dispensées de sortir, et ne pas aller dans de telles foules!

EUGÉNIE.

Si j'étais de bonne humeur, je te répondrais : Que ne pouvons-nous avoir dix lieues à faire pour aller à l'église, afin de voir et de courir davantage!

MARIE NUGNE.

Je suis de l'avis de l'aînée.

BRIGITTE.

Je m'en tiens à celui de la cadette.

MARIE NUGNE.

Pourquoi?

BRIGITTE.

Parce que je n'ai pas vû en ma vie une seule

de ces scrupuleuses qui ne fît des sottises à la première occasion.

(*Don Alonzo et don Torribio paraissent au fond du théâtre.*)

DON ALONZE.

Attendez-moi dans votre appartement. Je vais lui parler.

(*Il s'avance.*)

DON TORRIBIO.

Oui, mon oncle. (*A part.*) Je vais me cacher pour entendre ce qu'elle répondra.

(*Il se cache.*)

DON ALONZE, à part.

C'est un singulier bonheur qu'il ait choisi Eugénie. Qu'il l'emmène dans la montagne. Ce dont j'ai le moins besoin à Madrid, c'est d'une fille d'esprit, rhétoricienne, poëte, et qui pis est jeune et jolie. (*Haut.*) Je viens te parler, Eugénie; tu peux rester Clara. (*A Eugénie.*) J'ai à te féliciter, (*à Clara*) et à te témoigner des regrets.

EUGÉNIE.

A moi des félicitations, mon père?

CLARA.

A moi des condoléances?

DON ALONZE.

L'un et l'autre.

TOUTES DEUX.

Pourquoi donc?

DON ALONZE.

Ce sont des contrastes de l'amour. Don Torribio m'a témoigné combien il désire d'obtenir la main d'Eugénie; et quoique je dusse, puisque tu es l'aînée, Clara, t'établir la première, je dois céder à son choix, et je vous témoigne, à toi le plaisir, à toi la peine que j'éprouve en voyant que tu deviens, (*à Eugénie*) Eugénie, (*à Clara*) Clara, que tu cesses d'être, la première de notre maison.

CLARA.

Quelle que soit cette perte, je n'en suis pas moins enchantée de voir ma sœur heureuse; et je la prie de recevoir, au lieu des témoignages de ma douleur, de sincères félicitations sur sa félicité. (*Elle l'embrasse.*) Puisses-tu en jouir longues années! (*A part.*) C'est la première fois qu'on a eu du plaisir à être dédaignée.

(*Elle sort.*)

DON TORRIBIO, à part.

Comme ma sœur l'écuyère est affligée de me perdre! Voyons comment celle-ci sentira le bonheur de m'obtenir.

EUGÉNIE, à part.

Il ne me manquait plus que ce malheur, après toutes les inquiétudes de la journée.

DON ALONZE.

Allons, que me réponds-tu? Décide-toi.

EUGÉNIE.

Reconnaissante de cette faveur, je dévoue mille fois ma vie à vous obéir. Ce n'est point à moi à faire mon choix, mon devoir est dans la soumission; mais quand je vois la satisfaction chez vous, chez mon cousin un amour fidèle, je puis du moins vous en témoigner ma gratitude. (*A part.*) Dût-il m'en coûter la vie, je ne l'épouserai jamais.

DON ALONZE.

J'attendais de ton jugement cette humble obéissance.

DON TORRIBIO, à part.

Je l'attendais aussi.

DON ALONZE.

Je vais dans son appartement lui annoncer cette bonne nouvelle pour recevoir ses remercîmens.

(Il sort. — Don Torribio entre à la dérobée.)

DON TORRIBIO, à part.

C'est bien moi plutôt qu'il faut remercier.

EUGÉNIE, à part.

J'en mourrai. N'avais-je pas assez de peines sans avoir encore le malheur de charmer un sot?

DON TORRIBIO, à part.

Qu'un amant a bonne mine quand il est favorisé! (*Haut.*) Je vous félicite, ma chère cousine, d'avoir été assez heureuse pour mériter de devenir mon épouse.

EUGÉNIE, lui tournant le dos.

Il ne me manquait plus que cela.

DON TORRIBIO.

Pourquoi, vous qui m'adoriez tout à l'heure...

EUGÉNIE.

Ah ciel!

DON TORRIBIO.

Me désadorez-vous si vite [23]!

EUGÉNIE.

Parce que tantôt je parlais à mon père, et qu'à présent c'est à vous que je m'adresse. Don Torribio, écoutez-moi. Pour ne point paraître désobéissante, je viens de donner à mon père une parole que je suis résolue à ne pas tenir, dût-il me donner mille morts; et, puisque je ne veux point me marier avec vous, renoncez à votre choix. Nous sommes seuls, et je vous avertis que si vous répétez à mon père un mot de ce que je vous dis, je vous démentirai.

DON TORRIBIO.

Comment osez-vous parler ainsi, fille de la branche cadette, ingrate, fausse, déloyale, traîtresse?

EUGÉNIE.

Ne criez pas : ceci se passe entre nous, et ne doit pas sortir d'ici.

DON TORRIBIO.

N'êtes-vous pas ma cousine?

EUGÉNIE.

Oui.

DON TORRIBIO.

Ne suis-je pas votre époux?

EUGÉNIE.

Non.

DON TORRIBIO.

Ne suis-je pas galant?

EUGÉNIE.

Qui en doute?

DON TORRIBIO.

Aimable?

EUGÉNIE.

Certainement.

DON TORRIBIO.

Noble?

Tom. I. *Calderon.*

EUGÉNIE.

Pour cela, c'est incontestable.

DON TORRIBIO.

De bonne mine?

EUGÉNIE.

Tant qu'il vous plaira.

DON TORRIBIO.

Et amoureux?

EUGÉNIE.

Vous le savez.

DON TORRIBIO.

Et quelle est donc la cause de vos rigueurs?

EUGÉNIE.

Demandez-le au ciel, aux astres, aux destins, qui ne m'ont pas donné le moindre penchant pour vous.

DON TORRIBIO.

Mais il y a quelque motif caché?

EUGÉNIE.

C'est qu'il vous manque pour devenir mon époux...

DON TORRIBIO.

Quoi donc?

EUGÉNIE.

Le Je-ne-sais-quoi [24].

(Elle sort pendant le couplet suivant.)

DON TORRIBIO.

Comment je n'ai pas le Je-ne-sais-quoi! et on ose dire cette injure à un homme qui a des terres pleines de Je-ne-sais-quoi! on n'y voit pas autre chose. Je ne devine pas ce que c'est; mais si c'est quelque chose de bon, je dois en avoir dans mes propriétés.

JOURNÉE II, SCÈNE III.

Me dire à moi que je manque de Je-ne-sais-quoi! et le ciel a permis cet outrage! Allez, allez, ma cousine, j'ai plus de Je-ne-sais-quoi que vous.

(Don Alonze entre.)

DON ALONZE.

Où donc étiez-vous, mon neveu? Je vous cherche pour vous féliciter mille fois de ce que votre cousine, soumise et reconnaissante, a appris avec le plus grand plaisir qu'elle était l'objet de votre choix.

DON TORRIBIO.

Ma cousine, puisque cousine y a, est une femme terrible; avec ses belles paroles de syrène, c'est un aspic et un sphinx. Elle m'a dit une chose que l'on ne dirait pas à un batelier asturien, pas même à un mousse.

DON ALONZE.

A vous?

DON TORRIBIO.

A moi, comme j'ai l'honneur de vous le dire.

DON ALONZE.

Je dois m'en étonner. Que vous a-t-elle dit?

DON TORRIBIO.

Que je manque de Je-ne-sais-quoi. Et pour que l'on sache si les hommes comme moi ont ou n'ont pas de Je-ne-sais-quoi, pour n'être pas obligé d'attendre que j'en aie fait porter de chez moi, faites acheter pour mon compte tous les Je-ne-sais-quoi qu'on trouvera à vendre, et à quelque prix que ce soit.

DON ALONZE.

Quelle folie!

DON TORRIBIO.

C'est donc bien cher? Il n'importe. Dites-moi où

l'on en vend, ou bien je vais le demander moi-même ; je jure de ne reparaître devant elle que tout chargé de Je-ne-sais-quoi.

(Il sort.)

DON ALONZE.

A-t-on vu pareille extravagance ? Arrêtez, mon neveu : écoutez-moi.

(Clara et Eugénie entrent.)

CLARA.

Qu'avez-vous, mon père ? pourquoi ces cris ?

EUGÉNIE.

Contre qui êtes-vous en colère ?

DON ALONZE.

Contre toi, ingrate.

EUGÉNIE.

Contre moi, lorsque je ne pense qu'à vous obéir.

DON ALONZE.

Viens çà. Qu'as-tu dit à Torribio ? Il est dans une telle fureur, qu'il n'y a pas moyen de lui parler.

EUGÉNIE.

Moi ! je n'ai pas vu mon cousin d'aujourd'hui.

DON ALONZE.

Que dis-tu ?

EUGÉNIE.

La vérité.

DON ALONZE.

Vive Dieu ! Si tu me trompes, si tu lui as parlé trop librement, je te... Mais il faut que je le suive, et que je tâche de le ramener pour qu'il n'aille pas dans les rues demander où l'on vend du Je-ne-sais-quoi.

EUGÉNIE.

Comment aurais-je pu dire à mon cousin quelque chose de désagréable ?

(D. Alonze sort.)

CLARA.

Tu n'as pas besoin de dissimuler avec moi. Sans t'avoir entendue, je sais bien que tu es capable de perdre ton établissement pour le plaisir de dire un bon mot.

EUGÉNIE.

Tu veux te moquer de moi en parlant de mon établissement. Mais je prends ton ironie pour une louange, en voyant qu'une bête, un imbécile fait hommage à mes attraits, même de l'âme qu'il n'a pas.

CLARA.

Que prétends-tu dire par-là ? Que personne ne m'offre son cœur ? Tu crois peut-être pouvoir lutter de mérite avec moi ? Ce n'est pas cela. Mais tous les hommes me voient avec respect, et je sais me conduire de manière à ce que tout le monde m'estime autrement que toi. Tout ce qui nous distingue c'est qu'ils te regardent... je ne veux pas dire comment, et que moi, ils me considèrent comme une conquête impossible.

EUGÉNIE.

Il y a encore une autre raison.

CLARA.

Quoi donc ?

EUGÉNIE.

Tu me forceras à te dire comme au cousin.

CLARA.

Achève.

EUGÉNIE.

Que tu manques de Je-ne-sais-quoi.

(Elle sort.)

CLARA.

Tu ne me le diras pas, parce que si j'avais à te répondre, je pourrais, s'il le fallait... Mais que vois-je? Qui porte ses pas jusqu'ici? Qui cherchez-vous, monsieur?

(Don Félix entre.)

DON FÉLIX, à part.

Amitié, qui me forces à me dévouer pour mes amis, ne m'engage pas à une trahison lorsque tu m'obliges à voir une beauté à laquelle je ne puis résister! (*Haut.*) Ayant vu, mademoiselle, sortir votre cousin, bientôt après suivi de votre père, j'ai pris la liberté de venir vous parler?

CLARA.

A moi?

DON FÉLIX.

A vous.

CLARA.

Que dites-vous? vous, venir me parler!

DON FÉLIX.

Oui, mademoiselle, parce qu'en cela je sais que je vous sers et que je ne vous offense pas.

CLARA.

Plût au ciel qu'une étourdie ne m'oblige pas à me réjouir!...... Mais non, cela ne se peut pas.

EUGÉNIE, se cachant.

Avec qui parle donc ma sœur ? Il sera bien que je l'écoute.

CLARA.

J'en doute encore. (*A part.*) J'ai peine à contenir mes sentimens. (*Haut.*) Est-ce bien moi que vous cherchez ?

DON FÉLIX.

Oui, je vous le répète.

CLARA.

Avant que vous vous expliquiez....

EUGÉNIE, à part.

Oh! s'il s'agissait des conquêtes possibles ou impossibles !

CLARA.

Qui que vous soyez, quel que soit votre objet, veuillez sortir sans me le dire ; car il n'y a rien qui puisse m'obliger à vous écouter.

DON FÉLIX.

Je m'en irai sans le dire, si c'est ce que vous désirez; mais non sans que vous le sachiez. Vous verrez, dans cette lettre, le motif de ma visite, et c'est ainsi que vous l'apprendrez sans que je vous en parle.

EUGÉNIE.

Ah! si elle prenait la lettre, comme j'aurais à lui en dire !

DON FÉLIX.

Prenez ce papier, et adieu.

CLARA.

Un billet à moi !

DON FÉLIX.

Pour vous décider à le lire, je vous dirai que votre honneur y est engagé; je crains qu'entraînés par leur jalousie, don Pèdre et don Juan ne hasardent, je ne dis pas seulement leur vie, mais votre réputation dont la perte serait bien plus fatale.

EUGÉNIE, à part.

Si elle prend la lettre je suis morte.

CLARA.

Songez à ce que vous dites. Je ne connais ni vous, ni don Juan, ni don Pèdre.

EUGÉNIE.

Malheureuse que je suis! Il s'est trompé, et si elle lit ce billet, tout va retomber sur moi.

CLARA, à part.

C'est la première fois que la vue d'un cavalier m'a fait désirer de cesser d'être moi-même, et je n'ai pu y réussir. (*Haut.*) Qu'attendez-vous pour vous retirer ?

DON FÉLIX.

Puisque ce que vous croyez vous devoir vous oblige si impérieusement à nier vos secrets, et à me refuser une reconnaissance que je mérite peut-être, pour vous avoir dit ma situation et celle de mes deux amis, satisfait d'avoir fait tout ce que je devais faire pour eux et pour vous, je vais m'éloigner. Adieu.

CLARA.

Un mot encore. (*A part.*) Sans doute il se trompe ; il faut que je m'en éclaircisse. (*Haut.*) Pour savoir ce que je vous dois, à qui croyez-vous parler ?

DON FÉLIX.

N'êtes-vous pas mademoiselle Eugénie ?

CLARA.

Oui.

EUGÉNIE, à part.

Peut-on être plus à plaindre ?

CLARA.

Donnez-moi votre billet, et adieu.

EUGÉNIE, à part.

Il faut que je l'empêche. (*Accourant sur la scène.*) Ma sœur !

CLARA.

Que veux-tu ? Qu'est-ce qui te trouble ?

EUGÉNIE.

Mon père et mon cousin rentrent. Je viens t'en avertir pour ta sûreté ; pour moi, comme tu le vois, je suis parfaitement tranquille. Vois ce que nous avons à faire.

DON FÉLIX.

Quelle position fâcheuse !

CLARA.

Ce qu'il y a à faire ? Qu'ils entrent et qu'on sache tout. Je ne veux pas que tu te vantes d'avoir fait cette démarche pour moi. Mon père, mon cousin, Otagnès, accourez.

EUGÉNIE, à part.

S'ils étaient arrivés en effet, dans quelle peine je me serais mise?

CLARA.

Personne ne peut-il m'entendre?

DON ALONZE, en dedans.

J'entends Clara appeler.

EUGÉNIE.

Malheureuse! ce que j'avais voulu feindre se trouve vrai.

CLARA.

Venez tous.

EUGÉNIE.

Ne rends pas publique la visite que te fait ce cavalier.

CLARA.

Je le veux.

DON FÉLIX.

Je vais me retirer dans ce cabinet, pour n'être pas du moins enveloppé.

(Il se cache. — Don Alonze, don Torribio, Otagnès, Marie Nugne et Brigitte entrent.)

DON ALONZE, DON TORRIBIO, MARIE NUGNE.

Qu'est cela?

CLARA.

Un homme....

EUGÉNIE.

Je suis perdue!

CLARA.

Est dans notre maison.... Je l'ai vu d'ici, dans le

JOURNÉE II, SCÈNE III.

corridor du galetas.... Il a sauté sur une cloison. Montez-y, qu'il ne puisse pas se cacher pour voler cette nuit.

DON ALONZE.

Ces tentatives sont à craindre.

MARIE NUGNE.

Et dans la maison d'un homme qui revient du Mexique.

DON TORRIBIO.

Que personne ne passe avant moi. Je monterai le premier à l'assaut, le galetas fut-il Maestricht. Ma cousine verra au moins que j'ai du courage, si je manque de Je-ne-sais-quoi.

DON ALONZE.

Je vous suis.

OTAGNÈS.

Le tranchant de Tisonne (25) marche avec vous. Je vaux encore mille Cids.

(Ils sortent.)

CLARA.

Voyez, vous autres, qu'il ne cherche pas à descendre par l'autre escalier. Regardez bien.

MARIE NUGNE.

Je serai un Argus.

BRIGITTE.

Moi, un lynx.

(Elles sortent toutes deux.)

CLARA.

Vois donc à quoi sert tout ton esprit? Malgré tes prétentions, au premier embarras, tu te troubles; à la première alarme, le cœur te manque. Venez, cavalier, maintenant votre sortie est libre. Donnez-moi cette lettre.

DON FÉLIX.

Ce dont je vous avertis n'est pas difficile, mais est d'une haute importance. Que le ciel vous protége !

(Il remet la lettre.)

EUGÉNIE.

Et je n'ai pu l'empêcher !

DON FÉLIX.

Amour, ne m'égare pas ! Chez elle l'esprit le dispute à la beauté. Mais c'est la dame de mes amis, il est impossible que je lui adresse mes vœux.

(Il sort.)

CLARA.

Mon père, cet homme est déjà passé à une autre maison ; il est inutile de le chercher davantage.

(Ils reviennent tous.)

DON ALONZE.

Cela doit être ainsi ; car nous n'avons pu le découvrir.

DON TORRIBIO.

Il faut qu'il soit sorcier, et qu'il se soit rendu invisible.

CLARA.

Je vous dis que je l'ai vu, très-sain et très-ingambe, passer à la maison voisine.

DON ALONZE.

Examinons partout avec soin la mienne, et prenons des précautions pour l'avenir.

(Il sort avec Otaguès)

DON TORRIBIO.

Eh bien ! Eugénie, que dites-vous à présent de mon Je-ne-sais-quoi ?

EUGÉNIE.

Je ne suis point d'humeur de plaisanter.

(Il sort.)

CLARA.

Petite sotte, orgueilleuse, j'ai fait ce que tu viens de voir, pour te montrer que l'esprit et le caractère consistent à agir, et non pas à parler. Retire-toi ; je veux voir ce que contient ce papier.

EUGÉNIE, s'en allant.

Je n'aurai point de repos, que je ne connaisse ce mystère.

CLARA.

Je l'ai éloignée, parce que, si c'était une ruse que ce cavalier eût employée pour me décider à prendre son billet, je ne veux pas qu'elle s'en doute.

(Elle lit.)

« Celui-là n'offense pas votre honneur, qui, pour
» le conserver, s'expose à ce que vous voyiez une
» offense dans le service qu'il cherche à vous rendre ;
» et ainsi j'espère que votre reconnaissance me par-
» donnera ce que votre réserve trouverait de témé-
» raire dans ma conduite. Don Juan est revenu de
» Hongrie, plus amoureux que jamais, et don Pèdre
» vous suit, plus enflammé encore par votre absence.
» Il est impossible d'éviter qu'ils ne se fassent con-
» naître leur amour, et qu'ils ne remettent au sort
» des armes à prononcer sur leurs prétentions. Votre

» réputation en souffrirait; mais vous pouvez encore
» y remédier aisément, en ordonnant, soit à don
» Pèdre de retourner, soit à don Juan de s'absenter.
» En restant toujours maîtresse de vos sentimens,
» vous pourrez ainsi prévenir tous les accidens. Je
» vous devais de vous en avertir, et de me montrer
» en cela envers vous, envers mes amis, envers moi-
» même, cavalier, hôte et ami. »

Qu'ai-je lu! que de pensées différentes se combattent en moi, et troublent mon esprit! Dans ce qu'il dit, mais plus encore dans ce qu'il ne dit pas, il est bien vrai que ce billet m'offense. Je croyais qu'il m'était adressé; que le nom de ma sœur n'était qu'une ruse pour m'obliger à le lire; et il est pour elle! et j'en ai ressenti de la peine! Comment puis-je me l'avouer, si ce n'est que l'amour est déjà maître de moi? L'amour? non; je suis seulement fâchée d'avoir cru sottement que c'était moi qu'il cherchait. La vanité d'une femme est telle, que, lors même que l'amour l'offense, l'indifférence la blesse, et surtout lorsque tout peut être su par une étourdie, une imprudente, une folle.....

EUGÉNIE, cachée, à part.

C'est moi que cela regarde.

CLARA.

Qui, dans sa folle présomption, croit captiver tout le monde par un simple regard. Envie! envie! quelle est ta puissance parmi nous! Je donnérais à présent, pour me venger d'Eugénie.....

EUGÉNIE, paraissant.

En quoi t'a offensé Eugénie, pour chercher à te venger d'elle?

CLARA.

Tu le verras dans ce billet, qui m'a été remis par erreur.

EUGÉNIE.

Je le sais.

CLARA.

Eh bien! si tu le sais, si tu sais que tu as tellement compromis ton honneur, qu'il dépend de la confidence que peuvent se faire deux étourdis; juge, ingrate, insensée, si je ne dois pas me venger de la position hasardée dans laquelle.....

EUGÉNIE.

Ne t'emporte pas. Je suis charmée d'être arrivée à propos pour te montrer combien il est facile de remédier à ces malheurs qui t'épouvantent.

(Elle s'approche de la fenêtre.)

CLARA.

Que vas-tu faire?

EUGÉNIE, appelant.

Seigneur don Pèdre!

CLARA.

Que veux-tu hasarder?

EUGÉNIE.

J'ai un mot à dire à un cavalier, qui est là, dans la rue.

CLARA.

Et tu oses...

EUGÉNIE.

Mon père est dans sa chambre, il a ressenti quelques douleurs de goutte; Torribio de son appartement ne peut voir cette fenêtre; ainsi je dois te satisfaire. Seigneur don Pèdre! Seigneur don Pèdre!

DON PÈDRE, paraissant au balcon.

Il a fallu que j'entendisse mon nom deux fois pour penser que vous vous souveniez encore de moi! Un amant affligé ne croit pas aisément à son bonheur (26).

EUGÉNIE.

Arrêtez. Ce balcon n'est plus celui d'un couvent; il est celui de la maison de mon père, et si j'ai pu, dans une retraite assurée, me permettre quelques légèretés, je ne le ferai pas à présent que mon honneur est sous la garde de ma volonté. Vous sentez que lorsque je veille sur moi-même, ce n'est plus comme lorsque j'étais confiée à la surveillance d'autres. Ainsi veuillez par grâce retourner où je ne puisse plus vous rencontrer ni au balcon, ni dans la rue. Je vous en supplie, abandonnez une espérance qui n'a aucun fondement.

DON PÈDRE.

Écoutez.

EUGÉNIE.

Je ne puis.

DON PÈDRE.

Lorsque pour vous voir....

EUGÉNIE.

Vous me forcerez à ajouter à l'ingratitude, l'impolitesse.

DON PÈDRE.

Comment?

EUGÉNIE.

Ainsi.

(Elle ferme la fenêtre.)

CLARA.

Et à l'autre, que lui diras-tu?

EUGÉNIE.

Tu peux être sûre que, lorsque je le verrai, il en entendra tout autant. Clara, si les femmes comme moi, lorsqu'elles n'ont rien à craindre de sérieux, se conduisent un peu étourdiment, c'est que leur amour n'est que dans l'esprit, et que le bruit, l'agitation, l'amusement est tout ce quelles désirent. Souviens-toi de la fable du voyageur égaré qui, pendant la nuit, effrayé du bruit que faisaient les cascades d'un petit ruisseau qui descendait des montagnes, s'arrête, se trouble, s'effraie, et le fuyant va trouver la mort dans la rivière profonde. On se fie à ces eaux calmes dont le sable même ne sent pas le mouvement, et l'on y périt. Les flots bruyans ne sont pas dangereux; tout le péril est dans l'onde tranquille : aussi le plus sage fut-il toujours de se GARDER DE L'EAU QUI DORT.

(Elle sort.)

CLARA.

Qu'ai-je entendu! Il faut toujours se garder de l'eau qui dort [27]! Sans doute elle a écouté ce que je disais. Il le semble du moins, tant son discours se rapporte à mes pensées. Mais puisqu'elle fait à ses amans, par hasard peut-être, les réponses que devrait lui dicter le devoir, puisque le cavalier qui a porté le billet me prend pour elle, profitons pour moi de l'occasion que, sous son nom, l'amour offre à ma passion naissante; afin que je puisse dire avec plus de vérité : les flots bruyans ne sont pas dangereux; tous les périls sont dans l'onde tranquille, aussi le parti le plus sage fut-il toujours de SE GARDER DE L'EAU QUI DORT.

FIN DE LA DEUXIÈME JOURNÉE.

JOURNÉE TROISIÈME.

SCÈNE PREMIÈRE.

Salon dans la maison de don Alonze.

CLARA, MARIE NUGNE.

CLARA.

Voila ce qui se passe; et je ne le dirais pas à une autre qu'à toi.

MARIE NUGNE.

Vous savez combien vous pouvez vous fier à mon attachement pour vous ; mais en vérité je suis étonnée de voir jusqu'où va l'étourderie de votre sœur.

CLARA.

Deux cavaliers lui font la cour; puisque j'en ai été instruite, il est de mon devoir de prévenir le scandale qui pourrait arriver ; et pour parer à tout, il faut que tu remettes ce billet à celui qui m'a donné cet avis, afin que, sans savoir qui je suis, il me parle plus clairement, et..... nous reprendrons bientôt cet entretien. Il me semble que j'entends quelqu'un ; vois qui c'est..... (*A part.*) Sans altérer en un mot la vérité, j'ai su tromper Marie

Nugne, et c'est elle-même qui me procurera les moyens de lui parler cette nuit, et de voir...

(Don Torribio veut entrer, et Marie Nugne le retient.)

MARIE NUGNE.

Attendez-donc ; personne ne peut entrer dans cet appartement sans avertir.

DON TORRIBIO.

Tu es aujourd'hui deux fois duègne pour moi.

MARIE NUGNE.

Comment ?

DON TORRIBIO.

D'abord, en me tourmentant, et ensuite en m'empêchant d'entrer où je veux [28].

MARIE NUGNE.

Si vos cousines ne sont pas habillées, prétendez-vous les voir ?

DON TORRIBIO.

Est-ce qu'elles ne sont pas habillées depuis qu'elles se sont levées ?

CLARA.

Quel est ce bruit ?

DON TORRIBIO.

Cette antiquaille voulait me défendre la porte.

CLARA.

Et elle faisait fort bien : personne ne peut entrer ici en l'absence de mon père.

DON TORRIBIO.

Vous voyez bien pourtant que je suis entré. Au reste, je sais d'où vient cette humeur, aussi je vous la pardonne. Je ne veux pas ôter à une fille dédaignée la consolation de pleurer.

CLARA.

Je suis cette fille dédaignée ; et puisque le bienheureux objet de votre préférence n'est pas dans cette chambre, vous n'avez rien à y faire : sortez-en tout de suite, ou j'en sortirai. Je ne veux pas qu'on pense que je veux vous troubler quand j'ai des vengeances plus sérieuses à satisfaire.

DON TORRIBIO.

Voilà qui est bientôt dit, et fort mal dit.

CLARA.

Viens, Marie Nugne ; il faut que tu me fasses ce plaisir.

(Elle sort.)

MARIE NUGNE.

Je serai toujours toute à vous ; mais attendez, je vais voir qui appelle.

(Elle sort.)

DON TORRIBIO.

O cieux ! secourez-moi. Cette insulte, qui se joint aux soupçons aigus qui me déchirent le cœur à belles dents comme des aspics, c'est, à présent que j'y songe, une fière insulte ! Lorsque nous avons visité la maison, j'ai vu.... Tais-toi, langue indiscrète ; il faut d'abord que je te dise que tu en as menti : j'ai vu que, derrière le lit d'Eugénie, ô malice infernale ! que, derrière son lit, il y avait.....

MARIE NUGNE, rentrant.

Mesdames ! mesdames ! bonne nouvelle ! Ce billet, qui annonce une voiture et un balcon.....

DON TORRIBIO.

Tais-toi, femme; songe que billet, voiture, balcon, et duègne sur le tout, c'est une intrigue complète.

MARIE NUGNE.

Si le secret était d'importance, il serait fâcheux de le rencontrer. Mesdames!

DON TORRIBIO.

Mémoire, ne me tourmente pas.

MARIE NUGNE.

Mademoiselle Clara n'était-elle pas ici?

DON TORRIBIO.

Oui, elle y était encore un moment avant de s'en aller.

MARIE NUGNE.

Je vais les chercher pour leur remettre cette lettre.

DON TORRIBIO.

Un moment. Je dois la voir avant elles.

MARIE NUGNE.

Que veut-il dire, celui-là? Je pourrais bien la montrer; mais je ne le ferai point, pour ne point le rendre sitôt maître dans la maison.

DON TORRIBIO.

Veux-tu parier.....

MARIE NUGNE.

Quoi?

DON TORRIBIO.

Que d'un coup de poing j'écrase ta coiffe et ta tête?

MARIE NUGNE.

Veux-tu parier qu'il ne vaudra pas celui-ci?

(Elle lui donne un coup de poing.)

DON TORRIBIO.

Nous avons parié les dents, car je crois que de ce coup, j'ai perdu les miennes.

MARIE NUGNE, criant.

Ahie! on me tue! on m'assomme! au secours!

DON TORRIBIO.

Il ne me manquait plus que ses plaintes.

(Don Alonze, Clara, Eugénie et Brigitte entrent.)

DON ALONZE.

Quel est ce bruit?

CLARA.

Qu'est-il arrivé? qu'as-tu?

MARIE NUGNE.

Don Torribio, mon maître et seigneur, parce que je n'ai pas voulu lui donner une lettre adressée à ces dames, s'est impatienté, et dans sa colère il a mis la main sur moi.

CLARA ET EUGÉNIE.

Est-il possible? ciel!

DON ALONZE.

En vérité, monsieur mon neveu, quel que fût le sujet de votre courroux, c'est passer les bornes. Traiter de la sorte une personne au service de mes filles!

DON TORRIBIO.

Vive Dieu! c'est moi.....

DON ALONZE.

Taisez-vous.

DON TORRIBIO.

Qui dois me plaindre.

DON ALONZE.

Il suffit. Donnez-moi, donnez-moi ce billet ; je veux voir pour quel sujet il s'est porté à ces extrémités.

EUGÉNIE, à part.

Ah ! mon Dieu ! s'il était de quelqu'un des deux absens ?

CLARA, à Eugénie.

Fasse le ciel que ce ne soit pas quelque chose de relatif à tes folies !

DON ALONZE, lisant.

« Mes chères nièces, j'ai à votre disposition un » balcon, d'où vous pourrez voir l'entrée de la reine, » notre souveraine. Ma voiture va pour vous pren- » dre. J'espère que mon cousin permettra... » (*A don Torribio.*) C'est à présent que je puis, avec juste raison, m'offenser de vos soupçons. (*A Clara et Eugénie.*) Par ce billet, mes chères filles, ma cousine Violante vous engage à aller voir la superbe entrée de notre reine, que puisse le ciel nous conserver longtemps ! (*A Torribio.*) Tenez, tenez, lisez-le vous-même ; voyez quelle sottise, quelle imprudence est la vôtre. Je veux que vous le lisiez avant qu'elles sortent.

DON TORRIBIO prend le papier.

Il dit ainsi : « Mes chères nièces, j'ai à votre dis-

» position..... » Définitivement, mon oncle, elles ne doivent sortir que quand je l'aurai lu ?

DON ALONZE.

Pas auparavant.

DON TORRIBIO.

Cela étant ainsi, je crois bien qu'elles n'iront pas de deux ans...

DON ALONZE.

Pourquoi ?

DON TORRIBIO.

Parce que je ne sais pas lire l'écriture de main, et qu'il me faudra bien deux ans pour l'apprendre.

DON ALONZE.

Votre ignorance peut-elle arriver à ce point !

DON TORRIBIO.

Voyez-moi un peu le grand mal ! Combien de gens qui ne savent pas lire et qui savent tout le reste ? Demeurez à la maison jusqu'à ce que j'aie appris, vous irez ensuite voir l'entrée de la reine.

DON ALONZE.

Ce serait difficile. Elle entre ce soir.

DON TORRIBIO.

Que la reine attende que je sache lire.

DON ALONZE.

Mes enfans, on ne se trouve qu'une fois dans sa vie à des fêtes comme celle-là. Je veux que vous les voyiez. Mettez vite vos manteaux, et allez, que don Torribio le veuille ou ne le veuille pas. Pour moi, mes douleurs me retiennent à la maison, et il me suffira d'en apprendre plus tard les détails de votre bouche.

CLARA.

J'obéis à vos ordres.

EUGÉNIE.

Si vous vouliez me le permettre, mon père, je resterais avec vous.

DON ALONZE.

Non, mes enfans; je veux que vous y alliez toutes les deux.

BRIGITTE.

Vous avez là vos manteaux.

CLARA, à Marie Nugne.

Arrange le mien. (*Bas.*) Prends, et fais ce que je t'ai dit.

(Elle lui donne une lettre.)

EUGÉNIE, à part.

J'aurais voulu ne pas sortir pour ne rencontrer aucun de ces deux importuns.

(Elle sort avec Brigitte.)

CLARA, à part.

Je suis enchantée de sortir; peut-être verrai-je ce cavalier.

MARIE NUGNE.

Soyez tranquille, et fiez-vous à moi?

(Clara sort, et ensuite don Alonze et Marie Nugne.)

DON TORRIBIO seul.

Malgré le désagrément que j'ai eu, je suis bien aise de rester seul dans la maison, pour éclaircir à mon aise le cruel soupçon qui me consume de jalousie

(Il sort.)

SCÈNE II.

Rue entre les maisons de don Alonze et de don Félix.

DON FÉLIX, HERNAND.

HERNAND.

Vous revenez sans voir la fête?

DON FÉLIX.

Il n'y a point de fête pour moi quand je ne suis pas de bonne humeur.

HERNAND.

Qu'avez-vous, monsieur, qui vous rende si triste?

DON FÉLIX.

Maudit bavard! tu voudrais déjà le savoir pour aller le répéter.

HERNAND.

Par cela seul, vous me dites que c'est de l'amour.

DON FÉLIX.

Belle conclusion!

HERNAND.

Très-juste. Car si vous n'étiez pas amoureux, rien ne saurait vous engager à vous taire.

DON FÉLIX.

Je te l'avoue, une beauté charmante est la cause de ma tristesse; et il m'est si impossible de réussir, que mon premier désir est déjà un premier obstacle.

HERNAND.

Comment cela?

DON FÉLIX.

Celle que don Juan aimait pendant son absence, celle que don Pèdre suit à Madrid, est celle qui m'a ravi ma liberté. Et quoique je doive toujours être fidèle à l'honneur, quoique je n'aie point de jalousie de leurs efforts, tous les deux m'ayant confié leur secret, je suis obligé à la fois et de contrarier leurs desseins et de cacher ma flamme.

MARIE NUGNE, paraissant à la fenêtre.

Seigneur don Félix?

DON FÉLIX.

Qui appelle-t-on?

MARIE NUGNE.

Vous.

DON FELIX.

Que demandez-vous?

MARIE NUGNE.

Mademoiselle Eugénie vous prie de lire ce billet. Adieu.

(Elle le jette et se retire.)

DON FÉLIX, lisant.

« Reconnaissante de l'avis que vous m'avez donné, j'ai commencé à suivre vos conseils; mais pour mieux faire, il faut que je vous parle. Venez cette nuit, je vous attendrai. Que le ciel vous conserve! »

Qui vit un embarras plus grand? Je ne puis ni aller, ni m'excuser de m'y rendre.

(Don Juan entre.)

DON JUAN, à part.

Que vais-je faire?

HERNAND, à don Félix.

Prenez garde ; don Juan est là.

DON FÉLIX, à Hernand.

A-t-il vu jeter la lettre?

HERNAND.

Je ne le crois pas.

DON JUAN.

Quels cruels soupçons me tourmentent !

DON FÉLIX.

Comment vous trouvez-vous ici, don Juan? vous n'avez pas été voir la fête?

DON JUAN.

Je ne sais que vous dire.

DON FÉLIX, à part.

Je suis perdu.

DON JUAN.

Je ne puis ni parler, ni me taire.

DON FÉLIX.

Ni vous taire, ni parler; comment cela peut-il être?

DON JUAN.

Parce que je vous offenserais en parlant, qu'en me taisant je m'offense moi-même.

DON FÉLIX.

Je ne vous entends pas.

DON JUAN.

Je ne me comprends pas davantage. Mais si vous voulez me comprendre, accordez-moi, accordez à un insensé la permission de vous confier ses peines.

DON FÉLIX.

Je vous la donne. (*A part.*) Quel embarras!

DON JUAN.

Eh bien, montrez-moi le papier qu'on vient de vous jeter par cette croisée.

DON FÉLIX.

Amis comme nous le sommes, c'est la seule chose au monde que je ne puisse faire pour vous. Mais lorsque je suis forcé de vous refuser, j'espère que la confiance que vous devez avoir en ma loyauté, vous conduira à penser que je suis toujours votre ami.

DON JUAN.

Je le crois. Mais songez, don Félix, que sous un vain prétexte, vous avez refusé de favoriser mon amour; qu'Eugénie vient de m'appeler à la portière de son carrosse, pour me dire d'une manière impérieuse que je ne dois plus ni la voir, ni la suivre; et puis-je maintenant ne pas craindre que votre excuse et sa cruauté ne proviennent d'une même cause? Et au moment où j'arrive on vous donne un billet par cette fenêtre, vous me le cachez; et ce billet, c'est Eugénie qui vous l'envoie, c'est Eugénie qui vous engage à le lire. Que dois-je penser?

DON FÉLIX, à part.

Grands dieux! Que vais-je faire? C'est moi qui suis appelé au rendez-vous, et si je m'excuse, je compromets don Pèdre.

DON JUAN.

Que me répondez-vous?

JOURNÉE III, SCÈNE II.

DON FÉLIX.

Je vous ai déjà répondu en disant que je suis, que je serai toujours votre ami, et que je dois me taire.

DON JUAN.

Vous êtes mon ami et mon hôte, je le sais. Mais vous connaissez ma situation. Ainsi, je vous prie seulement de me donner un conseil. A ma place que feriez-vous?

DON FÉLIX.

Les apparences sont contre moi, il est vrai; mais dans un cas pareil, je me confierais à votre amitié et ne vous pousserais pas à bout.

DON JUAN.

Il est plus facile de donner que de recevoir un tel avis; permettez-moi de ne pas prendre celui-là et de vous supplier encore de me montrer cette lettre.

DON FÉLIX.

S'il ne s'agissait que de vous et de moi, vous l'auriez déjà lue.

DON JUAN.

Qu'y a-t-il encore? Elle vient d'Eugénie et elle est en vos mains.

DON FÉLIX.

Un autre intérêt s'y trouve lié, et c'est ce que je ne veux point dire.

DON JUAN.

Vous ne me confiez pas un secret?

DON FELIX.

Tous, excepté celui-là.

DON JUAN.

Songez que mon amitié peut retarder mes instances, mais que je dois finir par voir ce papier.

DON FÉLIX.

Voyez ce que nous avons à faire, car je ne vous le montrerai pas.

DON JUAN.

En sortant des murs de la ville [29]....

DON FÉLIX.

Conduisez-moi où vous voudrez, je suis disposé à défendre mon secret.

(Don Pèdre entre.)

DON PÈDRE.

Don Félix, don Juan, que vois-je? où allez-vous ainsi?

DON FÉLIX.

Nous allions nous promener.

DON PÈDRE.

Vous ne me tromperez point avec un vaine défaite que dément votre contenance. Je vous ai aperçus près à tirer l'épée, et vous ne vous éloignerez pas d'ici.

DON JUAN.

Eh! monsieur, vous prenez une peine inutile.

HERNAND.

Elle n'est point inutile. Don Juan et mon maître vont en venir aux mains.

DON FÉLIX.

Tais-toi, maraud.

DON PÈDRE.

Peut-il y avoir entre des amis une affaire qu'on ne puisse arranger sans en venir aux extrémités ? Faites ceci pour moi, messieurs. Dites-moi la cause de votre différent.

DON FÉLIX.

Quant à moi, il ne me convient pas de la dire.

DON JUAN.

Et je la dirai, moi. Je ne veux pas qu'on pense que je manque légèrement aux devoirs de l'hospitalité ; et puisque vous n'êtes point homme à nous empêcher de vider cette affaire quand vous en connaîtrez la cause, je vais vous tout déclarer.

DON FÉLIX.

Vous ne parlerez pas, parce qu'auparavant...

DON PÈDRE.

Arrêtez.

DON FÉLIX, à part.

Comment pouvoir l'empêcher de tout découvrir ?

DON JUAN.

Je veux faire pour vous ce que je ne ferais pour personne. Écoutez, don Pèdre, j'ai confié à don Félix que j'étais amoureux d'une dame, et lui, non content de refuser de m'aider dans mon amour, violant les lois de l'honneur et de l'amitié, il fait la cour à la même personne. J'en suis sûr ; et mes plaintes sont si bien fondées, que lorsqu'on lui a jeté une lettre par cette croisée...

DON PÈDRE, à part.

Qu'entends-je, ô ciel !

DON JUAN.

J'ai entendu qu'on lui disait que c'était Eugénie qui la lui écrivait : j'ai dit son nom, mais, avec un cavalier tel que vous, cette indiscrétion n'a rien d'essentiel.

DON FÉLIX, à part.

Me voici dans de nouveaux embarras.

DON PÈDRE.

Pardon, cette révélation est très-importante, parce que je me trouve ainsi l'ennemi de tous les deux : de vous, car si vous aimez Eugénie, c'est elle que j'ai suivie à Madrid; de don Félix, puisque vous venez de me dire qu'il prétend à elle; de sorte qu'il m'appartient de venger sur tous les deux, et l'offense qui nous est commune et celle que vous me faites.

DON JUAN.

Puisque vous déclarez que vous l'aimez, lorsque je meurs d'amour pour elle, vous êtes tous les deux à la fois mes confidens et mes rivaux; et c'est d'abord à vous, don Pèdre, que j'aurai affaire.

DON FÉLIX.

Vous êtes deux aussi qui m'outragez, en soupçonnant mon amitié, en croyant que moi, étant ce que je suis, j'aie pu vous offenser : tandis que ma conscience me rend témoignage que si j'ai caché à chacun de vous l'amour qui occupait l'autre, c'était pour éviter un éclat; et, par vos idées injurieuses, vous changez en une trahison ce qui était une preuve de mon attachement.

DON JUAN.

Une preuve d'attachement, lorsque, ingrat...

DON PÈDRE.

Perfide...

DON JUAN.

...Avec fausseté....

DON PÈDRE.

...Avec déloyauté....

DON JUAN ET DON PÈDRE.

...Vous offensez mon amitié.

DON FÉLIX.

Écoutez-moi d'abord, et je vous satisferai l'un et l'autre.

DON JUAN.

Abrégeons les explications; et puisque notre affaire est engagée, suivez-moi.

DON PÈDRE.

Étant arrivé à temps pour savoir que vous êtes l'un et l'autre mes adversaires, puis-je attendre à en demander raison?

DON FÉLIX.

Et moi, puis-je attendre, et vous permettre de penser que je vous ai trahis?

TOUS LES TROIS.

Vous avez tous les deux outragé mon honneur.

DON JUAN.

Cessons de vains discours, et que l'épée décide.

(Ils mettent l'épée à la main, et se battent.)

DON TORRIBIO, en dedans.

Une querelle à la porte de la maison !

(Il entre l'épée nue ainsi que don Alonze.)

DON ALONZE.

Comment entre trois amis peut-il y avoir une affaire pareille ?

DON JUAN, à don Alonze.

Adieu, monsieur; il n'y a plus de discussion entre nous.

(Il sort.)

DON ALONZE.

Arrêtez : puisque je suis arrivé, vous offensez ma valeur.

DON PÈDRE.

Ce n'était rien, seigneur. (*A part.*) Je vais suivre don Juan.

(Il sort.)

DON TORRIBIO.

Retenez-les, mon oncle; parce que, pour assurer la paix, il faut qu'ils la jurent sur ma généalogie. Attendez; je vais la tirer de mon paquet, où je l'ai enfermée pour qu'elle ne se gâtât pas en chemin.

DON ALONZE.

Ne pourrai-je savoir quel sujet a pu vous obliger à tirer l'épée ?

DON FÉLIX.

C'est une querelle que nous avons eue au jeu ; et votre présence, dans cette occasion, suffit pour que nous ne donnions pas de suite à un différent aussi léger. Pardonnez, et permettez-moi de les suivre.

(Il sort.)

DON ALONZE.

Vous avez raison; allez, don Félix. Je suis fâché, puisque je lui avais déjà parlé [30], que mes infirmités m'empêchent d'obéir aux lois de l'honneur. (*A part.*) J'ai bien d'autres soucis; mais je ne veux pas que Torribio devine mes soupçons, et c'est à cause de lui que je feins de croire à cette défaite. (*Haut.*) A quoi réfléchissez-vous donc si pensif?

DON TORRIBIO.

Je cherche à décider s'il convenait au sang illustre d'où nous sortons que trois personnes s'étant battues devant notre porte, elles s'en allassent ainsi sans qu'il y eût pour le moins deux têtes fendues.

DON ALONZE.

Quelle folie! Que nous importent leurs querelles?

(*Ils sortent.*)

SCÈNE III.

Scène double, représentant d'un côté une chambre de la maison de don Alonze, et de l'autre un jardin sur lequel donne un balcon de la chambre, peu élevé au-dessus du sol [31].

DON ALONZE, DON TORRIBIO.

DON TORRIBIO.

Ah! si je vous parlais, mon oncle!

DON ALONZE.

Qu'est-ce donc? D'où vient cet air sombre?

DON TORRIBIO.

J'ai de bonnes raisons pour l'avoir.

DON ALONZE.

Parlez.

DON TORRIBIO.

Écoutez-moi bien. Lorsque j'allais acheter du Je-ne-sais-quoi, et que vous me ramenâtes en me disant que c'était une plaisanterie de ma cousine qui s'était servie de ce mot sans intention de m'offenser, nous entendîmes en revenant à la maison, Clara criant qu'elle avait vu entrer un homme.

DON ALONZE.

C'est vrai, mais malgré tous nos efforts nous ne pûmes le trouver.

DON TORRIBIO.

Eh bien! tout mon chagrin, toute ma peine, toute mon affliction, viennent de cette recherche. C'est de là que date ma jalousie.

DON ALONZE.

Vous jaloux? et quel motif...

DON TORRIBIO.

La voix me manque, mes lèvres tremblent, ma respiration s'arrête. Comme j'examinais tout avec soin, j'ai vu, grands dieux! j'ai vu derrière le lit d'Eugénie....

DON ALONZE.

O ciel, secourez-moi!

DON TORRIBIO.

J'ai vu.... comme j'ai l'honneur de vous le dire...

DON ALONZE.

L'homme?

DON TORRIBIO.

Ah! c'est une autre affaire : si je l'avais vu, il est

bien clair qu'il serait mort ; mais j'en ai eu assez en découvrant...

DON ALONZE.

Achevez.

DON TORRIBIO.

Un fort indice, une preuve claire qu'il entre et qu'il sort de cet appartement à des heures indues.

DON ALONZE.

Prenez garde, mon neveu; que ce ne soit pas quelque fausse apparence qui vous conduise à penser.....

DON TORRIBIO.

Comment, de fausses apparences? Je l'ai vu ; c'est aussi clair que cinq et cinq font dix, et dix font vingt.

DON ALONZE.

Mais enfin, qu'avez-vous trouvé?

DON TORRIBIO.

Une échelle qu'Eugénie tenait cachée.

DON ALONZE.

Une échelle cachée!

DON TORRIBIO.

Et de beaucoup d'échelons! bien attachée avec des cordes et du fer.

DON ALONZE.

Vive Dieu! si c'était vrai, je...

DON TORRIBIO.

Si c'était vrai! C'est seulement pour que vous puissiez vous en assurer que je vous ai conduit ici, pendant que personne n'est chez elle. Attendez un moment, et vous allez voir.

(Il sort.)

DON ALONZE.

Ce n'était pas sans raison que je voulais éloigner Eugénie de Madrid ; mais ma précaution a été vaine. Si Torribio a de tels soupçons, il ne voudra pas s'unir à elle.

(Don Torribio rentre avec un panier.)

DON TORRIBIO.

Le voyez-vous avec tous ses nœuds, ses cordes, ses attaches?

DON ALONZE.

Sot, ignorant, extravagant, c'est ce que vous appelez une échelle ?

DON TORRIBIO.

Et si bien échelle, que si on l'arrange adroitement elle est assez haute pour monter à la tour de Babel; mais c'est à faire à eux qui savent la disposer; pour moi je ne le sais pas.

DON ALONZE.

Vive Dieu ! je ne sais comment je puis me contenir, et ne pas vous dire mille injures? Ne voyez-vous pas que c'est un garde-enfant [32] et non pas une échelle ?

DON TORRIBIO.

Un garde quoi?

DON ALONZE.

Un garde-enfant.

DON TORRIBIO.

En voici bien d'un autre : et quel enfant a donc ma cousine, qu'il lui faille le garder ?

DON ALONZE.

Vous me feriez perdre l'esprit avec vos extravagances. Que personne ne sache rien de ceci ; reportez cette parure où vous l'avez trouvée, et souvenez-vous, imbécile, que vous m'avez de l'obligation si je ne vous accable pas d'injures.

(Il sort.)

DON TORRIBIO, seul.

Sois escaladé mille fois, cher garde-enfant de ma cousine, qui que tu sois ou que tu puisses être ! on m'a joliment traité pour toi. Je suis un sot, un imbécile ; et cela, à cause de toi : mais, morbleu ! jusqu'à ce que je sache en quoi tu sers à Eugénie, je ne serai pas un moment tranquille.

(On crie derrière la scène ! *Arrêtez ! arrêtez !*)

DON ALONZE, derrière la scène.

Mes filles arrivent ; portez de la lumière chez elles.

(Marie Nugne entre avec des flambeaux.)

MARIE NUGNE.

Eh ! mon Dieu, il y a du monde. Qui est là ?

DON TORRIBIO.

Ce n'est rien, c'est moi.

MARIE NUGNE.

Et que faites-vous là avec ce garde-enfant ?

DON TORRIBIO.

Ah ! si tu veux le savoir, je pensais à des choses...

MARIE NUGNE.

Vous pouvez y penser ailleurs. Laissez cela, et

partez. Il ne faut pas que ces dames vous trouvent ici, et elles arrivent.

DON TORRIBIO.

De la douceur! Ne m'oblige pas à me venger du coup de poing de tantôt.

MARIE NUGNE.

Vous ferez mieux de prendre garde de ne pas en recevoir un second.

DON TORRIBIO, lui donnant un coup de poing.

Je parie qu'il ne vaudra pas mieux que celui-ci. Ahie! on me tue! on m'assomme! au secours!

DON ALONZE.

Qu'est ceci?

CLARA.

Qui appelle?

EUGÉNIE.

Quel est ce bruit?

DON TORRIBIO.

Madame Marie Nugne, ma respectable duègne, parce que je lui ai souhaité une bonne nuit, s'est impatientée, et dans sa colère elle a mis la main sur moi.

MARIE NUGNE.

Il m'a dit bien autre chose. Il me faisait des propositions que je ne puis pas répéter, me disant qu'il ne voulait pas de dame à garde-enfant; et pour preuve, voyez celui qu'il porte, et sur lequel il faisait mille sottes plaisanteries.

DON TORRIBIO.

A-t-on jamais entendu calomnie pareille?

MARIE NUGNE, à Torribio.

A trompeur, trompeur et demi [33].

DON ALONZE, à Torribio.

Songez à empêcher qu'aucune des deux n'apprenne rien de tout cela ; car votre simplicité, votre ignorance, ou plutôt votre folie, me fatiguent à tel point... (*Haut.*) Mais parlons de choses plus intéressantes. Comment vous trouvez-vous de la fête ?

EUGÉNIE.

Comme des personnes qui viennent d'admirer la pompe la plus grande dont l'Espagne ait été témoin depuis qu'elle est la première des monarchies. (*A part.*) Ah ! si cette fête pouvait me faire oublier la rivalité de ces deux étourdis [34] !

CLARA, à Marie Nugne.

Plie mon manteau. (*Bas.*) L'as-tu vu ?

MARIE NUGNE, bas.

Oui ; je ne doute pas qu'il ne vienne.

CLARA.

Va lui ouvrir.

MARIE NUGNE.

Mais vous êtes tous ici.

CLARA.

C'est pour cela ; profite du moment.

(Marie Nugne sort.)

DON ALONZE.

Vous me raconterez demain ce que vous avez vu ; et le plaisir de vous entendre me fera oublier le regret que j'ai eu de ne pas y assister.

DON TORRIBIO.

Pour moi, je n'y ai pas le moindre regret.

DON ALONZE.

Pourquoi cela?

DON TORRIBIO.

Parce que j'ai vu des fêtes tout aussi belles, si elles ne le sont davantage.

DON ALONZE.

Où donc?

DON TORRIBIO.

A Cangas de Tinéo, lorsque les paroisses de la vallée se réunissent pour accompagner les jeunes mariés qui vont s'établir dans un autre village. On voit là de si jolies dames, on y entend de si jolies chansons [35], que ce sont des fêtes charmantes; je voudrais me souvenir d'un seul de ces airs, il suffirait pour dissiper les chagrins les plus...

DON ALONZE.

Un peu de bon sens, mon neveu. Adieu, mes filles; Brigitte, éclaire-moi; il est temps de me retirer.

(Il sort avec Brigitte.)

CLARA, à Torribio.

Pourquoi ne vous retirez-vous pas aussi?

DON TORRIBIO.

Parce que j'ai un souci qui me tourmente.

CLARA.

Qu'est-ce donc?

DON TORRIBIO.

Je n'ai pas soupé, et d'ailleurs j'ai une autre pensée qui me fera tourner la tête.

CLARA.

Quelle est-elle?

DON TORRIBIO.

Vous m'avez dit que vous pouviez vous venger de moi d'une manière plus fâcheuse.

CLARA.

Sans doute.

DON TORRIBIO.

Voyons, dites-moi de quoi il s'agit.

CLARA.

C'est qu'Eugénie... (*A part.*) Il faut que je m'assure de lui. (*Haut.*) Cette Eugénie que vous aimez tant, elle en favorise un autre.

DON TORRIBIO.

Se peut-il?

CLARA.

Et vous pouvez vous en convaincre aisément.

DON TORRIBIO.

Ah! si mes aïeux voyaient cela!

CLARA.

Restez un moment sur le balcon; vous entendrez la conversation qu'elle va avoir avec un homme, à travers la grille de sa croisée.

(Elle ouvre le balcon.)

DON TORRIBIO.

Certainement, je resterai sur le balcon; et si la douleur me le permet, je ne pousserai pas même un soupir.

(Clara l'enferme sur le balcon ([36]).)

CLARA, à part.

Celui-là ne me troublera point : il va passer toute

la nuit à la belle étoile. Il serait bon de tromper aussi Eugénie. (*Haut.*) Ma sœur!

EUGÉNIE.

Que me veux-tu?

CLARA.

T'avertir du malheur qui te menace.

EUGÉNIE.

Qu'ai-je donc à craindre?

CLARA.

Je ne sais, mais mon père a des soupçons violens. Marie Nugne m'a conté que tes deux amans ayant eu une dispute à la porte de notre maison, il a été très-alarmé. Je crois qu'il ne voudra pas se coucher. Au nom de Dieu, si tu as quelque chose à craindre, dis-le-moi, pour que je t'aide comme doit le faire une sœur.

EUGÉNIE.

N'as-tu pas vu que je les ai congédiés tous les deux, l'un de la fenêtre, l'autre de la voiture? Il ne m'en est rien resté, pas même le souvenir de leurs plaintes. Que pouvais-je faire de plus? et à présent comment dois-je me conduire?

CLARA.

Je le sais bien. Ne crains rien puisque tu es innocente, et enferme-toi chez moi pour te livrer à tes pensées : un peu plus tard j'irai auprès de mon père, je lui prouverai que tu n'es point coupable, puisque tu quittes ta chambre pour plus de sûreté; et je lui dirai, mais de la bonne manière, qu'il a tort et grand tort de montrer ainsi des soupçons sur une conduite aussi pure que la tienne.

JOURNÉE III, SCÈNE III.

EUGÉNIE.

Ton amitié me donne la vie, ma chère Clara. Je vais dans ta chambre, tu peux toi-même m'y enfermer.

(Elle sort et Clara ferme la porte.)

CLARA.

Voilà tout arrangé! Amour, maintenant nous allons combattre. C'est la première fois que je te vois : plaise au ciel que je puisse résister à ton pouvoir! Marie Nugne, où est ce cavalier?

(Marie Nugne entre.)

MARIE NUGNE.

Depuis un moment il est dans ma chambre où je le tiens caché.

CLARA.

Je fais cette démarche à cause d'Eugénie.

MARIE NUGNE.

C'est pour cela que je vous obéis.

CLARA.

Dis-lui de passer dans ce salon.

MARIE NUGNE.

J'y vais.

(Elle sort et don Félix entre.)

DON FÉLIX.

Quoique je vienne dévoué à vous servir, mes peines sont encore plus grandes que mon dévouement.

CLARA.

De quoi êtes-vous affligé?

DON FÉLIX.

De voir que ni mon avis ni la sagesse que vous

avez montrée n'ont produit l'effet que nous en attendions; bien au contraire, tous les deux ont voulu aujourd'hui se battre avec moi; votre père et votre cousin étant sortis en même temps, notre combat a été interrompu. Depuis, voulant remédier à tout, je n'ai remédié à rien, n'ayant pu les joindre. Je tremble qu'ils ne se soient rencontrés; aucun d'eux n'est revenu, quoiqu'ils soient tous les deux mes hôtes; j'en suis fâché pour eux, mais j'en suis affligé pour vous davantage, parce que, si je puis vous avouer la vérité, j'ai plus fait à cause de vous que je n'ai fait à cause d'eux.

CLARA.

Vous avez plus fait à cause de moi?

DON FÉLIX.

Sans doute.

CLARA.

Expliquez-vous.

DON FÉLIX.

Pardonnez, je vous en prie, je ne puis vous le dire, quoique je vous l'aie déjà dit.

CLARA.

Vous l'avez déjà dit et ne pouvez le dire? Je ne vous comprends pas.

DON FÉLIX.

Pour moi, je m'entends bien.

CLARA.

Déclarez-vous davantage.

DON FÉLIX.

Je ne puis; car si je suis affligé de leur rivalité

parce qu'ils sont mes amis, c'est parce que ce sont mes amis que je dois cacher la cause de ma douleur.

(Bruit derrière la scène.)

DON JUAN, derrière la scène.

Dieu me soit en aide !

DON FÉLIX.

Quel bruit entendons-nous ?

CLARA.

C'est dans le jardin.

MARIE NUGNE, accourant.

Mademoiselle....

CLARA.

Qu'est-il arrivé, Marie Nugne ?

MARIE NUGNE.

Un homme est sauté par-dessus le mur du jardin, et votre père descend déjà de son appartement.

CLARA.

Malheureuse ! Que ferai-je s'il vous voit ?

DON FÉLIX.

Le moyen est facile ; je sauterai par ce balcon avant d'être aperçu.

CLARA.

Ne l'ouvrez pas.

DON FÉLIX.

C'est le plus sûr.

(Il ouvre la fenêtre du balcon.)

DON TORRIBIO.

Ne faites pas de bruit ; je vois un homme et je veux entendre ce qu'il dit.

DON FÉLIX.

Qui êtes-vous?

DON TORRIBIO.

Que vous importe? Vais-je vous demander qui vous êtes? Vous êtes heureux que j'aie affaire ici, sans quoi il faudrait que vous me le dissiez, ou je vous y obligerais d'une bonne manière.

DON FÉLIX.

Quelle étrange aventure!

(Il se retire dans le salon.)

MARIE NUGNE.

Le bruit se rapproche.

CLARA.

Éloignons-nous.

(Elles s'enferment dans la chambre où est Eugénie. Don Pèdre paraît sur la partie de la scène où est le balcon.)

DON PÈDRE.

J'ai vu, plein de jalousie, mon adversaire entrer dans cette maison. N'ayant pu arriver à temps pour l'arrêter, j'ai franchi les murs du jardin, résolu de venger..... Mais que vois-je? c'est son père qui, plein de courage, se bat avec un autre homme [37].

(Don Alonze entre, se battant avec don Juan.)

ALONZE.

Mon courage et mon bras vengeront à la fois les injures que j'ai reçues de votre audace. (*Apercevant don Félix.*) Mais, ô ciel! lorsque je croyais n'avoir qu'un seul ennemi, j'ai à me venger de deux!

JOURNÉE III, SCÈNE III.

DON FÉLIX.

Arrêtez, don Juan. Don Alonze, daignez vous calmer.

DON JUAN.

Dis encore que tu n'es pas un traître, puisque je te rencontre ici !

DON FÉLIX.

Écoutez-moi : vous verrez que je ne suis ni votre ennemi (*à don Juan*), ni le vôtre (*à don Alonze*).

DON ALONZE.

Chez moi, deux ennemis !

DON FÉLIX.

Arrêtez, seigneur.

DON PÈDRE, à Torribio.

Quoique je dusse peut-être m'opposer à don Alonze, la rage de ma jalousie réclame d'abord ma vengeance. Si à mes yeux cette ingrate a osé te faire passer sur son balcon, je dois te punir le premier. Descends, ou, vive Dieu ! ce pistolet.....

DON TORRIBIO.

Un pistolet ! Homme ou diable, qui que vous soyez, restez tranquille. Ce n'est pas ce que je voulais dire. (*Il rentre sur l'autre partie de la scène.*) Que vois-je? mon oncle ! Qu'est ceci ?

DON ALONZE.

Mettez-vous à côté de moi.

DON PÈDRE.

Puisqu'on lui a ouvert la fenêtre, je le suivrai.

pour le tuer. Je suis déjà mort de son bonheur ; peu m'importe de mourir par ses armes.

(Il monte par le balcon, et se trouve sur la scène avec les précédens.)

DON JUAN.

Traître don Félix, c'est à toi seul..... Mais que vois-je ? Est-ce vous qui entrez par la fenêtre ?

DON PÈDRE.

De quoi vous étonnez-vous ? Le bruit que j'ai entendu, m'a forcé à entrer pour en savoir la cause.

DON ALONZE.

Suspendu entre tant d'outrages, je ne sais qui je dois attaquer le premier.

DON FÉLIX.

Je vous en supplie, seigneur, veuillez écouter un moment : l'homme sage termine les affaires par la prudence, plutôt que de s'en remettre à l'épée. Si vous voulez m'entendre, je ne doute point que vous ne soyez satisfait sur tout ce qui a pu alarmer votre honneur.

DON ALONZE.

Cet homme est entré par le jardin, celui-là par le balcon ; mais vous, qui vous trouvez ici, qui me faites la même injure et venez me donner des conseils, comment avez-vous pénétré dans cette maison ?

DON TORRIBIO.

Par l'échelle, puisqu'il y en avait une tout exprès.

DON FÉLIX.

Je suis moi-même si intéressé dans cette affaire, que je crois que je vous sers tous, au lieu de vous

JOURNÉE III, SCÈNE III.

offenser. J'ai cherché à éviter des malheurs; je n'ai pu y réussir par une première démarche; peut-être aurai-je à présent plus de succès. Mademoiselle Eugénie m'a reçu dans cette chambre pour concerter les moyens d'empêcher qu'il n'y eût entre mes deux amis....

EUGÉNIE, derrière la scène.

Que dit-il? On me nomme; il faut que je sorte.

CLARA.

Attends; ne sors pas.

(Eugénie paraît suivie de Clara.)

EUGÉNIE.

Je veux sortir; il faut que je sache quel est ce mensonge.... Dites-moi, monsieur, vous osez dire que je vous ai reçu dans cette chambre?

DON FÉLIX.

Pardonnez; je n'ai pas parlé de vous, mais de mademoiselle Eugénie.

(Il montre Clara.)

DON ALONZE.

Qu'entends-je! c'est toi qui avais caché un homme?

EUGÉNIE.

C'est toi qui prenais mon nom pour cette aventure?

DON TORRIBIO.

C'est pour cela que vous m'aviez mis au serein pour faire le pied-de-grue sur le balcon?

DON ALONZE, EUGÉNIE, DON TORRIBIO.

Qu'as-tu fait, perfide? qu'as-tu fait?

CLARA.

J'ai voulu contrarier les amours de ma sœur, et je n'ai pu résister au mien. Don Félix, vous qui, avec tant de générosité, avez tout risqué pour la tirer du péril, vous êtes cavalier, vous ne m'y laisserez pas exposée moi-même.

DON FÉLIX.

Je donnerai mille fois ma vie pour vous. En vous aimant, je ne suis plus le rival de mes amis, et je puis avouer mes feux.

DON JUAN.

Ma jalousie était sans fondement ; vous me voyez à vos côtés.

DON PÈDRE.

Moi aussi.

DON ALONZE.

Quelle audace !

DON TORRIBIO.

Que n'ai-je ici une lance, des trois que j'ai laissées au râtelier chez moi !

DON ALONZE.

Personne ne peut défendre ma fille contre moi, qu'il ne soit son époux.

DON FÉLIX.

S'il ne faut que cela, je suis à elle.

CLARA.

Je suis à lui.

DON ALONZE.

Qui aurait cru que la plus réservée fût la première tombée en faute ?

JOURNÉE III, SCÈNE III.

DON TORRIBIO.

Tout le monde. L'eau tranquille est celle dont il faut le plus se défier, et qui cache les plus grands dangers. Aussi le proverbe dit-il : Gardez-vous de l'eau qui dort.

EUGÉNIE.

Moi, mon père, je vous le demande à vos pieds, établissez-moi à votre choix; je vous obéirai. Si vous l'exigez, et vous verrez par-là que si ma conduite a été légère, elle a du moins été sans reproches, si vous l'exigez, je suivrai mon cousin à la Montagne.

DON TORRIBIO.

A la Montagne ! pour cela, non. Je ne veux porter chez moi, ni Je-ne-sais-quoi, ni garde-enfant. Je m'en retournerai garçon dans mon pays, avec mon paquet sous le bras, et ma généalogie pendue à mon cou.

DON ALONZE.

Aussi-bien n'aurais-je pas donné une fille qui mérite aussi bien tout mon attachement, à un niais, à un sot comme vous. Elle sera à celui à qui sa mère l'avait destinée en mon absence, à don Juan de Mendoce, lorsqu'il pourra revenir dans sa patrie.

DON JUAN.

C'est don Juan de Mendoce lui-même qui, à vos pieds, vous rend grâces de cette faveur.

DON ALONZE.

Allons, allons; il y a eu plus de bruit que de mal.

DON PÈDRE, au public.

Mon amour n'a plus d'espérance, mais je conserve celle que vous excuserez nos fautes.

DON TORRIBIO, au public.

Et c'est ainsi que nous terminons le précepte et l'exemple de Gardez-vous de l'eau qui dort.

FIN DE LA TROISIÈME ET DERNIÈRE JOURNÉE.

NOTES

SUR

GARDEZ-VOUS
DE L'EAU QUI DORT.

---

(1) J'écris *Otagnès* et non pas *Otanès*, et encore moins *Otannès*, comme j'ai écrit *Nugne* d'après Corneille, comme j'écris *Migno* et *Ocagna*.

(2) (*Littéralement.*) « Ce n'est pas en vain que le cœur est au milieu de la poitrine, pour montrer qu'il peut communiquer ses affections dans deux bras. »

(3) (*Litt.*) « Pour loger deux soleils, ce doit être un ciel. »

(4) Partie de la Vieille-Castille, entre les Asturies et la Biscaye. On l'appelle aussi les montagnes de Saint-Ander.

(5) *Solar*, siége d'un majorat, ancienne propriété qui a donné son nom à une famille.

(6) *Indiano*, Espagnol qui a été aux Indes. C'est ce que les Anglais appellent *Nabab* : les Indiens, naturels du pays se nomment *Indios*.

(7) Voyez les trois récits à la fin des notes.

(8) Proverbe espagnol. Calderón en a fait le titre d'une de ses comédies.

(9) Ce quartier est encore assez peu habité.

(10) Les rues de Madrid ne furent pavées que sous Charles III.

(11) *Non fagades*, (*ne faites pas*) en espagnol du treizième siècle.

(12) Les archives du royaume se conservaient dans le château de Simancas. Le nom de cette ville vient, dit-on, de ce qu'au temps où Maurégat payait un tribut de cent filles au roi maure de Tolède, sept vierges, formant le contingent de Simancas, se coupèrent la main droite pour éviter le déshonneur. De *siete mancas*, sept manchottes, on fit Simancas.

(13) Rue au centre de Madrid, où jadis étaient réunis presque tous les marchands d'étoffes, de modes, de bijouterie. Atocha est à une extrémité du Prado, et le palais au delà du point où finit la *calle mayor*.

(14) Les appartemens des étrangers étaient ordinairement au rez-de-chaussée, et avaient une entrée sous le porche, entre la porte de la rue et celle de l'intérieur, de sorte qu'ils n'avaient point de communication avec le logement de la famille. Tolède conserve encore des traces de cette distribution orientale.

(15) Un des cadeaux qu'il était d'usage de faire aux étrangers, ses hôtes, (*xenia* des anciens), était du linge neuf.

(16) *Au-dessous d'elle, sa servante*. J'ai mieux aimé traduire littéralement.

(17) Équivoque sur *assiento*, qui signifie la manière d'être à cheval, et la partie du corps sur laquelle on s'assied.

(18) Il paraît qu'alors il y avait jusque dans l'intérieur de l'Espagne une police sanitaire.

(19) Voyez à la fin des notes le second récit.

(20) (*Litt.*) « Leurs jambes transparentes. »

(21) (*Litt.*) Don Torribio. *Je ne veux point être un meuble si sale.* (*Servidor* signifie serviteur et vase de nuit).

Don Alonze. *C'est une expression courtoise.*

Don Torribio. *Elle sent plutôt la cour malade.*

(*Cortesana* signifie courtoise, de la cour ; *Corte sana* veut dire, cour saine : c'est à cela que Torribio oppose *cour malade*, en suivant l'analogie du sens qu'il a donné à *servidor.*)

(22) (*Litt.*) « Le mot d'ordre et le ralliement. »

(23) *Désadorer* n'est pas plus français que *desadorar* n'est espagnol. J'ai imité le néologisme de Caldéron, comme plus haut j'ai fabriqué *duégnage* pour rendre le verbe *dueñar*, créé par mon auteur.

(24) *Filis*. Je l'ai traduit d'autant plus exactement par : *Je-ne-sais-quoi*, que je ne saurais comment le traduire sans périphrase. C'est cette grâce, cet agrément, ce charme indéfinissable qui entraîne le cœur sans pouvoir être évalué par les sens. C'est, en amour, ce que dans les arts mécaniques on appelle le *fion*.

(25) C'était le nom de l'épée du Cid.

Mas veces tuve à mi lado
A Tisona que á Ximena.

Elle fut forgée ère 1040, an de J.-C. 1002, c'est-à-dire, long-temps avant la naissance de Rodrigue Diaz de Vivar. Elle avait vingt-sept pouces de long, et trois doigts de large à la poignée. C'était une *anchi-corta*, courte et large, comme celle de Torribio. La Tisonne faisait, en 1615, partie du majorat des marquis de Falces.

(26) Cette phrase conviendrait davantage à la position et au caractère de don Juan.

(27) J'ai cru inutile de répéter au commencement de ce couplet les quatre vers qui le terminent, et qui finissent aussi le précédent.

(28) Jeu de mots sur *defender un quarto*, défendre l'entrée d'un appartement et marchander pour un sou. Les calembours ne sont pas de bon goût ; mais il est de bon goût du moins de les avoir mis dans la bouche d'un sot.

(29) (*Litt.*) « En sortant dans la rue. » Calderón a oublié que ses personnages y étaient déjà. Les glacières étant près des murs, j'ai cru pouvoir faire ce changement.

(30) Quoique la liaison de bon voisinage entre don Félix et don Alonze soit à peine commencée, celui-ci était obligé à seconder le premier dans ses querelles.

(31) Le changement de décoration n'est indiqué nulle part par la sortie complète des acteurs ; j'ai cru devoir le placer ici, et, malgré mes efforts pour expliquer les positions, il ne sera pas encore aisé de concilier la vraisemblance avec les règles de la perspective théâtrale.

(32) *Garde-enfant*, sorte de vertugadin (*Dict.* de Furetière.) Vertugadin, corrompu de *vertu-gardien*, était une sorte de panier, et un panier était une chose destinée à parer, ou plutôt à déformer les femmes. J'ai repris le mot ancien, qui est aussi bon que le plus moderne pour désigner une chose heureusement oubliée, et qui rend exactement l'espagnol *guard infante*.

(33) (*Litt.*) « A un traître deux déloyaux » proverbe espagnol.

(34) Voyez la fin du récit après les notes.

(35) (*Litt.*) « Entonnant différens modes de danse et de chant. » En Espagne, la danse est inséparable du chant, et les paroles de la musique. Il n'est point d'air sûr lequel on n'ait fait une figure, ni de suite de pas qui n'ait un air et des paroles qui lui appartiennent.

(36) Pour que tout cela se passe devant Eugénie, il faut qu'elle soit sinon endormie, du moins bien occupée de ses réflexions.

(37) J'ai donné de la scène, et de la position des personnages l'explication qui m'a paru la plus raisonnable. Mais je ne serais pas étonné qu'on accusât Caldéron d'avoir violé la loi sur l'unité de lieu. Je ne parle pas des ordonnances d'Aristote, mais de celles de la nature, qui défendent de supposer que la même décoration représente deux endroits à la fois, et qui sont fondées sur cet article de la loi naturelle qui statue qu'un corps ne peut exister simultanément dans deux lieux différens.

Notes 7, 19 et 34.

Relation du voyage de la reine Marie-Anne d'Autriche, épouse de Philippe IV, roi d'Espagne, et de son entrée à Madrid, insérée par fragmens dans la pièce précédente.

(7) Première partie dans la bouche de *don Juan*, pag. 59,

L'Allemagne devait à l'Espagne un trésor inappréciable depuis le jour si heureux pour elle où notre infante Marie, généreuse dans sa fierté, échangea l'altesse de Castille pour la majesté de Hongrie. L'Autriche avouait cette dette dont elle avait l'obligation à son bonheur (*a*), sans oser espérer que sa cour, si glorieuse, pût s'acquitter par une princesse douée d'un mérite égal, jusqu'à l'époque où le ciel favorable illustra sa noble maison d'une beauté qui, si elle ne surpassait pas celle que nous lui avions donnée, pouvait tout au moins l'égaler. Elle nous a rendu dans Marie-Anne le portrait de sa mère, ou plutôt sa mère elle-même. C'est dans l'éclat de son printemps qu'elle reçut cette merveille, c'est dans l'éclat de son printemps qu'une merveille nous est rendue. A peine pendant quatorze printemps a-t-elle vu les pleurs de l'aurore embellir les fleurs. Le sang impérial d'Autriche coule dans ses nobles veines. Si nous avons remis à Vienne la prudence, l'esprit, la vertu, Vienne nous les remet aujourd'hui.

Après le traité de mariage du roi, que le ciel conserve mille

---

(*a*) Allusion à ce vers : *Tu felix Austria, nube.*

siècles! les noces furent retardées plus long-temps que ne l'eût désiré l'Espagne; mais le bonheur perdrait un de ses caractères, si le bonheur ne venait lentement. On attendait que l'âge aimable de l'enfance touchât à celui de la jeunesse. Heureux défaut que l'enfance, qui, soit qu'on le désire ou non, se corrige chaque jour!

Enfin elle arriva l'époque fortunée où l'aigle généreuse prit son essor. De l'aire impériale qui avait servi d'asile à son enfance, elle prit son vol pour que le quatrième astre (*a*) pût juger de sa noble origine, en voyant ses regards fixés sur lui. Cependant les pleurs et la joie se combattaient dans le cœur de la jeune héroïne. Dans les noces des princesses, le chagrin et le plaisir se confondent, se succèdent, jusqu'à ce qu'enfin la douleur se revête à leur mariage des attributs de la félicité.

Ferdinand, roi de Hongrie et de Bohème, jeune héros qui attend le moment où une élection héréditaire ceindra son front auguste de la couronne des Romains, Ferdinand épousa sa sœur au nom de notre roi, et remplit avec tant de galanterie les obligations d'un époux, qu'il l'accompagna jusques à Trente, avec la pompe la plus brillante, le faste le plus royal que le soleil ait éclairé de ses regards. Les Espagnols, les Allemands, les Italiens, excités par sa présence à une glorieuse émulation, disputaient de richesse et d'élégance. L'or et l'argent brillaient partout; on eût dit que les Indes avaient versé tout à la fois les trésors entassés dans le sein de leurs montagnes; et, afin que, soit sur la terre, soit sur les ondes, la reine trouvât toujours qui la servît au nom de son époux, la charge de la mer fut donnée à un seigneur de cette famille de Doria, si illustre, si généreuse, si attachée au trône espagnol; et ce prince y trouva une occasion de montrer de nouveau, par des services récens, la reconnaissance héréditaire de sa célèbre maison.

La reine fut arrêtée plusieurs jours à Milan, parce que la mer resta pendant quelque temps fâcheuse et contraire au passage. Mais qui peut se fier à son inconstance? qui pourrait attribuer à

(*a*) Philippe IV. Le soleil est la quatrième planète, dans le système des anciens astronomes.

la faute ce qui n'est que le malheur? Enfin les vents, les ondes s'étant calmés, ou plutôt ayant obéi à l'ascendant de la nouvelle déesse, le jour de l'embarquement arriva. A peine Thétis la vit sur ses bords, que, convoquant le chœur entier des Néréides, elle leur ordonna de courir la campagne azurée, et de ne laisser aux flots que cette paisible inquiétude qui suffit pour embellir ses ondes sans les rendre dangereuses.

La réine entra dans la réale (*a*), dont la poupe dorée semblait étinceler de feux au milieu de l'eau qu'elle sillonnait. La chiourme, toute habillée d'étoffes de soie et d'argent (*b*) avec des camisoles blanches, étalait son luxe qui est la propreté. Les tendelets, les manœuvres, les voiles brillaient de mille couleurs, variées encore par les fleurs qui couvraient les gaillards et les flammes que le vent faisait ondoyer au haut des mâts. L'air qui les agitait, l'eau dont les gouttes s'élevaient jusqu'à eux, se vengeaient ainsi de ce que les foudres de l'artillerie leur cachaient, sous de noirs nuages de fumée, la plus pure, la plus belle, la plus noble Vénus qui ait jamais montré ses attraits divins sur l'écume des mers.

Enfin, au bruit des canons et de la musique, on donna sur la réale le signal du départ. Il fut obéi aussitôt qu'entendu; et aux cris de joie de la chiourme, le bâtiment commença à voguer, nous paraissant un printemps qui s'éloignait de nous. Quarante galères suivirent celle de la reine, et après elle embellissaient (*c*) les ondes plutôt qu'elles ne les rompaient. La flotte traversa le golfe quoiqu'elle ne touchât point aux Baléares : ce n'était point que l'inimité de la France nous obligeât à fuir ses côtes. Malgré la guerre entre les deux nations, la reine aurait pu débarquer dans ses ports. Entre ces deux puissantes couronnes, le cliquetis des armes ne fait pas taire la courtoisie; aussi non-seulement la France avait donné un sauf-conduit général, mais encore tous les préparatifs étaient faits dans ses ports pour recevoir dignement notre reine. C'est une noble manière de combattre,

---

(*a*) Galère royale.
(*b*) Je suppose que c'est ce que veut dire ici *nacar*.
(*c*) « Frisaient et crépaient. »

que de chercher à vaincre par la générosité plus que par la vaillance. Mais je ne puis m'arrêter à vous décrire les fêtes que les Français avaient disposées. La flotte traversa le golfe. La fortune, sachant que par ce seul service elle s'acquittait de toutes les peines qu'elle a causées à l'Espagne, la fortune lui donna toujours un vent et une mer favorables. Enfin la cité mouvante, tantôt suivant l'impulsion du vent, tantôt obéissant à la rame, entra dans les mers d'Espagne, et commença à voir ses superbes rivages qui, dans leur empressement, auraient désiré que la mer les reçût dans son sein pour faire briller aux yeux de leur souveraine leurs champs d'émeraude, au milieu de l'azur des ondes.

Déjà la mer salue la terre, déjà la terre s'abaisse sous le trésor que lui porte la mer. Dénia est la première ville où les pas royaux se soient imprimés. Heureuse, heureuse mille fois Dénia, qui a vu sur ses rivages la perle la plus riche sortir du vaisseau qui la cachait! Vous dire à présent la majesté des entrevues, la pompe de la cour, les parures, le faste, et surtout l'amour des nouveaux sujets de la reine, peindre l'allégresse de tous ses royaumes, serait une tâche impossible à remplir. Il me suffit d'ajouter avec la voix publique : Puisse ce double nœud qui réunit et resserre les liens du sang par ceux de l'hymen, garantir dans une famille nombreuse et immortelle le bonheur de l'Espagne !

(19) *Seconde partie dans la bouche de don Félix*, page 79.

Madrid, toujours constant dans sa loyauté et son amour, apprit avec une joie universelle la nouvelle du mariage de son roi; mais lorsqu'il sut que la divine Marianne avait été l'objet de son choix, le contentement de tous chercha à se montrer dans des fêtes où chacun put reconnaître, dans l'allégresse générale, les sentimens dont il était animé. Le bonheur, comme vous nous l'avez dit, marche lentement, le plaisir ne va pas vite. Madrid sut cependant le jour où le roi était marié, suivant les pouvoirs qu'il avait transmis à Ferdinand ; à Ferdinand, roi de Hongrie et de Bohème, et qui bientôt verra un choix héréditaire ceindre son front de la couronne sacrée des Romains. Pour mieux représenter notre prince, il déploya les attentions les plus délicates, et, quittant sa capitale, accompagna sa sœur. Il est superflu de parler du voyage dont vous avez déjà si bien décrit la pompe et la grandeur, et revenons à Madrid. Toujours attentive à servir ses rois, qualité dont elle s'enorgueillit plus que d'aucune autre, la ville, en attendant le spectacle des combats d'usage dans ces fêtes, invita la noblesse la plus illustre à une mascarade, joignant ainsi, soit à dessein, soit par hasard, les usages modernes aux cérémonies antiques de l'hymen. Jadis, en effet, dans des noces bien moins augustes, des troupes couraient avec des flambeaux allumés, invoquant le dieu de l'hyménée, lui offraient en sacrifice leurs torches enflammées, et chantaient des épithalames pour qu'il daignât voir d'un œil favorable l'union de ceux qu'il enlaçait. Madrid, adoptant de ces fêtes antiques ce qu'elles avaient de joyeux, mais purifiant les sentimens de religion qui les animaient, alla rendre au Tout-Puissant des grâces unanimes de son bonheur, et fit par ses chants de reconnaissance, que répétait l'Espagne entière, le plus flatteur des épithalames

Jamais on ne vit une troupe plus brillante que la mascarade, lorsqu'au son des trompettes et des clairons elle commença à marcher conduite par l'Espagne et par l'Allemagne, qui, unies par la politique, montraient bien quelle était leur vertu, l'une en nous donnant un tel gage de son amitié, l'autre en étant seule digne de le recevoir. Je voudrais vous retracer cette fête, mais cela est au-dessus de mes forces lors même que la rhétorique me prêterait tous ses ornemens (a). Ce qui est au delà du possible ne peut être peint ; il faudra que votre imagination le forme pour se le représenter. Créez donc dans votre tête une montagne de pourpre qui marche, une forêt d'argent enflammée ; faites de la réunion de deux idées un prodige qui se change tout entier en feu par une nouvelle métamorphose, et vous pourrez à peine concevoir comment cette montagne brillait de lumière, d'argent et de pierreries, comment étincelait cette forêt de flammes, dont les plumes étaient les fleurs et les torches les étoiles.

(a) « Hors que la réthorique ne me fournît la figure dite prosopopée dont on se sert quand on imagine ce qui n'est pas possible. »

Tous ceux qui parurent à cette fête étaient si également admirables, qu'aucun n'eût trouvé son pareil s'ils n'avaient tous été aussi brillans les uns que les autres. Lorsqu'ils couraient dans les diverses parties de la ville, on aurait cru voir errer des nuages lumineux, passer de brillantes comètes : la nuit fut si belle, que le jour qui lui succéda se couvrit de sombres nuages (a), soit par honte, soit par envie : il s'éclaircit enfin pour éclairer de sa lumière la place disposée pour le combat des taureaux.

Si notre noble cirque a toujours été la honte de tous ces amphithéâtres que Rome nous montre en ruines, jamais il ne dut mieux montrer sa grandeur par les ornemens qui l'enrichirent, par les dames qui le parèrent, puisque jamais plus belle cause n'avait fait ouvrir sa lice : aussi l'arène était couverte des troupes brillantes de serviteurs richement vêtus qui accompagnaient, pour embellir leur triomphe, les héros qui ont soumis le sort (b) à la loi de la nécessité : le hasard cesse de l'être pour eux ; leur force et leur adresse ont tiré l'avenir de l'incertitude. Je ne vous nommerai aucun d'eux, tant de plumes célèbres ont déjà peint leurs excellences, que je craindrais qu'aujourd'hui ma voix inhabile ne leur fît tort. Je vous dirai seulement que de ces monstres de nos montagnes, de ceux dont le front menaçant, la peau tigrée, le large cou, le corps ramassé impriment la terreur, de ceux qui semblent écrire sur le sable qui roule sous leurs pieds vigoureux : C'est ici mon tombeau ou le tien, il n'y en ait pas un qui ne fournît un triomphe facile à l'adresse et au courage des illustres cavaliers qui animaient par l'éperon, ou dirigeaient avec le frein l'ardeur impatiente du plus noble des animaux, tantôt obéissant avec fierté, tantôt superbe avec docilité, et toujours méprisant avec courage les menaces de son ennemi. La lance et l'épée, maniées tour à tour avec une égale dextérité, offraient, dans ce spectacle admirable, et la grâce à la fois et la valeur.

La nuit vint terminer ce jour heureux, et depuis la seule

(a) « Et répandit en pluie ses larmes. »

(b) Les coups portés aux taureaux s'appellent *suerte*, sort, hasard, de là un jeu de mots impossible à traduire.

occupation de Madrid, qui voit s'approcher son bonheur, a été de faire des préparatifs pour l'arrivée de sa souveraine. La capitale devant la posséder toujours, et tant de villes sur le passage lui ayant prodigué des fêtes, il serait honteux pour Madrid que ceux des Espagnols que son séjour rendra les plus heureux ne fussent pas les plus empressés à lui témoigner leur joie. La présence des étrangers dont la curiosité ou l'envie en attend impatiemment les démonstrations, donnent encore plus d'importance aux dispositions que fait cette noble ville, et que sans doute quelque plume éloquente saura bientôt nous retracer.

J'ajouterai seulement que la Comtesse de Medeillin, de l'illustre famille de Cardone, nommée sa *camarera mayor*, fut recevoir la reine à Dénia où elle attendit son arrivée. Aussitôt que S. M. eut débarqué, l'amirante de Castille alla la féliciter de la part du Roi; quoique le départ de ce seigneur eut été précipité, son voyage se fit avec la grandeur qui lui appartient, et s'il n'avait borné le nombre des parens, amis, et serviteurs, qui devaient l'accompagner, il n'eût laissé personne en Castille, car est-il quelqu'un qui ne s'honore d'être son parent, son ami ou son serviteur? Heureuse famille, où, au milieu de tant de grandeurs, l'affection générale est devenue un patrimoine et la popularité un majorat!

Madrid cependant ne cesse de faire des efforts pour que l'appareil et la majesté de l'entrée de la reine soient dignes d'elle et de celui qui, oncle l'accueille, amant l'adore, époux la mérite, et qui met à ses pieds les deux mondes; comme soleil il les éclaire et il assujettit à sa bien-aimée tout ce qu'il dore de ses rayons, la couronnant à la fois comme son épouse, nièce et reine.

Je finis ma relation, puisque c'est demain que brillera le jour heureux où nous la verrons entrer triomphante dans cette capitale. Espérons qu'elle sera le terme de nos anxiétés, le remède à nos peines, la satisfaction de nos désirs, et qu'une heureuse postérité couronnant nos vœux, la fera revivre pendant une longue suite de générations.

(³⁴) *Troisième partie dans la bouche d'Eugénie et Clara, pag.* 139.

Lorsque parut le jour heureux où la divine Marie Anne, devait échanger des espérances toujours tardives contre une heureuse possession, les rues et les places de Madrid furent dès l'aurore ornées de brillans préparatifs, le marbre et le bronze enrichissaient des deux côtés les routes que nous parcourûmes pour aller au Prado, où un arc triomphal s'élevait jusqu'aux cieux.

Là, Madrid, dans l'ancien costume de ses habitans attendait sa nouvelle reine, et pour montrer son affection, pour témoigner avec quel empressement il mettrait le monde aux pieds de sa souveraine, il représenta dans cet arc de triomphe et dans les autres, les différentes couronnes que, dans les quatre parties de la terre, celui qui l'a méritée comme monarque, lui offre comme son amant. L'Europe étant le siége de son empire, et commandant aux autres, était retracée sur ce premier arc.

Il nous serait impossible de peindre tout ce qu'il renfermait. Castille et Léon, statues qui paraissaient animées, y représentaient la presqu'île soumises à sa domination, l'Allemagne faisait allusion aux lieux qui virent naître Marie Anne; l'Italie rappelait la foi de notre religion. Pour rendre compte de tout le reste, il faut attendre les relations imprimées qui nous expliqueront tout ce que contenaient les inscriptions latines et espagnoles.

Nous dirons seulement que les quatre parties du monde sur lesquelles la maison d'Autriche étend son empire, correspondent aux quatre élémens ; on donna à l'Europe l'air, parce que c'est la contrée où sa température est la plus douce, où l'on jouit le mieux de ses bénignes influences ; et l'aigle étant le roi des airs, l'aigle couronnait l'arc de triomphe enrichi de divers ornemens allégoriques, tous relatifs à cet élément.

Après que la ville eut achevé la cérémonie du baise-mains, commença la musique, non-seulement celle des clairons et des trompettes, mais celle des acclamations populaires, la plus agréable de toutes. Le cortége de la ville marcha avec le dais, et dans la fierté de son obéissance, on voyait que jamais Madrid n'avait eu d'aussi justes motifs de s'abaisser avec d'aussi justes motifs de s'enorgueillir.

De là on passa à la *Carrera S. Géronimo*, où était élevé l'arc de triomphe de l'Asie. Des figures qui rappelaient quelques-unes des soixante et douze monarchies des Indes, dont les couronnes vont parer le front de notre reine, semblaient exprimer le désir de la servir avec des dons aussi variés que les pays sur lesquels s'étend, dans l'Orient, la puissance espagnole.

Comme l'Asie est la plus étendue des quatre parties du monde, qu'elle voit couler dans son sein le Gange, le Nil, (*a*) l'Euphrate et le Tigre, l'élément de la terre lui fut consacré, et la crinière du lion, le roi des animaux terrestres, surmontait ce magnifique édifice.

Le soleil de l'Espagne arriva enfin à la porte du Soleil (*b*); là brillait l'Afrique, dont l'arc était décoré des représentations des plans et des forts que l'Espagne possède depuis que deux reines saintes, l'une habile politique à Madrid, l'autre guerrière victorieuse à Grenade, arrachèrent jusqu'aux racines de la plante vénéneuse qui avait si long-temps infecté notre sol. L'élément du feu correspondait à l'Afrique, et le soleil, planète du feu, placé entre de hautes pyramides, était exalté dans son propre séjour.

Le cortége suivit ensuite la rue de l'orfévrerie (*c*) ornée de telle manière, qu'il n'y avait qu'un art aussi noble qui pût ainsi la parer. De chaque côté des portiques, soutenus par d'élégantes colonnes, étaient d'élégans étalages couverts de diamans, d'argent et d'or.

Le dernier arc de triomphe était consacré à l'Amérique, et situé près de l'église de Sainte-Marie, où de justes actions de grâces furent rendues à la divinité. Les devises ingénieuses qui le décoraient étaient toutes empruntées à l'eau. Aucun sujet ne

---

(*a*) Le Nil est en Afrique, mais on peut le remplacer par l'Indus, le Fleuve-Jaune; etc.

(*b*) *La puerta del sol.* Place, ou plutôt carrefour de Madrid.

(*c*) La *càlle mayor.*

pouvait mieux rappeler la puissance divine ; le Manzanarès et le Jarama sont des miracles perpétuels (*a*).

Sur la place du palais, deux chars de triomphe soutenaient les statues de l'Hyménée et de Mercure. Si je puis les expliquer d'après nos conjectures, elles signifiaient que le messager des dieux avait entièrement rempli sa tâche en arrivant à la porte du palais, et qu'ainsi ce lieu étant le terme de son voyage, il remettait à l'Hyménée le trésor qu'il était chargé de conduire, pour que le culte d'une divinité remplaçât le culte de l'autre.

C'est avec ce cortége, au bruit des acclamations populaires qui célébraient à l'envi les louanges et de l'épouse et de l'époux que, montée sur un coursier généreux et qui semblait dans sa superbe obéissance connaître quel était le poids glorieux dont il était chargé, notre reine adorable arriva aux portes de son palais.

(*a*) Le Manzanarès n'est pas tellement perpétuel qu'il ne sèche quelquefois. Pour le Jarama, son cours est continuel.

LE PEINTRE
DE SON DÉSHONNEUR.

NOTICE

SUR

LE PEINTRE

DE SON DÉSHONNEUR.

Je range cette pièce, *El pintor de su deshonra*, au nombre des drames historiques de Caldéron, non que j'aie aucune raison de penser qu'elle soit fondée sur une anecdote vraie, mais parce qu'elle se rapproche, par son genre, de celles que cet auteur a composées sur des faits connus. Je crois que le sujet est de son invention, d'autant plus qu'il ne dit point à la fin qu'il soit véritable; mais il l'avait inventé comme nouvelle, avant d'en faire une pièce de théâtre.

On pourrait appeler *le Peintre de son déshonneur* une trilogie. La première journée nous offre une jeune femme mariée contre son gré parce qu'elle a cru son amant mort sur mer, et qui sacrifie, après l'avoir retrouvé, sa passion à son devoir. C'est le sujet qui a été traité avec plus de développemens, avec l'addition d'un caractère de belle-sœur très-bien conçu, par M. Moratin, dans sa jolie comédie d'*el Viejo y la Nina* (le Vieillard et la jeune Femme.)

La seconde journée nous représente les tentatives d'un amant audacieux qui veut ravir une femme à son époux. C'est, à la vérité, le hasard qui dénoue cette intrigue, mais l'action est complète à la fin de l'acte, en ce que le sort de tous les personnages paraît décidé, sauf ceux qui appartiennent à l'intrigue secondaire et dont les entretiens remplissent une scène complétement épisodique.

La troisième contient aussi une action entière : cependant ces trois parties forment un seul tout parce qu'elles sont, du commencement à la fin, le développement d'une même situation. L'intrigue collatérale assez faible, ne sert qu'à amener les individus dont le poëte a eu besoin pour le tissu de sa fable principale.

Le lieu de la scène est tantôt à Gaëte, tantôt à Barcelone, à Naples et dans les environs de cette dernière ville.

L'action de la première journée dure quelques heures ; celle de la seconde, deux jours ; ainsi que celle de la troisième : l'intervalle entre les journées est à chaque fois de plusieurs semaines.

Les caractères y sont plus prononcés qu'ils ne le sont ordinairement dans les pièces de Caldéron. Don Juan est dominé par l'honneur et par la jalousie ; don Alvar obéit en aveugle à ses passions. On y voit un amant léger, infidèle, et, suivant son habitude, le poëte en a fait un prince.

Le développement, non pas du caractère, mais de la situation de Séraphine, est tracé avec art. Le changement qui s'opère dans son cœur par les premiers temps du mariage ; la soumission, la dépendance qui l'enchaînent à don Alvar, après l'attentat qu'il a commis ; ce mélange de la force de la volonté, à une faiblesse de résolution qui tient à la faiblesse physique, méritent quelque attention.

On trouve des morceaux de musique dans la seconde journée. On verra comment Caldéron amenait sur la scène cet accessoire brillant de l'art dramatique.

Il est à présumer, d'après la ressemblance du

dénoûment et celle du titre, que le poëte en composant cette pièce a voulu faire le pendant d'*el Medico de su honra* (le Médecin de son honneur).

A. L. B.

LE PEINTRE
DE SON DÉSHONNEUR.

PERSONNAGES.

DON JUAN ROCA, cavalier de Barcelone.
SÉRAPHINE, sa femme.
DON PÈDRE, gouverneur du fort Saint-Elme, père de Séraphine.
DON LOUIS, gouverneur de Gaëte.
DON ALVAR, son fils.
PORCIE, sa fille.
LE PRINCE DES URSINS.
JEANNET, domestique de don Juan.
FLORE, suivante de Séraphine.
JULIE, suivante de Porcie.
CÉLIO, domestique du prince des Ursins.
FABIO, domestique de don Louis.
BÉLARD, régisseur d'un domaine de don Louis.

LE PEINTRE
DE SON DÉSHONNEUR

JOURNÉE PREMIÈRE.

Salon de l'hôtel de don Louis, à Gaëte.

DON JUAN, en habit de voyage. DON LOUIS.

DON LOUIS.

Embrassez-moi encore, don Juan, embrassez-moi mille fois.

DON JUAN.

Que ce soient de nouveaux liens qui assurent notre ancienne amitié.

DON LOUIS.

Êtes-vous satisfait de votre voyage ?

DON JUAN.

Je suis si content, si ravi, si glorieux de ma félicité, que je ne pourrai jamais vous peindre assez vivement tout le bonheur dont je jouis; l'imagination même ne peut se le figurer.

DON LOUIS.

Je suis enchanté que votre séjour à Naples ait rempli vos désirs.

DON JUAN.

Je suis plus heureux encore que je n'aurais osé l'espérer. Je vous avais déjà dit, seigneur, lors de mon dernier passage, qu'encore que j'eusse eu toujours peu de penchant pour le mariage, les prières de mes parens, l'importunité de mes amis m'avaient décidé à penser à m'établir. Occupé de mille autres soins, j'avais laissé passer le printemps de ma vie sans y songer.

DON LOUIS.

Je sais quelles difficultés votre caractère opposait à de tels engagemens; toutes les fois que je vous en avais parlé, j'avais trouvé en vous de la répugnance, et de toutes les affaires de la vie, le mariage était celle qui vous occupait le moins. Sans cesse enseveli dans vos études, si la fatigue d'un travail continuel vous forçait à abandonner un moment vos livres, votre seul délassement était de manier le pinceau, parce que, jusque dans cet exercice, votre esprit trouvait de l'occupation. Vous êtes parvenu dans ce bel art à une telle habileté qu'un autre pourrait se faire un état honorable de ce qui n'est chez vous qu'un passe-temps. Vous peignez avec tant de perfection que vos tableaux rivalisent avec la nature, et lorsque j'eus l'honneur d'être votre hôte à Barcelone, je me souviens que je me suis permis de vous gronder quelquefois de votre travail excessif.

JOURNÉE I.

DON JUAN.

Malgré tout cela, tant pour faire plaisir à mes parens que pour conserver dans ma famille un majorat assez illustre et richement doté, j'ai changé d'opinion, et, m'abandonnant à des idées que j'avais repoussées dans ma jeunesse, je me suis décidé à prendre une femme. J'ai épousé ma cousine, fille du gouverneur de Saint-Elme.

DON LOUIS.

Je le sais, et à votre passage je vous ai félicité du bon choix que vous aviez fait.

DON JUAN.

Je l'apprécie encore davantage aujourd'hui.

DON LOUIS.

Comment?

DON JUAN.

D'après ce qu'on m'avait dit de Séraphine, d'après un portrait que j'avais vu, mon cœur sentait de l'inclination pour elle; mais depuis que je l'ai connue, elle le possède tellement, que je sais à peine aujourd'hui si je m'appartiens à moi-même.

DON LOUIS.

Sa beauté est divine, et son esprit n'est pas moins remarquable.

DON JUAN.

Elle vient avec moi être la Vénus de cette mer, ou la Flore de ces rivages, pour ne point perdre l'occasion de nous embarquer aussitôt que les galères arriveront. Son père est avec nous; il a voulu l'accompagner jusqu'à Gaëte, et c'est ce qui m'a engagé à prendre les devans. Je vous avais promis, en partant, de vous demander l'hospitalité à mon retour, et j'ai dû vous prévenir que, venant avec tant de monde, j'étais forcé de vous supplier....

DON LOUIS.

De quoi ?

DON JUAN.

De me permettre de prendre dans une hôtellerie un logement que j'ai déjà fait préparer ?

DON LOUIS.

C'est me faire outrage, don Juan. Tout Naples viendrait avec vous, que je ne penserais qu'au plaisir de vous recevoir.

DON JUAN.

Je sais ce que je vous dois ; cependant.....

DON LOUIS.

Point de réponse ; vous viendrez chez moi, ou nous ne serons plus amis.

DON JUAN.

Je ne puis me résoudre à hasarder de rompre les nœuds d'une amitié aussi constante et aussi franche.

DON LOUIS.

Pourriez-vous faire une telle insulte à l'attachement que j'ai pour vous ? et, à vous parler franchement, c'est seulement pour vous recevoir que je suis resté jusqu'à ce jour dans ce gouvernement.

DON JUAN.

Que dites-vous ?

DON LOUIS.

J'étais résolu à me retirer sur mon bien ; j'arrive à l'âge où l'on est détrompé du monde ; le soin de ma fortune ni de mes places ne m'occupe plus depuis que j'ai perdu don Alvar, et je ne suis ici qu'à contre-cœur.

DON JUAN.

Je n'aurais pas voulu rappeler votre douleur ; mais puisque vous m'en avez parlé, dites-moi, n'en avez-vous pas eu d'autres nouvelles ?

DON LOUIS.

Aucune depuis la première, depuis que j'appris qu'en allant en Espagne pour des affaires, il avait trouvé un tombeau dans les ondes qui brisèrent son vaisseau. Ce malheur nous fut annoncé par un autre navire qui, venant dans ce port s'abriter de la tempête, nous apprit qu'il avait vu couler bas celui qui portait mon fils.

DON JUAN.

Comment sut-on que c'était celui-là ?

DON LOUIS.

C'était pour moi la plus grande infortune ; elle ne fut que trop certaine. Le navire dont je vous parle venait de Barcelone, et depuis je n'ai reçu aucune nouvelle de mon fils. Ce silence ne confirme que trop sa perte ; mais changeons de conversation : quand croyez-vous qu'arrivera votre jeune épouse ?

DON JUAN.

Elle doit être déjà près de Gaëte.

DON LOUIS.

Allez au-devant d'elle pour la conduire, et dites-lui que si je ne vais pas moi-même lui offrir mes services, c'est parce que je suis forcé de rester ici pour la recevoir.

DON JUAN.

Je le lui dirai; mais, seigneur...

DON LOUIS.

Il suffit. *(Don Juan sort.)* Porcie?

(Porcie entre.)

PORCIE.

Mon père.

DON LOUIS.

Je t'ai raconté mille fois les grandes obligations que j'ai à don Juan Roca.

PORCIE.

Je vous ai entendu mille fois répéter que c'était votre meilleur ami.

DON LOUIS.

Je t'apprends aujourd'hui qu'il va arriver chez nous avec sa femme.

PORCIE.

Séraphine?

DON LOUIS.

Oui; et jusqu'à leur embarquement ils seront nos hôtes.

PORCIE.

Agréez mes remercîmens.

DON LOUIS.

Pourquoi?

JOURNÉE I.

PORCIE.

Parce que Séraphine est mon amie, et qu'elle pourra penser que c'est moi qui la reçois.

DON LOUIS.

C'est bien; et, soit pour toi, soit pour moi, nous devons les bien accueillir. Ordonne à tes femmes de préparer leur appartement.

PORCIE.

La précaution est inutile. Vos appartemens sont toujours prêts pour recevoir des hôtes. Vous savez que votre maison est plutôt une hôtellerie que le palais du gouverneur.

DON LOUIS.

Je mets tout mon plaisir à bien recevoir ceux qui viennent chez moi.

(Jeannet entre en habit de voyage.)

JEANNET.

Que la paix soit dans cette maison! Et à ce propos je vais vous faire un conte : Une compagnie de soldats arrivait dans un village, un paysan se mit à crier : « Deux soldats pour être logés chez moi. » « Pourquoi, lui dit quelqu'un, demandes-tu avec tant d'empressement ce dont tous les autres voudraient se débarrasser? » Et il répondit : « Quelque désagréable que me soit leur arrivée, je dois les bien accueillir, pour le plaisir qu'ils me font quand ils s'en vont. » Maintenant, vu les ordres de mon maître de l'attendre ici, donnez-moi à baiser, vous votre puissante main, et vous votre petit pied.

DON LOUIS.

Sois le bienvenu, Jeannet. Depuis que j'avais vu ton maître, il me semblait que tu me manquais.

PORCIE.

Comment a été la noce?

JEANNET.

Un habitant de la ville invita un étranger à dîner à la campagne; le premier plat qu'il fit servir fut un poulet froid. L'autre demanda à boire, mais le vin était chaud comme la viande était froide. L'étranger voyant que rien n'était à son gré, prit subtilement une aile du poulet et la mit dans son verre. « Que faites-vous, lui dit son ami? — Je veux, lui répondit-il impatiemment, ou que la viande rafraîchisse le vin, ou que la boisson réchauffe la viande. » Telle a été notre noce. On m'a donné une mariée jeune et un mari qui ne l'est plus: de sorte que ce que j'ai eu de mieux à faire a été de les unir pour que l'époux rafraîchisse sa belle, ou que la femme échauffe le mari.

PORCIE.

Laisse ces folies, et dis-moi comment se porte Séraphine.

JEANNET.

On la porte dans une voiture.

PORCIE.

Ce n'est pas me répondre.

JEANNET.

Pardonnez. Qui dit une femme en voiture, dit

une femme contente, heureuse et glorieuse de son sort.

DON LOUIS.

Où donc as-tu pris cela?

JEANNET.

Écoutez : Une belle nuit une dame mourut; et, comme elle était pauvre, le vicaire général permit qu'on la conduisît à l'église dans une voiture [1]; à peine l'y avait-on mise, qu'elle recommença à grouiller; et lorsque l'on dit au départ : « Cocher, à Saint-Isidore. — Non, dit-elle, à haute voix; cocher, mène-moi d'abord au Prado; on m'enterrera ensuite. »

DON LOUIS.

Tu n'es jamais las de faire des contes.

JEANNET.

Quatre ou cinq petits enfans à Barcelone...

(En dehors on entend : *Arrête, c'est ici.*)

PORCIE.

Je crois qu'ils arrivent.

JEANNET.

On m'a arraché de la bouche le conte des quatre ou cinq petits enfans.

JULIE, entrant.

Monsieur, les hôtes que vous attendiez descendent de voiture.

DON LOUIS.

Allons les recevoir.

JEANNET.

Nous en étions restés aux petits enfans.

(Don Juan entre avec Séraphine, don Pèdre et Flore.)

DON LOUIS.

Charmante Séraphine, dont les attraits divins partagent l'éclat du soleil, permettez-moi de vous baiser la main, pour vous témoigner la joie qu'éprouve cette maison de vous appartenir quelques instans : pardonnez seulement, si elle n'est pas un ciel digne d'héberger une aurore aussi brillante.

PORCIE.

C'est à moi à m'excuser, puisque c'était à moi à loger mon amie; et je suis honteuse de voir que je ne puis, par mes soins, mériter le bonheur que j'éprouve. Sois la bienvenue.

(Elles s'embrassent.)

SÉRAPHINE.

Je dois répondre à tous les deux, mais il faut que je vous demande quartier. Je ne trouve point assez d'expressions pour vous remercier l'un et l'autre; ainsi je ne ferai point de réponse, pour ne manquer ni à vous, seigneur, ni à toi.

DON PÈDRE.

Je vois avec peine, seigneur don Louis, que don Juan ne vous ait pas épargné cet embarras.

DON LOUIS.

Je me fâcherai, seigneur don Pèdre. Vous savez combien je suis votre serviteur; et c'est un honneur que me fait don Juan.

JEANNET.

Y a-t-il patience qui puisse endurer cette vaine conversation de complimens?

FLORE.

Il est plus ennuyeux encore d'entendre un bavard comme toi.

(On entend un coup de canon.)

DON JUAN.

Allons ; mais que veut dire ce coup de canon ?

(Fabio entre.)

FABIO.

La vigie a découvert deux galères napolitaines qui longent les rivages, venant dans ce port.

DON LOUIS.

Quelle agréable nouvelle !

JEANNET, à part.

On est bien aise de voir arriver la voiture qui nous débarrasse de nos hôtes.

DON LOUIS.

Tout le bien m'arrive à la fois. Je pense que le prince des Ursins revient à Naples sur ces galères ; je dois aller le recevoir, et même le loger chez moi, si cependant celui qui n'est plus le maître de sa maison peut encore en disposer.

DON JUAN.

Je vous en supplie, permettez-moi d'aller.....

DON LOUIS.

Ne parlons plus de cela. Je sais que je puis suffire à tout. Porcie, emmène Séraphine chez elle. Vous voudrez bien, messieurs, m'y attendre.

DON PÈDRE.

Nous allons avec vous sur le port.

DON LOUIS.

J'y consens, afin que dans votre compagnie je me trouve plus honorable aux yeux du prince.

JEANNET.

Et moi je vous suis pour voir si, dans la foule, je pourrai.....

DON LOUIS.

Quoi donc?

JEANNET.

Achever le conte des petits enfans.

(Tous les hommes sortent.)

SÉRAPHINE.

Ils sont tous sortis?

PORCIE.

Oui, ma chère.

SÉRAPHINE.

Qu'attend de plus ma douleur?

PORCIE.

Pourquoi verses-tu des larmes?

SÉRAPHINE.

Pour la même cause qui m'en fit verser autrefois; et, puisque je te l'avais confiée, ce ne sera point une indiscrétion d'épancher encore mes chagrins dans le sein de l'amitié.

PORCIE

Je sais seulement que tu pleures.

SÉRAPHINE.

Tu sais aussi ce qui fait couler mes pleurs; à moins qu'offensée de ce que tu crois un oubli, tu ne feignes de l'ignorer.

PORCIE.

Je ne sais que te répondre.

JOURNÉE I.

SÉRAPHINE.

Restons seules : tu verras que je suis toujours la même.

PORCIE.

Julie, laisse-nous.

SÉRAPHINE.

Flore, vas avec elle.

JULIE.

Viens, de la terrasse tu pourras voir les galères.

FLORE.

C'est presque aller aux galères. J'aimerais autant dormir.

(Elles sortent.)

SÉRAPHINE.

Nous sommes enfin sans témoins !

PORCIE.

Oui.

SÉRAPHINE.

Personne ne nous peut entendre ?

PORCIE.

Non.

SÉRAPHINE.

Tu as connu mon bonheur ?

PORCIE.

Hélas !

SÉRAPHINE.

Apprends aujourd'hui mes peines.

PORCIE.

Parle.

SÉRAPHINE.

Tu te rappelles sans doute, ma chère Porcie, l'heureux temps où, vivant l'une et l'autre à Naples, nous étions si bonnes amies, que nos cœurs, constamment d'accord, laissaient douter si ce n'était pas une seule âme qui nous animait toutes deux. Je commence, dès lors, l'histoire de mes amours; et, ne t'en étonne pas, je vais te faire bientôt mon dernier adieu, je vais te quitter pour jamais; et, au moment où je vais ensevelir ma dernière espérance, je ne dois te rien taire, parce que, plus je te dirai mes peines, et moins elles pèseront sur mon cœur.

Tu te rappelles combien, dans les continuelles visites que nous nous faisions, j'eus de fréquentes occasions de voir et d'entretenir ton frère don Alvar. O ciel! puis-je proférer ce nom sans que la douleur, ce serpent que je conserve, que je nourris renfermé dans mon sein, ne se réveille et ne répande son venin autour de moi? Malheureuse! pourquoi un poison si cruel, si violent, ne m'a-t-il pas tuée sur-le-champ? pourquoi, dans sa lenteur obstinée, dans son action mesurée, me tourmente-t-il incessamment sans pouvoir me détruire? De ces visites, Porcie, naquirent à la fin les attentions de ton frère et ma reconnaissance, son affection et mon penchant pour lui. Dans les commencemens, il est vrai, je me montrai cruelle; mais il me restait dans l'âme, je l'avoue, je ne sais quelle espèce de gratitude, quel genre de satisfaction, qui n'était pas de l'amour encore, et ne pouvait être cependant autre chose : mes pensées entre l'ombre et la lumière, dans ce crépuscule d'amour, hésitaient entre l'indifférence et la sensibilité. Il y a bien peu de femmes, ma chère amie, qui s'offensent d'être aimées; et celui qui gémit le plus de la haine qu'il croit inspirer, s'il examine de près les preuves que sa dame lui donne de sa sévérité, y verra, quelque vivacité que puisse leur prêter l'honneur, les faveurs s'y mêler et s'y cacher sous le voile des mépris.

Je puis l'attester, et tu l'as vu toi-même, combien de fois je m'irritai de son audace. Il m'écrivit; je déchirai ses lettres, et c'était mon devoir : il voulut parler; je ne l'écoutai pas : il m'écrivit encore; je m'emportai : il eut recours à ton amitié; je blâmai tes bons offices pour lui : tu voulus me persuader; je m'irritai contre toi : il s'obstina; je me montrai irritée : il pleura; je ris de ses larmes; et pendant tout ce temps, s'il avait pu lire dans mon cœur, il y aurait vu quels tourmens on souffre quand l'honneur est obligé de lutter contre les efforts de l'amour.

Une nuit que je prenais le frais à une fenêtre qui donne sur la mer, il put me parler en secret; et, après de longues instances qu'il est inutile de te conter, il me donna sa parole de devenir mon époux. Si ce moyen n'améliora pas son sort, il nous dispensa du moins de la feinte : dès lors ce fut l'amour qui se montra, et le dédain ne fut plus qu'un masque. Cependant, rien ne ternit mon honneur; et, depuis cette nuit, notre ardeur mutuelle ne cessa de croître, quoique l'on dise ordinairement que l'amour qui ne se nourrit que d'espérances n'est point un véritable amour.

Dans ce temps, mon père pensait à arranger mon

mariage avec don Juan Roca, mon cousin ; et, à la même époque, don Louis vint occuper ce gouvernement, d'où il ordonna à don Alvar d'aller en Espagne, pour suivre je ne sais quelles affaires. Nous délibérâmes s'il ne convenait pas de déclarer notre amour avant cette séparation ; mais, songeant que nous ne devions pas irriter à la fois nos deux pères, qu'il fallait que nous nous réservassions l'appui de l'un d'eux pour trouver un asile dans l'orage qui nous menaçait, nous résolûmes d'attendre son retour. Hélas ! cette fois l'amour ne fut pas servi par le silence. Alvar prit congé de moi, se fiant à mon adresse pour éluder les intentions de mon père ; et moi, me reposant sur son activité pour abréger la durée du séjour qu'il devait faire loin de moi.

Malheureux que nous étions ! imprudens qui, n'ayant qu'une seule espérance, la livrâmes aux vents ! Mon père désirait de terminer les arrangemens qu'il avait faits.... Ah ! Jésus !

PORCIE.

Qu'as-tu ?

SÉRAPHINE.

Je ne sais. Ce ne sera rien. Et moi, servant à la fois mon amour et ma piété filiale, je combattais ses raisons par des motifs qui devaient toucher son cœur paternel. Je lui disais que le quitter, qu'aller sans lui en Espagne.... Le même mal au cœur me saisit encore. Mon Dieu ! mon Dieu ! Je me meurs.

PORCIE.

Tranquillise-toi, et ne continue pas un discours aussi pénible.

JOURNÉE I.

SÉRAPHINE.

Il le devient bien davantage. J'arrive au moment où j'appris la nouvelle de la mort de don Alvar, englouti dans cette mer, où il me semble encore à présent que je le vois luttant en vain contre une mort affreuse... Ah !

(Elle s'évanouit.)

PORCIE.

Séraphine ! mon amie ! Son cœur s'est serré. Julie ! Flore ! Personne ne m'entend ; elles sont montées à la terrasse. Flore ! Julie !

(Jeannet entre.)

JEANNET.

Quoique je ne sois Flore ni Julie, je prends la liberté d'entrer. Donnez-moi une étrenne pour les bonnes nouvelles que je vous apporte.

PORCIE.

Que me demandes-tu ? Je n'en attends aucune.

JEANNET.

Elle n'en sera que meilleure ; je me hâte de vous la dire. Votre frère vit encore.

PORCIE.

Quoi ! Que dis-tu ?

JEANNET.

La vérité. Il est revenu sur les galères avec le prince des Ursins.

PORCIE.

Mais comment....

JEANNET.

Pour le comment, je ne le sais pas ; je ne demanderais pas mieux que de vous le conter. Aussitôt que j'ai appris cette nouvelle; que j'ai vu votre père l'embrasser, j'ai couru en toute hâte, espérant que vous me donneriez quelque récompense, tout au moins celle d'entendre un de mes contes.

PORCIE.

Je te remercie, et te récompenserai de ton zèle; mais, dans ce moment, l'évanouissement de mon amie me donne un vif chagrin, et m'en fait encore redouter de nouveaux.

JEANNET.

Que vois-je? Elle est évanouie! Je croyais que c'était le sommeil, et je ne me troublais pas; mais à présent je me trouble, et je cours avertir mon maître.

(Il sort.)

PORCIE.

Écoute, écoute.... Il s'en va, et je me retrouve seule : elle ne reprend pas ses sens. Il faut que j'aille moi-même appeler du secours.

(Elle sort, laissant Séraphine évanouie. — Don Alvar entre bientôt après.)

DON ALVAR.

Impatient d'embrasser ma sœur, je n'ai pu rester témoin de toutes les cérémonies qu'on fait avec le prince. Je suis accouru. D'ailleurs, ayant vu dans la foule don Pèdre, le père de mon amie, j'espère que je pourrai savoir de ses nouvelles. Mais, que vois-je? Séraphine elle-même chez moi! Séraphine seule et endormie! Ce n'est pas un grand bonheur pour un absent de retrouver sa maîtresse livrée au sommeil. Séraphine! mon cœur!

JOURNÉE I.

SÉRAPHINE, encore endormie.

Grâce! grâce! je t'en prie, au nom de Dieu! Ne me tue point, don Alvar; ne me tue point!

DON ALVAR.

Rassurez-vous.

SÉRAPHINE, se réveillant.

Que vois-je? Se peut-il? Les fantômes de mon imagination exaltée ont pris un corps, une voix, une âme!

DON ALVAR.

Mon bien, mon amour, mon épouse, regardez-moi sans terreur, je vis encore pour vous aimer!

SÉRAPHINE.

Je t'entends, ombre terrible! Tu viens me reprocher d'avoir manqué à ton amour, d'avoir trahi ma promesse. Mais je suis innocente; ici même, je racontais à ta sœur, comment jusqu'après ta mort je sus résister à mon père. Je me suis remariée, mais j'étais veuve de toi.

DON ALVAR.

Que dites-vous? Sans doute la surprise doit avoir égaré votre raison. Certes il ne serait pas possible que vous fussiez mariée et que je vécusse encore. Revenez, revenez à vous, mon amie; oubliez ces fâcheuses illusions. Je suis vivant; j'essuyai, il est vrai, la tempête qu'on vous a annoncée; le vaisseau coula, mais je fus assez heureux pour me soutenir sur un des débris, jusqu'à ce que, vu des galères, elles s'approchèrent pour me secourir. Si je n'ai point écrit, c'est que nulle occasion ne s'est offerte à moi [2]. Recevez les embrassemens de votre ami.

Tom. I. *Caldéron.*

SÉRAPHINE, se levant.

Je le reconnais à présent; je le vois, Alvar, vous êtes vivant. Mais je suis si infortunée, que cette félicité même n'en est plus une pour moi; que vous viviez ou non, vous n'en êtes pas moins perdu pour Séraphine.

DON ALVAR.

Ainsi....

SÉRAPHINE.

Quelle peine!

DON ALVAR.

...Il est vrai....

SÉRAPHINE.

Quelle douleur!

DON ALVAR.

...Que vous....

SÉRAPHINE.

Quel tourment!

DON ALVAR.

...Vous, Séraphine!...

SÉRAPHINE.

Quel supplice!

DON ALVAR.

...Vous êtes....

SÉRAPHINE.

J'expire!

DON ALVAR.

...Mariée!

SÉRAPHINE.

Hélas! Puis-je dire que oui, puisque vous vivez encore, et dire que non, si ce n'est que trop vrai?

DON ALVAR.

Se peut-il? ingrate, comment...

(Porcie entre avec Flore et Julie.)

PORCIE.

Venez toutes deux. Mais, que vois-je?

FLORE.

Ma maîtresse est remise.

JULIE.

C'est vous, mon maître?

PORCIE.

J'oublie toutes mes peines. Alvar, embrasse-moi.

DON ALVAR.

Ah! Porcie, si cette joie vient de ce que tu me revois vivant, tu te trompes. Il n'est plus d'existence pour moi. Dis-moi, Porcie; dites-moi, Flore, Julie, est-il vrai que Séraphine soit mariée?

(Don Juan et don Pèdre entrent avec Jeannet.)

DON JUAN.

Que t'est-il arrivé, mon bien, mon amour, mon épouse?

DON ALVAR.

Je ne demande plus rien.

DON PÈDRE.

C'est Jeannet qui nous a annoncé ton mal.

SÉRAPHINE.

J'avais éprouvé un serrement de cœur [3].

DON JUAN.

Et comment te trouves-tu à présent, ma chère amie?

SÉRAPHINE.

Quoique je sente que je suis près de céder à la peine que je ressens, je ferai de tels efforts, que ma douleur ne te causera pas d'autres soucis.

JEANNET.

A présent mon conte arrive à propos. A quatre ou cinq petits enfans...

DON JUAN.

Tais-toi, imbécile.

DON PÈDRE.

Va-t'en, importun.

JEANNET.

Allons! il y a des contes malheureux.

PORCIE, à Séraphine.

Retire-toi dans ton appartement.

DON PÈDRE.

Viens, tu te remettras de ton trouble.

DON JUAN.

Viens, ma chère, mon cœur, ma vie.

DON ALVAR, à part.

Et je le vois, et je l'entends!

SÉRAPHINE.

Oh! que ces pas ne sont-ils les derniers que je ferai!

(Elle sort avec don Juan et don Pèdre.)

JOURNÉE I.

PORCIE, à Alvar.

Tu vois que je ne puis me dispenser de l'accompagner. Attends-moi, Alvar, je reviens à l'instant.

(Elle sort.)

JEANNET.

Je ne veux pas cependant mourir d'un conte rentré. Il faut que quelqu'un m'écoute, fût-il sourd.

DON ALVAR, à part.

Qu'ai-je vu, ô ciel! Séraphine est mariée; elle est dans les bras d'un autre, et je ne perds pas la vie!

(Le prince des Ursins entre, conduit par don Louis, Célio, suite.)

LE PRINCE.

Chaque fois que je viens chez vous, je vous ai de nouvelles obligations.

DON LOUIS.

C'est vous, seigneur, qui acquérez chaque fois, par l'honneur que vous me faites, de nouveaux droits à ma reconnaissance; et le dernier service que vous m'avez rendu en me ramenant don Alvar, ma vie ne suffira pas pour m'en acquitter envers vous.

LE PRINCE.

Ce fut un événement remarquable. Son vaisseau, comme je vous l'ai déjà dit, fit naufrage à vue de terre, et les galères recueillant en passant les débris qui couvraient la mer, sauvèrent don Alvar. J'étais alors à Barcelone, attendant mon retour dans ce royaume; et le voyant arriver dans cet état, je fis ensorte de le bien recevoir et le traitai comme je devais traiter un camarade.

DON ALVAR.

Il sera toujours un de vos plus zélés serviteurs.

DON LOUIS.

As-tu vu ta sœur ?

DON ALVAR.

Oui, mon père.

DON LOUIS.

Que je suis heureux !

LE PRINCE.

Cette journée est fortunée pour elle.

DON ALVAR.

Moins que vous ne le croiriez, parce qu'un mal subit qui a attaqué ici une de ses amies l'a, je crois, beaucoup alarmée.

DON LOUIS.

Un mal subit ? Je vous prie, seigneur, de vouloir me permettre d'aller m'en informer.

(Il sort.)

DON ALVAR.

Souffrez aussi, mon prince, que j'aille trouver un de mes grands amis. (*En sortant.*) Hélas ! c'est mon plus grand ennemi, je ne cherche que moi-même.

LE PRINCE.

Je crois, Célio, que toute notre politesse sera de la peine perdue.

CÉLIO.

Pourquoi donc ?

LE PRINCE.

Si je ne vois Porcie, de quoi m'aura servi mon empressement ?

CÉLIO.

Son père vous a prévenu qu'elle avait d'autres hôtes ; vous ne pouvez vous fâcher de son absence, ni l'attribuer à son indifférence.

LE PRINCE.

Les momens sont des siècles pour moi.

CÉLIO.

Vous êtes de singulières gens, vous autres amans.

LE PRINCE.

Tu n'as jamais eu d'amour, Célio?

CÉLIO.

A ce jeu-là, je ne suis que de la galerie : je ne connais d'autre amour que celui qu'on me donne pour mon argent. J'aime qui m'aime, et j'oublie qui m'oublie.

LE PRINCE.

Je ne suis pas alors étonné de tes reproches : celui qui aime ne peut pas s'entendre avec celui qui n'aime pas.

CÉLIO.

Pourquoi donc, monseigneur?

LE PRINCE.

Qu'on regarde de loin danser les hommes les plus lestes et les plus dispos; si le doux son de la musique ne frappe les oreilles, on prendra les danseurs pour des fous, et ce ne sera pas sans motif, car des mouvemens sans mesure sont des extravagances; mais qu'on s'approche assez pour entendre l'harmonie, et l'on admirera leur talent : c'est ainsi que celui qui ne connaît pas les doux caprices de l'amour peut juger fou l'amant dont le cœur obéit à ses lois bizarres, tandis que, s'il entendait l'accent d'une tendre passion, il ne verrait rien dans l'homme épris qui ne fût d'accord avec cette harmonie céleste. Approche de la musique d'amour, et tu reconnaîtras dans celui que tu crois insensé plus de jugement et de suite que tu ne le penses.

CÉLIO.

Je pourrais bien vous répondre que de près ou de loin, avec ou sans mesure, la danse est toujours une folie; mais ce n'est point le moment, je vois Porcie s'approcher.

(Porcie entre.)

PORCIE.

Mon frère était resté ici.

LE PRINCE.

Il est sorti, belle Porcie; mais si vous me voulez faire croire que je ne vous dois point de reconnaissance de ce que vous avez la bonté de vous montrer à moi, je vous avertis que je ne reçois pas cette preuve de dédain.

PORCIE.

Vous vous trompez. Si j'étais assez heureuse pour avoir quelques droits sur vous, ce serait pour vous faire des plaintes et non pour vous dédaigner que je voudrais en profiter.

LE PRINCE.

Vous, former des plaintes contre moi!

PORCIE.

Moi-même.

LE PRINCE.

Quel motif pourriez-vous avoir? vous savez quelle

JOURNÉE I.

a été constamment ma tendresse depuis l'heureux jour où j'ai commencé à vous aimer.

PORCIE.

Oui, mais dans cette longue absence vous n'avez pas toujours conservé le respect que vous deviez à ma constante foi.

LE PRINCE.

S'il n'entrait quelqu'un, il me serait aisé de me disculper.

PORCIE.

Avouez, prince, que vous êtes enchanté de cette interruption.

(Séraphine entre.)

SÉRAPHINE.

Je ne puis me reposer. Ah! mon amie, je viens près de toi; je ne crains plus la mort. Mais que vois-je, ô ciel!

PORCIE.

Le prince des Ursins.

SÉRAPHINE.

Que votre excellence daigne excuser mon inattention; j'étais si agitée en entrant que je ne l'avais pas aperçue.

LE PRINCE.

Je vous remercie de votre embarras, madame; il pourra vous engager à excuser celui que j'éprouve.

SÉRAPHINE.

Deux personnes aussi troublées que nous le sommes n'ont pas, sans doute, grand'chose à se dire. Prince, que Dieu conserve votre vie.

(Elle sort.)

LE PRINCE.

Je n'ai jamais vu à la cour une plus belle femme.

PORCIE.

Je suis forcée d'aller lui tenir compagnie. Vous verrai-je ce soir ?

LE PRINCE.

Oui. (*Porcie sort.*) Y a-t-il jamais eu dans la vie, Célio, une conversation si brusquement interrompue?

CÉLIO.

Si elle se possède ainsi lorsqu'elle est troublée, que sera-ce de sang-froid ?

LE PRINCE.

Qui donc est cette dame ?

CÉLIO.

Comment voulez-vous que je le sache? Je viens d'arriver avec vous.

LE PRINCE.

Alvar nous le dira ; il vient tout à propos.

CÉLIO.

Quel intérêt y mettez-vous ?

LE PRINCE.

Aucun; je veux seulement savoir le nom d'une aussi belle personne.

(Alvar entre.)

DON ALVAR, sans voir le prince.

La douleur ne peut prendre de repos. Je sors à peine d'ici que j'y reviens.

LE PRINCE.

Don Alvar ?

DON ALVAR.

Mon prince.

LE PRINCE.

Quelle est cette amie que la belle Porcie a reçue, cette charmante femme auprès de qui le soleil ne paraîtrait qu'une étoile?

DON ALVAR, à part.

Il me manquait encore ce supplice. (*Haut.*) C'est Séraphine, la fille de ce noble vieillard qui vous a été présenté, du gouverneur de Saint-Elme.

LE PRINCE.

Elle a une figure céleste.

DON ALVAR.

Vous ne l'aviez jamais vue?

LE PRINCE.

Jamais jusqu'à présent.

DON ALVAR.

Eh bien, moi, je l'avais vue.

LE PRINCE.

Dans le peu de mots qu'elle a dits, il m'a paru qu'elle était aimable.

DON ALVAR.

Elle a l'esprit le plus brillant. (*A part.*) Quelle étrange situation!

LE PRINCE.

Quel motif l'a conduite ici?

DON ALVAR.

Elle va en Espagne.

LE PRINCE.

Et pourquoi?

DON ALVAR, à part.

Encore des questions? (*Haut.*) Elle y est mariée.

LE PRINCE.

Et à qui?

DON ALVAR.

A un de ses parens.

LE PRINCE.

Et quel est ce parent, assez heureux pour avoir obtenu sa main?

DON ALVAR.

Don Juan Roca, ce cavalier qui a été vous saluer avec mon père.

LE PRINCE.

Ne l'ayant point connu jusqu'à présent, je n'y ai pas fait attention, et je ne sais même si je le reconnaîtrais.

(Don Louis entre.)

DON LOUIS.

Si mon amitié, seigneur, a pu me donner quelques titres auprès de vous, j'ai à vous adresser une prière.

LE PRINCE.

Je n'attendrai pour vous obéir que le temps que vous mettrez vous-même à m'expliquer ce que vous désirez.

DON LOUIS.

Le patron des galères dit qu'il n'a touché à ce port que pour vous y débarquer, et qu'il a ordre de repartir sur-le-champ.

LE PRINCE.

Cela est vrai. Telles sont ses instructions.

DON LOUIS.

Vous savez que j'ai ici un hôte. Je voudrais lui faire quelques politesses, au moins pendant deux jours. Comme il doit partir avec les galères, s'il était possible de les retarder....

LE PRINCE.

J'ai donné à don Garcie de Tolède ma parole d'honneur de ne point différer leur départ. J'en suis désolé pour vous. (*A part.*)... et pour moi, qui vois partir avec elles mon doux trésor.... Folles idées! Irai-je adorer une beauté que j'avais déjà perdue avant que je l'eusse rencontrée?

(*Il sort avec Célio.*)

DON LOUIS.

Puisque cela ne peut être, ils feront bien de se hâter, et de préparer leur départ.

DON ALVAR.

Quoique le prince ait refusé d'avoir une complaisance pour vous, oserai-je, mon père, vous en demander une pour moi?

DON LOUIS.

Que désires-tu.

DON ALVAR.

Vous m'envoyâtes en Espagne; et, dans le péril que je courus, je perdis tout l'argent que vous m'aviez confié. Me trouvant à Barcelone, pauvre, dépouillé, j'ai été forcé de revenir, car on ne peut aller solliciter à la cour sans argent et sans habits.

Je viens vous prier de m'y renvoyer aujourd'hui, puisqu'il y a des embarcations qui partent.

DON LOUIS.

Je ne veux pas que tu t'exposes une seconde fois au danger auquel tu as échappé.

DON ALVAR.

C'est pour ce danger même que je vous demande d'y retourner; je ne veux pas que l'on croie que le courage que j'ai hérité de vous ait pu céder à la fortune.

DON LOUIS.

J'estime tes sentimens; mais tu n'iras pas...

DON ALVAR, à part.

C'en est fait de moi.

DON LOUIS.

Au moins en ce moment.

(Il sort.)

DON ALVAR.

Dans quelle confusion me trouvé-je? Est-il bien possible que Séraphine, cette divinité à laquelle mon âme rendait l'hommage le plus pur, ait souillé ses autels par la trahison? Est-il possible qu'elle soit mariée? Quelle folie au malheureux de se demander comme à un étranger ses propres infortunes! Ma mort est certaine comme l'est son changement. Résignons-nous à le croire. Que me servirait de chercher un soulagement dans l'incertitude? Le pire est toujours le plus sûr; et l'on a tort d'éloigner la plainte lorsqu'on n'est flatté que par le doute. Et pour qu'il ne me reste aucune apparence de consolation, le temps me presse au point que je n'ai pas même celui de me plaindre ! Malheur étrange !... Elle vient avec ma sœur. Qui penserait qu'au moment où je désire avec plus d'ardeur l'occasion de lui parler, ma bouche reste muette ? Avant qu'elle n'arrivât, que de choses j'avais à lui dire ! et maintenant je ne trouve plus de paroles pour m'exprimer.

(Séraphine et Porcie entrent.)

PORCIE.

Il te faut donc partir si vite ?

SÉRAPHINE.

Quand le bonheur a-t-il duré plus d'un instant ? quand le plaisir s'arrête-t-il ?

DON ALVAR.

Jamais. Et devant moi, pourquoi le demander à Porcie ? Qui, mieux que moi, traîtresse, ingrate, parjure, pourra vous dire combien sont courts les instans du bonheur ?

SÉRAPHINE.

Seigneur don Alvar, puisque vous avez éclairci le doute dans lequel vous étiez, je vous en supplie, ne me poursuivez pas. C'est une injustice barbare de condamner à entendre des plaintes, celle qui ne peut se disculper.

DON ALVAR.

Pourquoi ne voulez-vous pas vous justifier ?

SÉRAPHINE.

Je n'ai qu'une seule justification, et je vous l'ai plusieurs fois répétée.

DON ALVAR.

Redites-la encore : jamais, pour celui qui aime, on ne répète trop de tendres excuses. Une seule parole, en amour, peut tout changer : toujours la même pour celle qui la dit, elle semble varier de sens pour celui qui l'écoute. Recommencez, recommencez à me dire la raison qui a dirigé votre déraisonnable conduite.

SÉRAPHINE.

Je ne le puis. Vous dire que je me crus veuve lorsque je me suis mariée, était bien lorsque j'étais encore saisie du trouble où m'avait plongée votre vue : mais ce serait maintenant une faute inexcusable de vouloir m'excuser.

DON ALVAR.

Il vaudrait donc mieux pour mon amour que je fusse mort que de vivre encore.

SÉRAPHINE.

Je ne sais : mais, sûre de moi-même, je pourrais vous pleurer mort; vivant, je ne puis vous regretter sans crime. Ce qui alors était une juste douleur, serait aujourd'hui un sentiment condamnable, puisque mon âme, au lieu d'éprouver une tristesse vertueuse, se trouverait en proie à une satisfaction criminelle.

(Elle veut sortir.)

DON ALVAR, la retenant.

Que tu me pleures mort, que tu m'oublies vivant, il faut que tu m'entendes : en me laissant, à ton départ, l'injure que tu m'as faite, tu dois au moins, dans ton voyage, emporter mes plaintes avec toi.

JOURNÉE I.

SÉRAPHINE.

Je ne puis point vous entendre.

DON ALVAR.

Il faut que vous m'écoutiez.

SÉRAPHINE.

Porcie, ne m'aides-tu pas à me défendre d'un péril où tu vois que j'aventure mon honneur et ma vie?

DON ALVAR.

Éloigne ce danger, Porcie, en veillant à ce que personne ne vienne nous surprendre.

PORCIE.

Je vais le faire. Incertaine entre les deux, je ne veux aider ni l'un ni l'autre[4]; mais, dans cette hésitation, je sais ce que je dois à un frère. Repose-toi sur mes soins; plains-toi, soupire, pleure, puisque ce sont les seuls biens qui te restent.

(Elle sort.)

SÉRAPHINE.

Je suis forcée à vous entendre : écoutez-moi d'abord, don Alvar. Je vous aimai, tant que je m'imaginai que je pourrais vous appartenir : mon espérance fut détruite : je me suis mariée; je suis celle que je suis. A présent, vous pouvez vous plaindre.

DON ALVAR.

Qu'ai-je à dire? Vous pleurez!

SÉRAPHINE.

Vous vous trompez : mes larmes vous abusent.

DON ALVAR.

Croyez-vous donc ainsi pouvoir changer la tendresse en colère ? vous croyez-vous assez maîtresse de vous pour pouvoir, lorsque vous triomphez d'un esclave, pleurer ou ne pas pleurer ? les larmes obéissent-elles à la volonté ? De grâce, que je sache comment vous pouvez à la fois les verser et les retenir !

SÉRAPHINE.

Lorsque je me rappelle qui je fus, mon cœur se plaît à les épancher ; quand je pense qui je suis, mon cœur même les refuse : ainsi, combattue entre deux affections opposées, la douleur les répand, et l'honneur les sèche pour que mon affliction ne puisse pas s'enorgueillir d'avoir triomphé de ma gloire.

DON ALVAR.

Enfin, vous êtes affligée.....

SÉRAPHINE.

Je ne puis le nier.

DON ALVAR.

...D'appartenir à un autre ?

SÉRAPHINE.

Il est vrai.

DON ALVAR.

Dès lors je pourrai.....

SÉRAPHINE.

Ne tirez point de conséquences.

DON ALVAR.

...Me fiant à votre douleur.....

JOURNÉE I.

SÉRAPHINE.

Que voulez-vous dire ?

DON ALVAR.

...Espérer.....

SÉRAPHINE.

C'est une folie.

DON ALVAR.

...Que quelque jour.....

SÉRAPHINE.

C'est impossible.

DON ALVAR,

...Mon malheur.....

SÉRAPHINE.

Est irréparable.

DON ALVAR.

...Puisse finir.....

SÉRAPHINE.

Je suis celle que je suis.

DON ALVAR.

Et que le bien que j'ai perdu.....

SÉRAPHINE.

Quelle injure pour moi !

DON ALVAR.

...Soit rendu à mes bras amoureux.

SÉRAPHINE.

Qu'osez-vous dire ?

DON ALVAR.

Ce que je pense; et, pour cela.....

SÉRAPHINE.

Quelle peine !

DON ALVAR.

...Je veux aller après vous.....

SÉRAPHINE.

Vous cherchez votre perte.

DON ALVAR.

... En Espagne....

SÉRAPHINE.

Vous voulez ma mort.

DON ALVAR.

A Barcelone.....

SÉRAPHINE.

Je serai à un autre.

DON ALVAR.

Tu seras à moi.

SÉRAPHINE.

A vous ! Que la foudre !.... (*On entend un coup de canon.*) O Dieu ! sauvez-moi !

DON ALVAR.

Je suis troublé moi-même. Le bruit du tonnerre est venu répondre à la foudre que tu invoquais.

(Porcie entre.)

PORCIE.

N'avez-vous pas entendu le canon de partance ? Ton père et ton mari viennent te chercher.

DON ALVAR.

Quel triste sort !

SÉRAPHINE.

Quel chagrin !

PORCIE.

Éloigne-toi, mon frère ; qu'on ne te voie pas avec nous.

DON ALVAR.

Adieu, Séraphine.

SÉRAPHINE.

Adieu, don Alvar.

DON ALVAR.

Songe bien.....

SÉRAPHINE.

Rappelez-vous.....

DON ALVAR.

...Que je t'adorerai toujours.

SÉRAPHINE.

...Que je ne t'aimerai jamais.

FIN DE LA PREMIÈRE JOURNÉE.

JOURNÉE DEUXIÈME.

SCÈNE PREMIÈRE.

Chambre de la maison de don Juan Roca, à Barcelone.

DON JUAN, SÉRAPHINE.

DON JUAN, peignant Séraphine.

Te fatigues-tu de poser?

SÉRAPHINE.

Tu as du plaisir à me peindre, et comment pourrais-je me fatiguer de ce qui te satisfait?

DON JUAN.

Je t'ai souvent priée de me permettre de faire de ma main un portrait de ta beauté, et lorsque ta complaisance m'a accordé cette faveur, sans perdre la reconnaissance que je te dois, je ne sais si je n'aurai pas des regrets de te l'avoir demandée.

SÉRAPHINE.

Pourquoi donc?

DON JUAN.

C'est que trop faible pour la tâche que je me suis imposée, je crains de ne pas en venir à mon honneur.

SÉRAPHINE.

Toi qui ne connais point d'égal, tu te défies de toi-même à ce point là !

DON JUAN.

Sans doute, nous ne sommes que les imitateurs de la nature, et (tourne-toi un peu plus de mon côté) lorsqu'elle a créé une beauté parfaite, de même que son pouvoir y trouve plus à faire, de même notre talent a plus de peine à la reproduire ; d'ailleurs un défaut frappe l'attention plus qu'un agrément, et comme il est plus aisé de le retracer, la peinture a plus de moyens de saisir la ressemblance pour la laideur que pour la beauté.

SÉRAPHINE.

Je crois bien, mon ami, que c'est vrai pour la perfection, mais ce n'est pas ma figure qui t'offrira ces obstacles-là.

DON JUAN.

Tel est l'excès de ta beauté, que l'excuse même que j'ai donnée ne suffit pas.

SÉRAPHINE.

Je suis prête à entendre tes raisons.

DON JUAN.

L'obligation de notre art est (regarde-moi et sans rire) de saisir les rapports de mesure, de proportion, de symétrie qu'ont les traits de la figure. Mes études ont eu pour objet de me familiariser avec ces rapports. Mais ta beauté est si grande, que lorsque je la compare avec l'idée que s'en forme mon imagination, celle-ci est encore en arrière, et si mes pinceaux peuvent à peine rendre ce qu'imagine mon esprit, juge de mon insuffisance (5). Je te dirai encore......

SÉRAPHINE.

Quelle autre raison as-tu?

DON JUAN.

Le feu, la lumière, le ciel, le soleil, ne peuvent se peindre, et je ne puis non plus peindre une beauté qui se compose de soleil, de ciel, de feu et de lumière. (*Il se lève en jetant ses pinceaux.*) Je m'avoue vaincu, et je t'en prie, si mon amour retombait dans la même erreur, n'y consens plus, pour que je ne sois pas une seconde fois exposé à la honte de ne pouvoir faire un portrait ressemblant.

(Jeannet entre.)

SÉRAPHINE.

Je te remercie des motifs que tu me donnes, et je te jure que, dût-il m'en coûter la vie, tu ne feras jamais mon portrait; je ne veux point te voir fâché.

DON JUAN.

Je ne te nierai point que j'ai eu de la douleur, que j'ai senti de l'humiliation en voyant que pour cela seul la peinture m'a refusé son secours, mais la faute en est à tes attraits.

JEANNET.

Voici un conte qui vient à propos. Un homme devint sourd en dormant; en s'éveillant le lendemain, il s'aperçut qu'il n'entendait personne et s'écriait : Qui diable vous oblige à parler de la sorte? On recommençait à causer sur le ton ordinaire, et il recommençait à dire : Pourquoi le monde parle-

JOURNÉE II, SCÈNE I.

t-il bas aujourd'hui? Il ne pouvait se persuader que le défaut fût en lui. Il en est de même de vous; vous ne voulez pas avouer que c'est à vous qu'est la faute, et vous faites le sourd à une beauté que tout le monde proclame à haute voix.

DON JUAN.

Laisse-là ces folies; tu viendras avec moi.

SPPAPHINE.

Où vas-tu, don Juan?

DON JUAN.

Je vais un moment me promener sur le môle; car, à te dire vrai, il faut que je me distraie du dépit ridicule qui me tourmente malgré moi.

SÉRAPHINE.

C'est donc une distraction agréable pour toi de ne pas me voir?

DON JUAN.

Mais oui; c'est la seule manière de varier mes plaisirs, parce qu'en m'éloignant de toi, j'ai ensuite plus de joie à te retrouver.

SÉRAPHINE.

Ne crois point donner le change à mon amour avec ces galanteries; je sais bien que les amusemens qui rendent Barcelone si célèbre dans le temps du carnaval, sont ce qui t'attire. Mille beautés masquées fixeront ton attention dans ces fêtes.

DON JUAN.

Toi, de la jalousie! rassure-toi, ma chère amie; il n'est personne dans le monde de qui tu puisses en avoir.

SÉRAPHINE.

Va ! je connais tes pensées mieux que toi-même.

DON JUAN.

Mieux que moi !

SÉRAPHINE.

Sans doute ; quelle est la femme qui ne connaît pas son mari plus qu'il ne se connaît lui-même ?

DON JUAN.

Comment cela peut-il être ?

JEANNET.

Je vais, moi, vous l'expliquer. Un curé avait dispute avec un de ses voisins, dont la femme écoutait leur débat. Le curé irrité se mit à dire : Voyez ce mauvais sujet qui commence comme Cor-neille, et qui fini comme Re-nard [6]. Aussitôt la femme de s'écrier : Je vous prends tous à témoin que le curé révèle ma confession. Et voilà comment les femmes savent des secrets de leurs maris que ceux-ci ne connaissent pas.

DON JUAN.

Oh ! que tu es ennuyeux !

JEANNET.

Quoique vous n'aimiez pas à l'entendre : à quatre ou cinq petits enfans...

DON JUAN.

Tais-toi.

JEANNET.

Le conte a du guignon.

JOURNÉE II, SCÈNE I.

DON JUAN.

Attends-moi, ma chère; adieu : je reviendrai bientôt.

(Il sort avec Jeannet.)

SÉRAPHINE.

Que le ciel te conduise! Comme ton pouvoir est faible, aveugle amour, que je redoutais tant? Comme tes flèches sont émoussées? Je puis bien le dire, moi qui, livrée à une douleur que je croyais insurmontable, l'ai vue de jour en jour décroître et diminuer au point qu'il n'est plus possible....

(Flore entre.)

FLORE, troublée.

Madame!..

SÉRAPHINE.

Qu'as-tu? qu'est-il arrivé?

FLORE.

J'ai vu à la porte...

SÉRAPHINE.

Quoi donc?

FLORE.

Un homme qui appelait. Il est habillé en matelot.

SÉRAPHINE.

Hé bien, que veut-il?

FLORE.

Je tremble à vous le dire. Il veut vous remettre...

SÉRAPHINE.

Achève.

FLORE.

Une lettre.

SÉRAPHINE.

De qui ?

FLORE.

De Porcie.

SÉRAPHINE.

Et cela t'a troublée ?

FLORE.

Aurais-je pu être tranquille ? Je vous dois la vérité. Le matelot est don Alvar.

SÉRAPHINE.

Tu l'as vu ?

FLORE.

Comme je vous vois.

SÉRAPHINE.

Tu n'as pas feint de le méconnaître ?

FLORE.

C'était impossible.

SÉRAPHINE.

Que t'a-t-il dit ?

FLORE.

De vous annoncer qu'il était là.

SÉRAPHINE.

Réponds-lui, comme venant de toi, que tu n'as point osé, de crainte d'encourir ma juste colère, t'acquitter de cette commission ; ajoute combien ce déguisement est indigne de lui ; et fais en sorte qu'il reparte sur-le-champ sans me voir, et sans se douter que j'aie connu sa témérité.

FLORE.

Je vais le faire.

(Don Alvar entre.)

DON ALVAR.

C'est inutile. J'ai pénétré jusqu'ici, parce que j'ai vu sortir don Juan. Et à quoi sert que Flore vienne me répéter ce que j'ai eu le malheur d'entendre ?

SÉRAPHINE.

Je dois croire, en vous voyant paraître, que vous ne m'avez pas entendue. Vous ignorez que j'avais dit à Flore qu'il fallait que vous repartissiez sans me voir. Si vous avez osé pénétrer jusqu'à moi, avez-vous l'audace de dire que vous êtes instruit de ma volonté ?

DON ALVAR.

Pardonnez : mais vous savez, mon adorable amie, qu'une faute conduit toujours à une autre faute. Je suis venu seulement pour vous voir, pour vous parler avec tous les égards que je dois à la beauté que j'aime, au respect que mérite la vertu, à la gloire nécessaire à votre bonheur : du moins, dans votre surprise, ne regardez pas une preuve d'amour comme une offense, et ne vous irritez pas de ce que je n'ai fait que pour vous.

SÉRAPHINE.

Ne croyez pas, seigneur don Alvar, que si je vous écoute, ma complaisance vous autorise à me parler ainsi. L'étonnement seul m'a empêchée de vous imposer silence. Veuillez, je vous en prie, mettre fin à cet entretien ; et si votre voyage à Barcelone est vraiment une preuve d'amour, rendez-la complète par une action digne de vous.

DON ALVAR.

Que m'ordonnez-vous?

SÉRAPHINE.

Repartez; repartez si vite, que je puisse vous croire persuadé que l'affection de mon époux, la paix dont jouit mon cœur, ce que je dois au sang qui m'a fait naître; le dirai-je? l'habitude, l'attachement et les tendres soins de mon mari, m'ont changée à tel point, qu'il est plus facile aux vents déchaînés de mouvoir le tronc robuste du chêne antique, aux vagues de la mer en fureur d'ébranler le rocher de son rivage, qu'il ne le serait à vos pleurs, fussent-ils une mer, à vos soupirs, fussent-ils le souffle de l'ouragan, de changer mes résolutions.

DON ALVAR.

Que m'importe que vous vous vantiez à présent d'être le chêne robuste ou le dur rocher, si je vous ai vue auparavant la fleur aimante qui suivait les rayons de l'amour; le temple sacré où la tendresse était adorée, et recevait mon cœur en sacrifice? Croyez-vous que vous puissiez me décourager, moi qui me souviens de ce que vous étiez naguère?

SÉRAPHINE.

Je ne puis le nier. Mais apprenez que, grâce au temps, cette humble fleur a jeté dans mon sein de profondes racines qui lui ont donné une force indomptable; que le temps a aussi détruit ce temple de la tendresse. Ne parlez plus d'un passé tellement loin de ma mémoire, que je me souviens à peine de l'avoir oublié. Mes sentimens ont été, ils sont, et ils seront toujours tels, que les siècles ne pourront les altérer.

DON ALVAR.

Les siècles ! Et chaque instant voit encore changer mes folies ! Comment osez-vous alléguer une rigueur si nouvelle ? Hier encore vous m'aimiez ; ne parlez donc plus du temps ; il n'a été, il n'est, il ne sera jamais possible que dans un instant vous ayez changé à ce point. Non, belle Séraphine, je ne puis le croire ; et, si vous ne voulez m'abuser, vous vous abusez vous-même [7].

SÉRAPHINE.

Si je me trompe, don Alvar, vous devez partager mon erreur. Devez-vous douter de ce que je vous affirme ? Et c'est votre honneur lui-même que je sollicite aujourd'hui en ma faveur. Vous connaissez ma force et ma vertu : personne n'a su mieux que vous combien ma conduite était pure, mes desseins nobles, mes actions décentes. Examinez-vous pour vous rendre témoignage de moi ; et si vous ne pouvez vous vaincre, ce sera une preuve qu'oubliant vous-même ce que vous êtes, vous ne vous rappelez pas non plus qui je suis.

DON ALVAR.

Je ne me le rappelle que trop.

DON JUAN, en dehors.

Comment la maison n'est-elle pas encore éclairée ?

FLORE.

C'est mon maître.

SÉRAPHINE.

Je me meurs !

DON ALVAR.

Je suis perdu.

FLORE.

Que dans des occasions comme celle-là il ne manque jamais un frère, un père ou un mari [8]!

DON ALVAR.

Que dois-je faire?

SÉRAPHINE.

Je l'ignore.

FLORE.

Moi je le sais.

DON ALVAR.

Qu'est-ce?

FLORE.

Attendre caché dans ce bureau qu'il soit entré dans son appartement.

DON ALVAR.

Je m'y soumets, moins pour éviter les dangers qui me menacent que pour ne pas vous exposer.

SÉRAPHINE, à part.

Qu'un tel malheur ait pu m'arriver sans qu'il y ait de ma faute! Juste ciel!

DON JUAN.

Comment n'y a-t-il point ici de lumières?

SÉRAPHINE.

C'est le peu de soin des domestiques.

FLORE, apporte des lumières.

Les voilà.

JOURNÉE II, SCÈNE I.

SÉRAPHINE.

Je te suis bien obligée (mon cœur, soutiens-toi), d'être revenu si vite.

DON JUAN.

Des parens et des amis m'ont engagé à rentrer. Ils m'ont dit qu'il fallait que je vinsse tout de suite....

SÉRAPHINE, à part.

Ah ! Dieu !

DON JUAN.

Pour te prévenir d'une fête qu'on a préparée.

SÉRAPHINE, à part.

Je respire.

DON ALVAR, à part.

Je tremblais.

DON JUAN.

Ils ont fait la partie d'aller demain se mêler aux danses du Clos, avec leurs familles masquées; c'est une liberté permise ici. Tout ce qu'il y a de mieux dans la ville aime à jouir du plaisir des mascarades, des danses et des autres divertissemens, et comme c'est le premier carnaval que tu passes dans cette ville, mes amis ont voulu te faire une galanterie. Je crois même qu'au retour, un repas sera préparé à la maison de campagne de don Diègue de Cardone, le séjour le plus agréable de cette contrée par sa position aux bords de la mer. Ainsi, je te prie, de leur part et de la mienne, de te joindre à cette mascarade; tu auras d'ici à demain l'habit qu'il te plaira de choisir.

SÉRAPHINE.

Ai-je d'autre règle de choix que ton goût ? Ta volonté est la loi de la mienne; et, afin que tu voies avec quel plaisir je fais ce que tu désires, viens dans mon appartement : puisque tu me fais ce cadeau, je veux que tu choisisses entre des échantillons d'étoffes que j'avais fait porter pour un autre usage, ou du moins que tu me conseilles dans mon choix.

DON JUAN.

Que ne puis-je avoir des diamans, je ne dis pas pour t'habiller, mais pour couvrir la terre où tes pas doivent se poser!

SÉRAPHINE.

Si je ne suis pas digne, par mon mérite, de toutes ces attentions, mon cœur du moins saura les reconnaître. Viens.

(Elle prend un des flambeaux.)

DON JUAN.

Que fais-tu?

SÉRAPHINE.

Mon devoir : je te sers.

DON JUAN.

Flore, prends cette lumière.

SÉRAPHINE.

Laisse-la; elle ne doit faire que ce que je lui ordonne : elle est à mes ordres (*elle fait des signes à Flore*), et apprend de moi comment il faut te servir.

(Elle sort avec son mari.)

FLORE.

Seigneur don Alvar, le chemin est libre; suivez-moi.

(Elle prend la lumière.)

DON ALVAR.

Je le ferai, encore rempli de crainte.....

FLORE.

De quoi?

DON ALVAR.

D'avoir vu combien un mari est puissant dans sa maison.

FLORE.

Allons; mais non, arrêtez.

DON ALVAR.

Qu'arrive-t-il?

FLORE.

Jeannet vient.

DON ALVAR.

Éteins la lumière en faisant un peu de bruit; je sortirai sans qu'il me voie.

(Flore se laisse tomber, la lumière s'éteint, Jeannet entre.)

FLORE.

Aussitôt dit, aussitôt fait. (*Elle crie.*) Ah, mon Dieu!

JEANNET.

Que t'arrive-t-il, Flore?

FLORE.

Jeannet, je suis tombée.....

JEANNET.

Est-ce en tentation, ou autrement?

FLORE.

Que sais-je, moi? Prends cette bougie, et va vite la rallumer.

JEANNET, *en la prenant, rencontre don Alvar.*

Jésus!

FLORE.

Qu'est-ce donc?

JEANNET.

Il faut que tu aies eu une fière peur : il t'est poussé de la barbe.

DON ALVAR, à part.

Comment le maraud m'a-t-il rencontré? Mais, heureusement, j'ai trouvé la porte.

(Il sort.)

FLORE.

As-tu perdu l'esprit?

JEANNET.

Je te dis la vérité. Il y a quelqu'un ici. Seigneur!

(Don Juan entre.)

DON JUAN.

Que signifient ces cris et tout ce bruit?

FLORE.

Ce n'est rien.

JEANNET.

Comment ce n'est rien? Précisément, c'est beaucoup.

FLORE.

En allant fermer cette porte, j'ai bronché; et puis voilà tout.

JEANNET.

Il y a encore autre chose; car, moi aussi.....

DON JUAN.

Parle, parle.

JEANNET.

J'ai bronché sur un homme qui sans doute, Flore, sortait de ta chambre.

DON JUAN.

Que dis-tu ? O ciel ! un homme ici !

JEANNET.

Et barbu, encore.

FLORE.

C'est moi, seigneur, qu'il a rencontrée.

JEANNET.

Ce n'est point elle, seigneur : elle en a menti par sa barbe.

DON JUAN.

Es-tu fou ? (*A part.*) Mais, moi, ne le suis-je pas ? Séraphine m'emmène de cette salle, où elle laisse Flore à dessein.... Malheureux que je suis ! je mens à mon honneur, si je le dis; je mens peut-être, si je le tais. (*Haut à Jeannet.*) Va, va, prends cette lumière ; tu t'es trompé, sans doute : mais je veux examiner la maison ; viens. (*A part.*) Voyons tout à la fois quel a pu être le danger.

(Il sort.)

JEANNET.

Vous pourrez ne pas le trouver ; mais ce qui est dit est dit.

(Il sort. — Séraphine entre.)

SÉRAPHINE.

Flore, que s'est-il passé ?

FLORE.

A peine aurai-je la force de vous le conter. Don

Alvar allait se retirer. Jeannet s'est présenté au même instant : j'ai éteint la lumière ; ils se sont rencontrés. Don Juan est venu, et il a été examiner la maison.

SÉRAPHINE.

Sais-tu s'il aura pu sortir ?

(Don Juan rentre.)

DON JUAN.

J'ai tout visité : il n'y a personne. Séraphine, viens avec moi dans mon appartement ; tu choisiras les bijoux dont tu voudras te parer pour la fête.

SÉRAPHINE.

Je n'ai d'autre goût que le tien. (*A part.*) Dieu m'assiste ! que de craintes j'ai eues en un seul instant !

DON JUAN, à part.

Dieu m'assiste ! que de choses me donnent à penser.....

FLORE, à Jeannet.

A toi est la faute.

JEANNET.

Friponne, ce qui est dit est dit.

(Ils sortent.)

SCÈNE II.

Une rue devant la maison de don Louis, à Naples.

LE PRINCE DES URSINS, CÉLIO.

CÉLIO.

Quelle étrange mélancolie !

LE PRINCE.

Ah ! Célio, l'extravagance de mes pensées est telle, que je n'ai d'autre bien que le mal que j'endure.

CÉLIO.

Je croyais, dernièrement, que vos chagrins venaient de l'absence de Porcie ; mais, depuis que son père a quitté son gouvernement et est venu s'établir à Naples, quelqu'autre sujet de peine doit vous affliger : car, grâces à votre bonheur et au signal dont vous êtes convenus, vous la voyez toutes les nuits à la grille de cette croisée ; et, cependant, votre esprit n'est pas plus tranquille, non pas même depuis que l'absence de don Alvar vous a encore délivré de cet obstacle.

LE PRINCE.

Que m'importe, Célio, de voir la belle Porcie ? elle n'est point la cause de ma peine, et mes galanteries n'ont pour objet que de donner le change à mon cœur pendant quelques momens.

CÉLIO.

Mais, quelle raison avez-vous pour que ce goût ne soit plus ni amour ni oubli ?

LE PRINCE.

Je le dirais, si je ne craignais d'être taxé de folie.

CÉLIO.

Je sais à quoi m'en tenir là-dessus : vous pouvez m'expliquer le motif de votre affliction.

LE PRINCE.

Ne te rappelles-tu pas d'avoir vu une belle personne, hôtesse de Porcie, que j'aperçus le jour de mon arrivée d'Espagne, et qui, dans un instant, remplit mon cœur de feux?

CÉLIO.

Je m'en souviens parfaitement, et si bien que ce fut ce jour-là même qu'elle partit; et il serait nouveau que votre ardeur commençât par l'absence, lorsque c'est l'absence qui met fin aux ardeurs des autres.

LE PRINCE.

Non : encore qu'au moment où le soleil se lève, souvent des nuages nous dérobent ses rayons : nous ne dirons pas pour cela que le jour n'a pas paru. Après que l'éclair et le bruit du tonnerre nous ont effrayés, il arrive parfois que la foudre s'égare dans les airs : et nous ne contesterons pas pourtant son existence. Une fontaine naît au bord de la mer, et de son berceau à l'abîme qui l'engloutit, il n'y a qu'un pas : nous ne nions pas cependant que ses ondes ne fussent les rivales du cristal. Lors même que la flamme brillante expirerait frappée d'un souffle ennemi au moment où elle s'allume, elle n'en aurait pas moins ébloui un instant nos yeux : et si lorsque la fleur est dans son premier éclat, une cruelle gelée la fait pencher, flétrie sur sa tige déshonorée, on regrette en elle l'ornement de la campagne. Ainsi, quoique mon amour ait trouvé dès sa naissance le nuage, la mer, le souffle, la gelée, le vent, il n'en est pas moins soleil, foudre, fontaine, flamme et fleur.

CÉLIO.

Je pourrais bien vous répondre si je n'entendais déjà l'instrument harmonieux qui vous annonce l'arrivée de Porcie.

LE PRINCE.

Écoutons. Sa chanson doit m'instruire si je dois m'éloigner ou venir à la grille : si elle parle d'amour c'est le signal pour que je m'approche ; si elle chante la jalousie, je dois m'éloigner.

PORCIE, chantant en dedans.

Amour! peine sans seconde!
Tes traits déchirent mon cœur ;
Tu fais le bonheur du monde,
Pourquoi fais-tu mon malheur?

LE PRINCE.

J'écoutais avec attention, belle Porcie, pour savoir si vous m'appeliez avec l'amour, ou si vous me chassiez avec la jalousie.

PORCIE, au balcon.

C'est un signe dont nous sommes convenus; mais c'est ce qui arrive tous les jours : partout c'est l'amour qui attire et la jalousie qui repousse.

LE PRINCE.

Il n'en est pas constamment ainsi : je connais

plus d'une femme qui, tout au contraire, invite avec la jalousie; et plus d'une éloigne avec l'amour.

PORCIE.

Bien sots sont leur amans, qui estiment le dédain et méprisent les faveurs.

LE PRINCE.

Je ne dis pas qu'ils aient raison, mais qu'il arrive quelquefois que les plus rebelles sont les plus aimées.

PORCIE.

J'aurais bien des choses à vous dire là-dessus, si cette nuit comme les autres nous avions le temps de causer.

LE PRINCE.

Qui vous en empêche?

PORCIE.

Mon père n'est pas encor retiré chez lui; l'ennui que lui cause le départ de mon frère, et des dépêches à terminer l'ont engagé à veiller plus tard qu'à l'ordinaire. Aussi ce que j'ai à vous dire, il faut que je le chante en m'accompagnant de cet instrument, pour que mon père, entendant la musique, ne s'informe pas de moi, et aussi pour que le bruit de la guitare puisse lui faire prendre le change sur le sens de ce que je vous dirai.

LE PRINCE.

Ce ne sera pas la première fois que l'amour a parlé ainsi. C'est au besoin d'exprimer la tendresse que la musique a dû sa naissance.

PORCIE.

Écoutez-moi donc, car j'ai mille choses à vous apprendre, et, quelque importantes quelles soient, il faut que je prenne ce moyen.

(Elle chante.)

Vous savez bien que mon père,
Libre de soins désormais,
Dans son château solitaire
Veut finir ses jours en paix.

Il n'avait pu satisfaire
Ce désir jusqu'à ce jour :
Les intérêts de mon frère
Le retenaient à la cour.

Alvar a fui sans rien dire :
Nous igorons son destin ;
Et pour Belflor, quel martyre !
Nous devons partir demain.

Je gémirai dans l'attente.
Je crains de ne plus vous voir ;
Je me désole et je chante
Quand je suis au désespoir.

LE PRINCE.

Il fallait bien, aimable Porcie, voiler de la douce harmonie de votre voix une aussi fâcheuse nouvelle. Ainsi l'on déguise par des saveurs agréables l'amertume d'un remède ; mais il y a quelque trahison à vouloir à la fois charmer par des sons enchanteurs et affliger par un arrêt cruel.

PORCIE chante.

Ah ! qui plus que moi désire...

(Julie paraît au balcon.)

JULIE.

Votre père est descendu dans le jardin. Je l'entends.

PORCIE.

Tu remplis ton devoir envers lui et envers moi.

(Elle chante.)

Ah! cruelle jalousie,
Pourquoi par de noirs soupçons
A l'amour, bien de ma vie,
Mêler tes affreux poisons?

LE PRINCE.

Elle parle de jalousie ; je dois m'éloigner.

(Il s'éloigne. — Don Louis paraît au balcon.)

DON LOUIS.

Tu as toujours la même passion pour la musique.

PORCIE.

Qui est-ce?

DON LOUIS.

C'est moi, ma Porcie. Ta voix m'a tellement charmé, que laissant là les écritures qui m'occupaient, je suis venu dans le jardin jouir du plaisir de t'entendre : il me semble qu'il suspend le chagrin que me cause l'absence de ton frère.

PORCIE.

Je profite ici de la fraîcheur de l'air, tout en me distrayant par mes chants.

DON LOUIS.

Tu fais bien ; et tandis que je me promène, je t'en prie, continue à chanter.

PORCIE.

Bien volontiers; je suis ravie de pouvoir vous plaire en cela. (*Don Louis sort.*) Il s'éloigne, je puis revenir à ma première chanson.

(Elle chante.)

Amour! peine sans seconde!
Tes traits déchirent mon cœur.
Tu fais le bonheur du monde,
Pourquoi fais-tu mon malheur?

CÉLIO.

Elle vous engage à revenir; elle a chanté l'amour.

LE PRINCE.

Puis-je vous parler?

PORCIE.

Oui, quoique mon père soit au jardin, vous pourrez entendre ce que j'ai à vous dire.

(Elle chante.)

Le vieux château de mon père
Est dans le fond des forêts;
Vous ne voudrez pas j'espère
M'y laisser à mes regrets.

Si l'absence ne m'efface
De votre doux souvenir,
Feignant d'aller à la chasse,
Ne manquez pas d'y venir.

Mon amoureuse industrie
Trouvera quelque moyen...

DON LOUIS, en dedans,

Porcie?

PORCIE.

Seigneur.

DON LOUIS.

Il est temps de te retirer.

PORCIE, au prince.

Je suis forcée de m'en aller?

LE PRINCE.

J'irai; j'irai, mon amie.

PORCIE.

Adieu; et puisqu'il ne me reste qu'un moment, écoutez encore.

(Elle chante.)

Ton absence imprévue
Est la nuit de l'amour.
Oh! quand pourra ta vue
Rendre à mes yeux le jour!

LE PRINCE, à part.

Ce n'est plus ni jalousie ni amour; et la chanson de l'absence convient à tous les deux. Mais Porcie pense à moi, et moi à Séraphine; répétons donc ensemble.

PORCIE chante et LE PRINCE répète.

Ton absence imprévue
Est la nuit de l'amour.
Oh! quand pourra ta vue
Rendre à mes yeux le jour?

(Ils sortent tous.)

SCÈNE III.

La place du Clos, à Barcelone.

DON ALVAR, FABIO masqués.

DON ALVAR.

C'est ici la porte du palais, que les Catalans nomment place du Clos. C'est ici où se réunissent les masques, où les musiciens ont établi leurs orchestres. C'est ici où j'attendrai ma belle, qui, accompagnée de Flore, est sortie sous le masque de chez elle. Je n'ai pu la suivre, parce que j'ai dû aussi me déguiser pour n'être pas reconnu.

FABIO.

Vous pourrez lui parler facilement. C'est une faveur qu'on ne refuse à aucun masque, tant que sa figure est couverte et qu'il ne se fait pas reconnaître.

DON ALVAR.

C'est un singulier usage, que celui de ces jours de carnaval. Les femmes, même accompagnées de leurs maris ou de leurs pères, peuvent y écouter toutes les galanteries [9].

FABIO.

Et malgré tout cela, malgré le caractère belliqueux des Catalans, jamais ces fêtes n'ont occasioné la mort de personne.

DON ALVAR.

J'ai déjà vu entrer plusieurs mascarades.

FABIO.

D'ici vous pouvez les voir toutes passer.

(On entend du bruit : des musiciens montent sur des échafauds. Le théâtre se remplit d'hommes et de femmes masqués, avec don Juan et Séraphine.)

RONDE.

Au Clos, jeunes filles,
Mignonnes gentilles,
Prenez vos ébats.
Déité fantasque,
L'amour, sous le masque,
Conduira vos pas.

Amis, la folie
Au Clos vous convie ;
Ce sont ses grands jours.
Partout, du mystère,
L'ombre salutaire
Couvre vos amours.

DON JUAN.

Que penses-tu, ma chère amie, de cette commune allégresse ?

SÉRAPHINE.

Je n'ai jamais vu de fête plus gaie, et je rends grâce à ton amour de m'avoir procuré ce plaisir.

DON JUAN, à part.

Ce serait aussi un plaisir pour moi, si le trouble de mon cœur me permettait d'en jouir. Mais c'est une folie de m'alarmer ainsi de mes propres rêveries.

JEANNET.

On va recommencer les danses.

UN HOMME.

Jouez, musiciens.

UNE FEMME.

Préparons les castagnettes.

UN MUSICIEN.

Que voulez-vous?

PLUSIEURS VOIX.

Les Paradères (10).

UN MUSICIEN.

Volontiers.

(On danse.)

UN HOMME.

Allons ailleurs.

UNE FEMME.

Suivez-moi.

(Plusieurs masques sortent en dansant.)

FABIO, à don Alvar.

L'avez-vous reconnue?

DON ALVAR.

Oui; et mon cœur me l'aurait dit, quand je n'aurais pas su que c'était elle.

FABIO.

Vous pouvez lui parler en sûreté tant que vous serez sous ce vêtement.

DON ALVAR.

Je profiterai de l'occasion. (*A Séraphine.*) Beau masque, voudrais-tu danser avec moi?

SÉRAPHINE.

Je crois, beau masque, que tu arrives trop tard.

DON ALVAR.

Pourquoi trop tard?

SÉRAPHINE.

Je ne suis pas en humeur de faire des pas [11].

DON ALVAR.

Ne pourrais-tu point en faire quelques-uns pour moi?

SÉRAPHINE.

C'est une vaine espérance.

DON ALVAR.

Tu en as fait cependant un, et bien important...

SÉRAPHINE.

C'est parce que j'ai fait celui-là que je n'en ferai point d'autres.

DON ALVAR.

J'ose encore espérer.

DON JUAN, à Séraphine.

Ce masque t'a engagée à danser; tu dois accepter. Le refuser serait une impolitesse s'il te connaît, et serait trop appeler son attention s'il ne te connaît pas.

SÉRAPHINE.

Je danserai, puisque tu le veux. C'est à cause de toi que je refusais.

DON JUAN.

A cause de moi? Pourquoi?

SÉRAPHINE.

Parce que je n'ai d'autres désirs que les tiens.

JOURNÉE II, SCÈNE III.

DON JUAN.

Ici l'usage le permet. (*A part.*) Quel peut être cet homme, qui, parmi tant de femmes, n'a fait attention qu'à la mienne?

DON ALVAR, à Séraphine.

Tu ne me réponds pas, beau masque?

SÉRAPHINE.

Demande la danse que tu voudras; je ne veux point manquer à la politesse.

DON ALVAR.

Jouez le *Roger* (12).

SÉRAPHINE.

Pourquoi choisir celle-là?

(La musique joue. Pendant la première moitié de l'air qui forme la ritournelle, don Alvar et ensuite Séraphine chantent. Les paroles qu'accompagne la seconde moitié de l'air sont chantées par les musiciens.)

DON ALVAR.

Cet air vous dira mes vœux.
Oui, c'est moi qui suis, cruelle....

LE CHOEUR.

« Des charmes de la plus belle
» Un chevalier amoureux.

DON ALVAR.

Bravant les mers et les cieux,
Je viens revoir l'infidèle....

LE CHOEUR.

« Chaque jour plus épris d'elle;
» Chaque jour plus malheureux.

SÉRAPHINE.

De ses regrets douloureux
On souffre l'inconvenance.

LE CHOEUR.

« Quand une fausse apparence
» Le dérobe à tous les yeux.

SÉRAPHINE.

Mais qu'il est peu généreux,
Quand sa cruelle imprudence....

LE CHOEUR.

« Dans l'ivresse de la danse,
» Révèle ses tendres feux. »

SÉRAPHINE.

Cela suffit pour la civilité ; adieu.

DON ALVAR.

A la courte durée de mon bonheur, on reconnaît qu'il était mon partage.

SÉRAPHINE, à demi-voix.

Souvenez-vous que vous m'offensez ; et, si ce n'est assez, qu'en restant à Barcelone vous exposez ma vie. (*Haut.*) Venez, mes amies.

UNE DAME.

Déjà ! Pourquoi voulez-vous partir si vite ?

SÉRAPHINE.

Je ne sais. Allons-nous-en, je vous prie.

FLORE.

La fête ne vous plaît pas ?

SÉRAPHINE.

Il me semble qu'il est déjà tard.

DON DIÈGUE DE CARDONE.

Allons à ma maison de campagne par les Atarazanes.

DON JUAN.

Vous avez raison : les dames pourront s'y amuser avec moins de confusion.

(Il sort avec sa femme et le reste de la mascarade.)

UN MUSICIEN.

Il n'y a plus personne; nous pouvons partir.

DON JUAN, revenant avec Jeannet.

Jeannet, sache qui est ce masque; suis-le.

(Il sort.)

JEANNET.

Je le suivrai, allât-il au bout du monde.

FABIO.

Qu'est-ce qui vous afflige ainsi?

DON ALVAR.

Hélas! je le vois, toutes mes espérances sont vaines. Croyant trouver quelque soulagement à mes maux, je frétai ce brigantin qui m'attend sur la côte; et, sans prendre congé de ma famille, je vins voir Séraphine, cette ingrate, cette cruelle, cette trompeuse syrène.

JEANNET, au fond du théâtre.

Il court comme un moine qui va dîner hors du couvent [13].

DON ALVAR.

Et, puisque tant de preuves d'amour n'ont pu obtenir d'elle un seul mot de consolation, puisque sa dernière parole a été que mon séjour ici lui coûterait la vie, qu'ai-je à attendre davantage? Croyons que ce bien est perdu pour toujours; et, s'il est vrai que le comble du malheur soit le commencement de la consolation, renonçons à cette cruelle. Prends ces habits (*il jette le domino et le faux visage, et reste en matelot*), rapportes-les; je vais réunir les marins, et abandonner aux vents et à la mer mon infortune et mes malheureuses espérances.

JEANNET.

Voyez quelle transformation! Je ne vois pas sa figure, mais je sais au moins par son habit que c'est un matelot.

FABIO.

C'est le meilleur parti que vous puissiez prendre.

DON ALVAR.

Et, pour ne pas m'exposer à quelque faiblesse, pour ne pouvoir pas me rétracter, tu me trouveras embarqué. J'ai adoré, j'adore encore Séraphine; j'en mourrai peut-être: mais, si ma mort est nécessaire pour conserver sa vie, je dois la sacrifier.

(Fabio sort d'un côté et don Alvar de l'autre.)

JEANNET.

Je le suis : je n'ai pu examiner sa figure; mais il me suffit de ne pas le perdre de vue.

(Il sort.)

SCÈNE IV.

Les bords de la mer.

DON ALVAR, MATELOTS, JEANNET éloigné.

DON ALVAR.

Ha ! du brigantin.

UN MATELOT.

Nous voilà.

DON ALVAR.

Eh bien ! camarades, le temps est-il bon pour partir ?

UN AUTRE MATELOT.

Le plus beau du monde ; la mer calme, et le vent favorable.

DON ALVAR.

Embarquons-nous, mes amis. Adieu bonheur, adieu espérances, adieu Séraphine. (*On crie derrière le théâtre* : Au feu ! au feu !) Qu'est-ce que j'entends ?

UN MATELOT.

Autant qu'on peut le voir, c'est la maison de don Diègue de Cardone qui est en flammes.

DON ALVAR.

O ciel ! et Séraphine y est sans doute ? Allons à son secours : venez avec moi. Heureux, dans mon malheur, si je pouvais donner la vie à celle qui m'accusait de vouloir lui donner la mort !

JEANNET.

L'incendie redouble : éloignons-nous.

VOIX, derrière le théâtre.

Au feu ! au feu !

DON ALVAR.

Du milieu de ce volcan, entre les flammes et les étincelles, couvert de fumée et de poussière, un cavalier enlève une dame dans ses bras.

(Don Juan entre, portant Séraphine évanouie.)

DON JUAN.

Mes amis, si ce malheur vous a réunis pour sauver tant de personnes près de périr, veuillez garder un moment cette beauté, pendant que je vais, au péril de ma vie, au secours de ceux qui restent encore, de mes parens, de mes amis.

DON ALVAR.

Vous pouvez nous la laisser, seigneur.

DON JUAN.

Adieu, mes amis : je vole où m'appelle mon devoir.

VOIX, derrière le théâtre.

Au feu ! au feu !

JEANNET.

Attendez, seigneur. Il y retourne comme un enragé ! Au diable qui le suit !

DON ALVAR.

Quel bonheur inespéré ! Séraphine n'est-elle pas dans mes bras ? mon brigantin n'est-il pas prêt à mettre à la voile ? Qu'attendrais-je davantage ? En mer, mes amis ! en mer !

(Fabio entre.)

UN MATELOT.

Que voulez-vous faire ?

JOURNÉE II, SCÈNE IV.

UN AUTRE MATELOT.

Quels sont vos projets?

FABIO.

Qu'est ceci?

DON ALVAR.

Vous le saurez bientôt. Nul ne peut être heureux qu'aux dépens du bonheur d'un autre.

(Ils sortent emportant Séraphine.)

JEANNET, accourant avec précaution.

Seigneurs! seigneurs! écoutez donc? Songez que c'est ma maîtresse.....

DON DIÈGUE DE CARDONE, derrière le théâtre.

Pourvu que personne ne perde la vie, la perte de la maison n'est rien.

UN CAVALIER.

La suivante de Séraphine est la seule qui ait péri.

(Don Juan entre.)

DON JUAN, à la cantonnade.

Je reviens; veuillez m'attendre. Mes amis, rendez à ma tendresse cette beauté que je vous ai confiée.

JEANNET.

A qui parlez-vous, seigneur?

DON JUAN.

A ces marins qui étaient là, à qui j'ai remis mon âme et ma vie, ma Séraphine. Les as-tu vus? Sans doute ils l'ont portée dans quelqu'une de ces chaumières?

JEANNET.

Non, seigneur; ils l'ont portée sur ce brigantin

que vous voyez encore, mais que le vent et les rames auront bientôt éloigné.

DON JUAN.

Tais-toi, misérable! ou crains.....

JEANNET.

Belle vengeance! Cet homme masqué que j'ai suivi, et qui n'est qu'un matelot, enlève votre femme, et c'est moi qui en souffrirais!

DON JUAN.

Que dis-tu? Ce masque était le matelot qui était là tout à l'heure!

JEANNET.

Oui, seigneur.

DON JUAN.

Ma confiance m'a perdu. Mais pourquoi ne vais-je pas chercher, jusque sur l'onde, la vengeance due à mon honneur?

JEANNET.

Arrêtez!

(Toutes les personnes de la mascarade entrent.)

TOUS.

Quel est ce bruit?

DON JUAN, jetant ses habits.

C'est un malheur, une rage, un affront, un déshonneur si grand, que je ne le dirai que quand j'en aurai pris vengeance. Attends, infâme pirate; je combattrai l'onde et le feu : Dieu me donnera la vengeance ou la mort.

(Il s'élance dans la mer.)

JEANNET

Un homme à la mer!

TOUS.

Allez au secours.

JEANNET.

Le brigantin fuit à voiles et à rames, et le nageur ne peut le suivre.

DON JUAN, derrière le théâtre.

O Dieu ! secourez-moi !

TOUS.

Puisse-t-il t'assister !

FIN DE LA DEUXIÈME JOURNÉE.

JOURNÉE TROISIÈME.

SCÈNE PREMIÈRE.

Salon de l'hôtel de don Louis, à Naples.

DON LOUIS lisant une lettre.

« Vous me priez de vous apprendre pourquoi
» don Juan Roca a été si long-temps sans vous écrire;
» je voudrais pouvoir me dispenser de vous le dire,
» mais je dois vous obéir. A la fin du dernier car-
» naval, pendant qu'il était à la maison de cam-
» pagne de don Diègue de Cardone, elle fut con-
» sumée par un incendie si violent, qu'à peine ceux
» qui s'y trouvaient purent sauver leur vie. Don
» Juan arracha du milieu des flammes son épouse
» évanouie; et pour aller au secours des autres, la
» confia à des matelots qui étaient sans doute des pi-
» rates déguisés. Ils mirent sur-le-champ à la voile,
» et l'enlevèrent. Don Juan se jeta en vain à la nage;
» on le retira de la mer à demi mort; et à peine
» fut-il rétabli, qu'il partit avec un seul domes-
» tique, sans que depuis on ait su de ses nouvelles
» ni de celles de son épouse. »

Je n'en lis pas davantage; les larmes inondent mes yeux, le cœur me manque. Dieu puissant! à combien de périls est exposé l'honneur de l'homme le plus vertueux! Et, quoique sa propre conduite le disculpe aux yeux des hommes, pour être involontaire, le malheur qui lui est arrivé n'en est pas moins un outrage. Je donnerais à présent, pour savoir où est don Juan, pour me mettre à ses côtés, et suivre sa fortune, tout ce que je possède au monde. Nous irions ensemble parcourir jusqu'aux lieux les plus retirés de la terre, pour faire de cet infâme pirate un exemple qui effrayât l'univers.

(Porcie entre avec Julie.)

PORCIE.

Mon père.

DON LOUIS.

Que veux-tu, ma fille?

PORCIE.

Puis-je savoir quelle cause vous attriste ainsi, et fait que tout seul vous exhalez des plaintes et des menaces.

DON LOUIS.

Je ne sais ce que c'est. (*A part.*) Puisque je partage les peines de don Juan, je dois en cacher le sujet. (*Haut.*) J'ai reçu des lettres relatives à des affaires de mon ancien gouvernement.

PORCIE.

Je suis fâchée de vous trouver dans cette disposition d'esprit, car je venais vous prier de m'accorder une grâce.

DON LOUIS.

Et qu'attends-tu pour le faire ?

PORCIE.

Je pense que lorsqu'on demande à contre-temps, il est difficile d'obtenir ce qu'on désire.

DON LOUIS.

Il n'y a point de contre-temps pour toi ; mon cœur est toujours le même pour ma chère, mon unique enfant.

PORCIE.

Je me confie dans votre bonté, et je vais parler avec plus de courage. Alvar....

DON LOUIS.

N'en dis pas davantage.

PORCIE.

Vous voyez bien que le moment n'était pas convenable.

DON LOUIS.

Tu te trompes ; tu ne trouveras pas de moment où je ne te défende de me parler de lui. Je croyais te l'avoir assez répété.

PORCIE.

Mais qu'a fait mon frère, seigneur, pour que le ressentiment que vous avez contre lui ne puisse pas s'affaiblir ?

DON LOUIS.

Ce qu'il a fait ? abandonner le foyer paternel sans que l'on sache comment ni pourquoi ; revenir ensuite avec un front hypocrite, et avoir l'insolence de penser que mes bras et ma maison lui seront encore ouverts!

PORCIE.

L'indépendance de son âge peut le disculper. Et, après tout, est-ce un si grand crime, si nous le voyons sans passion, qu'un jeune homme, vous sachant déterminé à vivre à la campagne, au milieu de grossiers paysans, ait eu un moment de folle impatience, et qu'égaré par de mauvais conseils, il ait passé un mois hors de la maison? Enfin, depuis son retour, respectant votre juste colère, il est resté, sans en sortir, dans le vieux château que vous avez au milieu des forêts. Que mes larmes du moins, si ce n'est son repentir, obtiennent de vous son pardon!

DON LOUIS.

Il faut que je fasse quelque chose pour toi, mais c'est pour toi seule. Fais-lui savoir qu'il peut revenir.

PORCIE.

Je lui en porterai moi-même la nouvelle. J'irai ce soir chasser dans la forêt, et je l'avertirai que vous lui permettez de venir vous baiser la main.

DON LOUIS.

Dis tout ce que tu voudras. (*A part.*) Juste ciel! Que pourrai-je faire, pour savoir où est don Juan? Vive Dieu! on verrait en moi un exemple d'amitié, tel que n'en a jamais offert le monde.

(Il sort.)

JULIE.

Votre intercession a obtenu un plein succès.

PORCIE.

L'amitié que j'ai pour mon frère ne m'a pas seule dirigée; j'y suis intéressée aussi. S'il abandonne la maison de la forêt, le prince pourra, avec moins de risques pour ma réputation, y aller quelquefois; et je trouverai des occasions de l'y voir. Ainsi, dis au domestique qui a porté la lettre que tu m'as remise, que je vais ce soir à la chasse. Le prince connaît Bélard, le concierge du château; et aussitôt que j'aurai dit à mon frère que mon père l'attend, nous pourrons causer à notre aise.

JULIE.

L'amour est pauvre; aussi est-il toujours occupé à des intrigues, à des finesses (14).

PORCIE.

Donne-moi mon arquebuse. Je chasserai en marchant; la voiture me suivra.

JULIE, lui donnant l'arquebuse.

La voilà.

PORCIE.

Amour! ce n'est pas contre toi que je prends des armes à feu. Je sais trop qu'une seule de tes flèches porte plus sûrement que toutes mes balles.

(Elles sortent.)

SCÈNE II.

Château de don Louis, dans la forêt.

DON ALVAR, FABIO.

DON ALVAR.

Que fait Séraphine?

FABIO.

Vous le savez, seigneur; il est inutile de me le demander.

DON ALVAR.

Elle pleure toujours?

FABIO.

Il est vrai.

DON ALVAR.

Depuis l'instant où, évanouie dans mes bras, elle passa des dangers de l'incendie aux feux qui l'attendaient sur la mer, ses yeux n'ont point cessé de verser des larmes. A peine, revenue à elle, se vit-elle en mon pouvoir, que ses pleurs commencèrent à couler, et mes plus tendres caresses n'ont pu les suspendre un seul moment jusqu'à ce jour. Je pensais, si toutefois j'eus le temps de penser, je pensais que Séraphine....

(Séraphine entre.)

SÉRAPHINE.

Laisse-nous seuls, Fabio. (*Fabio sort.*) Et vous, écoutez-moi. Je viens d'entendre mon nom sortir de votre bouche; vous vous entretenez de mes malheurs; et je veux profiter de cette occasion pour mettre fin à la fois à vos soucis, à mes craintes, et tous les deux à nos torts. Avez-vous donc pensé, Alvar, que mon honneur fût si facile, mes principes si vains, ma gloire si méprisable, ma passion si grossière, ma conduite si différente de ce qu'elle avait été jusqu'alors, que j'eusse pu me consoler de perdre mon époux, mon existence, ma réputation, en me trouvant dans vos bras, victime de vos trahisons, vile proie de vos outrages?....

DON ALVAR.

Non; mais je croyais....

SÉRAPHINE.

Vous croyiez....

DON ALVAR.

Que le désespoir même qui m'avait poussé à cet attentat vous inspirerait des sentimens plus doux. La témérité est une preuve de l'amour; et la meilleure excuse des actions qu'il inspire, c'est qu'elles soient inexcusables. C'est celui qui aime le plus qui commet les plus grandes fautes.

SÉRAPHINE.

Ah! plutôt celui qui détruit tout le bonheur de celle qu'il aime n'a pour elle ni estime ni amour. Songe, ingrat, traître, tyran..... Pardonnez; je m'égare : don Alvar, mon seigneur, mon seul protecteur, puisqu'enfin un si grand malheur est arrivé, puisqu'il est irréparable, à quoi bon chercher à présent ce que nous aurions dû faire? Le destin l'a ainsi ordonné ; le ciel l'a permis, ne pensons plus qu'au remède : et, si j'ai des droits à obtenir quelque chose de vous, accordez-moi du moins de m'écouter sans m'interrompre.

Don Alvar, je ne respire plus sans craindre que mes soupirs avertissant don Juan, il ne se trouve sur mes traces ; je ne fais point un pas que, croyant le voir, je ne tremble de l'ombre qui me suit. Cette maison, où tu m'as conduite, sombre sépulture de ma jeunesse, entretient ces affreuses illusions. Quant à vous, vous avez triomphé de moi ; mais vous ne me posséderez jamais. On n'est heureux que lorsqu'on a obtenu le cœur de ce qu'on aime ; et la beauté sans âme n'est qu'une statue de marbre, dont les attraits, dépourvus de la vie du plaisir, donnent une victoire sans jouissance. Maudite soit la brutale passion qui attend de la force de ses bras ce qu'elle devrait obtenir de la force de la tendresse !

Don Juan est noble ; il est offensé : c'est vous en dire assez. Il saura que vous êtes venu à Barcelone ; car Flore, y étant restée, aura fini par le dire. Mettons un terme à ces craintes, à ces dangers, à ce malheur. Vous me connaissez ; votre amour ne doit plus espérer de trouver en moi de consolation. Décidez-vous à perdre pour toujours celle qui ne vous appartiendra jamais ; et qu'un cloître soit le tombeau où le reste d'une vie infortunée.....

DON ALVAR.

Arrête ! Séraphine, n'en dis pas davantage ; avant que je consente à vivre sans toi, que la foudre..... (*On entend un coup d'arquebuse.*) Juste Dieu !

SÉRAPHINE.

Malheureuse ! C'est la seconde fois que ce hasard se renouvelle : il est l'arrêt de ma condamnation.

DON ALVAR.

Non ; ne craignez pas. J'ai été surpris ; mais rien ne peut m'épouvanter. Holà ! qu'est cela ?

(Bélard entre.)

BÉLARD.

Votre sœur Porcie vient en chassant, et elle est déjà arrivée aux portes du château.

DON ALVAR.

Pendant que je vais la recevoir, veuillez, Séraphine, passer chez Bélard ; peut-être Porcie voudra-t-elle entrer dans cette chambre.

BÉLARD.

Madame ne peut sortir d'ici ; votre sœur est déjà sur la porte.

DON ALVAR.

Enfermez-vous dans cette salle.

SÉRAPHINE.

O ciel ! protége-moi !

(Elle se cache. Porcie entre.)

DON ALVAR.

Ma chère Porcie, qu'est-ce qui t'amène ?

PORCIE.

Je viens t'embrasser, pleine de joie : d'abord, parce que mon père, plus traitable, m'a chargé de te dire qu'il veut bien te voir ; ensuite, parce qu'en arrivant à la porte de la tour, j'ai tiré le plus beau coup d'arquebuse ! J'ai tué un daim à la course, et je pourrais presque dire au vol.

DON ALVAR.

Je suis enchanté de ton succès.

PORCIE.

J'en suis si glorieuse, que je ne veux pas finir de sitôt une journée si bien commencée. Ainsi, je continuerai à chasser ; et cependant, vas au plus vite au village, pour que mon père voie, dans la promptitude avec laquelle tu iras te jeter à ses pieds, la reconnaissance que tu as du pardon qu'il t'accorde.

DON ALVAR.

Tu as raison ; mais toi, ne reste pas ici.

PORCIE.

Je te suivrai jusqu'à l'entrée de la forêt.

DON ALVAR.

Je t'y laisserai ; viens.

PORCIE.

Volontiers. (*A Bélard.*) Si, par hasard, le prince venait ce soir, dites-lui de m'attendre.

DON ALVAR, à Bélard.

Aussitôt que j'aurai emmené Porcie, retire cette dame de la salle où elle est enfermée.

(Il sort avec sa sœur.)

BÉLARD.

Qui pourra dire encore que le métier que je fais soit lucratif? Voilà don Alvar et Porcie qui me font tour à tour le dépositaire de leurs secrets, et je n'en tire d'autre profit que des terreurs continuelles.

SÉRAPHINE.

Porcie est-elle sortie ?

BÉLARD.

Oui.

SÉRAPHINE.

Il me tardait, parce que cette porte n'a ni serrure ni verrou pour la fermer, et je n'aurais pu l'empêcher d'entrer. A présent, que je suis en sûreté.....

BÉLARD.

En sûreté ? pas trop.

SÉRAPHINE.

Pourquoi ?

BÉLARD.

Parce que voilà un homme qui vient.

SÉRAPHINE.

Je vais encore me cacher.

(Elle se cache.)

BÉLARD.

Et moi trembler encore.

(Le prince entre.)

LE PRINCE.

Qu'y a-t-il de nouveau, Bélard ?

BÉLARD.

Votre excellence soit la bienvenue.

LE PRINCE.

Porcie m'a fait avertir que son frère s'absenterait d'ici aujourd'hui, et que je pourrais la voir : où est-elle ?

BÉLARD.

Ils sont sortis ensemble; mais elle vous prie de l'attendre.

(Porcie entre.)

PORCIE.

Vous n'attendrez pas long-temps : à peine étions-nous en chemin, que je suis revenue pour vous voir.

LE PRINCE.

Il était bien temps que je pusse obtenir ce bonheur.

BÉLARD, à part.

Comment faire pour que l'autre n'entende pas?

SÉRAPHINE, à la porte de la salle.

C'est le prince avec Porcie.

PORCIE.

Le séjour de mon frère dans cette maison nous avait fait perdre cette occasion de nous voir; mais, enfin, je suis parvenue à lever cet obstacle.

LE PRINCE.

Par quel moyen?

PORCIE.

En obtenant de mon père qu'il reçût don Alvar chez lui.

LE PRINCE.

Agréez l'assurance de ma gratitude. (*A part.*) Et cependant ma flamme mal éteinte brûle encore! Donnons le change à ma mémoire, si je ne puis triompher d'elle.

BÉLARD, à part.

Elle entend tout.

SÉRAPHINE, à part.

Où irai-je, Amour, où je ne rencontre pas ton pouvoir ?

PORCIE.

J'ai toujours à me plaindre de vous.

LE PRINCE.

A quel sujet, je vous prie ?

PORCIE.

Je sais que vous avez à Naples une passion qui vous distrait.

LE PRINCE.

Voyez si vos imputations sont fausses ! Il y a déjà long-temps que je ne vais plus à Naples. La tristesse que j'éprouvais m'a engagé à me retirer dans un château voisin, où je pleurais votre absence ; depuis plusieurs jours je n'en suis pas sorti, et je ne m'occupe qu'à réunir pour ma galerie, des tableaux des meilleurs peintres d'Italie et même d'Espagne. Un de ceux que j'occupe pourrait rivaliser avec Apelles ; et le plaisir que je goûte à le voir travailler est tel, que je passe souvent la journée dans son atelier.

PORCIE.

La crainte que j'éprouve toujours de....

BÉLARD, accourant.

Ceci va mal.

LE PRINCE.

Qu'as-tu ?

PORCIE.

Qu'est-il arrivé ?

BELARD.

Presque rien. Votre frère revient ; il est là.

PORCIE.

Cachez-vous dans cette salle.

LE PRINCE.

Je le fais à cause de vous.

SÉRAPHINE, à part.

Je ne pourrai l'empêcher.

(Le prince se cache.)

BÉLARD.

Seigneur! seigneur! Bon, le voilà entré!

(Don Alvar entre.)

DON ALVAR, à part.

Je n'ai pu résister à mon inquiétude. Je crains que Porcie ne voie Séraphine; et je reviens pour savoir si Bélard a su la bien cacher.

PORCIE, à part.

O ciel! Il aura été averti de quelque chose!

DON ALVAR, à part.

Porcie en ces lieux! Pourquoi est-elle revenue?

PORCIE, à part.

Il s'approche! Lui aurait-on dit....

DON ALVAR.

Porcie.

PORCIE.

Mon frère.

DON ALVAR.

Pourquoi as-tu si vite quitté la forêt?

PORCIE.

Je me suis trouvée fatiguée, et je suis venue chercher un peu de repos.

DON ALVAR, à part.

A la bonne heure.

PORCIE.

Et toi, qui te ramène si vite?

DON ALVAR.

Connaissant l'humeur de mon père, il m'a semblé qu'il vaudrait mieux que je revinsse avec toi.

PORCIE, à part.

A merveille.

DON ALVAR.

Afin que, s'il s'emportait encore, tu pusses l'adoucir.

PORCIE.

Eh bien! repartons ensemble.

DON ALVAR.

C'est ce dont je voulais te prier.

PORCIE.

Je ne demande pas mieux.

BÉLARD, à part.

Je vous entends tous les deux.

DON ALVAR, à part.

Par ce moyen je l'empêche de voir Séraphine.

PORCIE, à part.

Par ce moyen je l'empêche de voir le prince.

DON ALVAR.

Viens-tu, ma sœur?

PORCIE.

Oui.

JOURNÉE III, SCÈNE II.

DON ALVAR.

Partons.

PORCIE.

Partons.

DON ALVAR, à part.

Tout s'est arrangé à merveille; ma sœur ne l'a pas vue.

PORCIE, à part.

Tout va au mieux, mon frère ne l'a pas vu.

(Ils sortent.)

BÉLARD, à part.

Ah!. si vous saviez! Mais de tous les maux qui pouvaient arriver, celui-ci est le moindre. (*Haut.*) Les prisonniers peuvent à présent sortir.

(Le prince entre avec Séraphine qui se couvre la figure.)

SÉRAPHINE.

C'est en vain que vous cherchez à me connaître.

LE PRINCE.

C'est en vain que vous cherchez à n'être pas connue.

SÉRAPHINE.

Songez!...

LE PRINCE.

Otez cette main; ce n'est pas assez de ce nuage pour couvrir un si beau ciel. Je sais qui vous êtes; je sais que c'est un miracle de l'amour de vous avoir conduite ici. Je ne cherche pas à savoir quels hasards vous y ont amenée; je ne veux pas m'exposer à vous perdre au moment où je vous rencontre dans cette maison : et ainsi, pour conserver une erreur agréable, je conserve à la fois mon doute et ma certitude.

BÉLARD, à part.

Il ne manquait plus autre chose, sinon que l'amant de la sœur aimât la maîtresse du frère.

SÉRAPHINE.

Généreux Frédéric des Ursins, si j'ai voulu en vain me cacher de vous pour que vous ne me reconnussiez pas, permettez-moi du moins de fuir votre vue ! Vous savez que vous devez me garder le secret ; et je vous prie encore de vous éloigner, afin que, pleurant seule mes malheurs, je puisse obtenir le seul soulagement qu'il me soit permis d'espérer.

LE PRINCE.

Vous n'avez point à craindre de refus de ma part, madame ; votre nom ne sortira jamais de ma bouche ; et, quelque pénible qu'il me soit de vous quitter, je ferai ce sacrifice au bonheur de vous avoir retrouvée. Adieu. Mais veuillez vous souvenir que l'intérêt que je prends à vous est plus vif et plus profond que vous ne pensez.

SÉRAPHINE.

J'en aurai de la reconnaissance, si je ne puis m'en acquitter autrement. Adieu.

LE PRINCE.

Que le ciel vous protége !

BÉLARD.

Écoutez ; souvenez-vous du proverbe : *Tais-toi, et je me tairai.*

LE PRINCE.

Je m'y engage.

SÉRAPHINE.

Je vous en prie.

LE PRINCE, à part jusqu'à la fin de la scène.

Quel bonheur!

SÉRAPHINE, de même.

Quelle infortune!

LE PRINCE.

Amour, favorise-moi!

SÉRAPHINE.

Destin, prends pitié de moi!

LE PRINCE.

J'ai revu Séraphine; je suis heureux pour toujours!

SÉRAPHINE.

Je suis reconnue; j'attends la mort à chaque instant!

(Ils sortent tous.)

SCÈNE III.

Salle dans la maison de campagne du prince des Ursins.

CÉLIO, DON JUAN habillé simplement.

CÉLIO.

Que voulez-vous, seigneur?

DON JUAN.

Parler au prince, et lui montrer ce tableau que je viens d'achever.

CÉLIO.

Il n'y est point dans ce moment; il est parti pour la chasse.

DON JUAN.

Rentrera-t-il bientôt?

CÉLIO.

Je l'ignore.

(Célio sort.)

DON JUAN.

O ma malheureuse fortune! quel est ton état? Mais, non; je ne veux point le savoir, ce serait doubler mes peines. Juste ciel! que de choses arrivent plus aisément qu'on ne peut les croire. Qui pourrait penser, entre ceux qui me connaissent, qu'étant qui je suis, je me trouve dans cette situation? mais plutôt qui pourrait ne pas le croire, puisque l'inviolable loi de l'honneur m'y a contraint? Maudit soit celui qui le premier établit une loi si rigoureuse!

Il ne savait ce que c'était que l'honneur, ce législateur injuste, téméraire, qui mit le mien à la disposition d'un autre que moi. Eh quoi! ma gloire dépend d'un autre! Et celui-là est outragé, qui pleure l'attentat, et non celui qui l'a commis! Ma renommée souffre du mal que je ressens, et ne peut se prévaloir du bien que je fais. Maudit soit celui qui le premier établit une loi si rigoureuse!

Quoi! cet honneur qui naît avec moi est esclave d'un autre! une volonté qui m'est étrangère suffit pour me condamner; et le monde approuve cet usage infâme! Il permet qu'il y ait honte là où il n'y a pas de crime, qu'un homme d'honneur soit puni parce qu'un scélérat a commis un forfait; et que j'aie à souffrir la punition du tort même dont j'ai souffert! Maudit soit celui qui le premier établit une loi si rigoureuse!

De tous les malheureux qui couvrent la terre, en est-il un plus infortuné que moi?

(Jeannet entre.)

JEANNET.

Moi! qui, compagnon de votre infortune, attaché à votre destinée, suis encore plus à plaindre.

DON JUAN.

Jeannet, je me rappelais les événemens qui m'ont conduit ici depuis que je quittai ma fortune, ma famille, ma patrie, pour tâcher d'atteindre mon ennemi.

JEANNET.

Et vous n'en trouvâtes aucune trace.

DON JUAN.

Ne rencontrant point d'indices sur les côtes voisines, déguisé, seul, affligé......

JEANNET.

Vous vîntes à Naples.

DON JUAN.

J'imaginais que, si ce crime était le fruit d'un ancien amour, le ravisseur y aurait conduit sa proie.

JEANNET.

Et ici notre fonds diminua chaque jour et finit par s'épuiser.

DON JUAN.

Déshonoré comme je le suis, je ne voulus m'adresser à personne.

JEANNET.

Pour moi, je vous jure que la faim me l'aurait fait dire à toute la terre; don Louis n'est-il pas votre ami?

DON JUAN.

Sans doute. Mais à quel ami aurais-je pu me confier, dont le regard n'eût été un reproche contre mon honneur ? Moi, j'aurais vu face à face quelqu'un qui eût connu ma disgrâce, qui aurait pris des ménagemens pour me parler, qui aurait eu pitié de mon sort ! On ne saura pas qui je suis, car je ne suis rien que je ne sois vengé; aussi, tout en continuant mes recherches, j'ai voulu que les curieux indiscrets me prissent pour un artiste.

JEANNET.

Vous n'êtes pas le premier qui ait vécu de son talent.

DON JUAN.

Voyant qu'il y avait ici des tableaux à faire, j'y pris de l'ouvrage. Quelle folie ! mais c'est une folie honorable, telle enfin que je pouvais la faire (15); et si j'eusse connu pour qui je travaillais, je serais plutôt mort de faim.

JEANNET.

Vous auriez eu tort ; mais pourquoi....

DON JUAN.

Parce qu'une fois le prince en me regardant crut se rappeler de m'avoir vu.

JEANNET.

Songez donc que le malheur vous a changé à un tel point, que votre maigreur surtout est telle, que vous n'avez point à craindre d'être reconnu ; d'ailleurs dans votre état, dans votre costume, vous ne pouvez le présumer, et encore moins de la part du prince qui ne vous a vu qu'une fois. Mais le voici.

(Le prince entre.)

DON JUAN.

Je suis à vos pieds, mon prince.

LE PRINCE.

Pourquoi m'attendais-tu, Espagnol?

DON JUAN.

J'ai pensé que vous seriez bien aise de savoir que j'ai terminé le tableau auquel je travaillais, et j'ai voulu vous l'annoncer le premier.

LE PRINCE.

Je te remercie de ton empressement. Quel est celui que tu as fini?

DON JUAN.

Celui d'Hercule, où j'ai tâché de peindre à la fois la force et la beauté. La colère du héros, en voyant le Centaure enlever Déjanire, est retracée avec tant de vérité, on voit si bien son ardeur pour l'atteindre, qu'il n'est pas un homme qui, en apercevant ses traits, ne dise : il est jaloux. Le Centaure est à l'extrémité de la toile. Tel est le sujet principal; et dans le lointain on voit dans de plus petites dimensions, le moment où le héros se brûle lui-même. C'est d'après cela que je me propose d'y mettre pour devise : Celui qui commence par vivre dans la jalousie finira par mourir dans les tourmens.

LE PRINCE.

Je te remercie non-seulement de l'exécution, mais de la composition de ce tableau. Il convient à ma situation; je suis jaloux dans ce moment, et puisque tu m'as parlé de ce sentiment, je vais te donner l'occasion de me rendre un signalé service que je réclame de ton amitié.

DON JUAN.

Je suis né pour vous obéir.

LE PRINCE.

Sache donc qu'une beauté que je n'avais vu qu'une seule fois s'était rendue maîtresse de mon cœur, au point qu'une longue absence n'a pu me la faire oublier. Maintenant, par un très-grand hasard, j'ai appris où elle est retirée, et en attendant que mon amour puisse trouver quelque moyen de solliciter ses bontés, je pense que rien ne pourrait plus soulager mes peines, et me distraire de ses rigueurs, qu'un portrait d'elle. Tu es étranger; tu ne la connais pas, et je puis te confier son secret.

DON JUAN.

Je suis tout dévoué à votre service; mais si c'est une beauté parfaite, je n'ose m'engager, seigneur, à la peindre bien ressemblante.

LE PRINCE.

Pourquoi?

DON JUAN.

J'ai fait quelque essai là-dessus, et j'ai vu qu'il était difficile de peindre la beauté. (*A part.*) Malheureux!

LE PRINCE.

Je sais combien cette tâche est malaisée lorsque le modèle est sans défauts, mais je me fie à ton habileté pour réussir. Et quand même, Espagnol, je ne te choisirais pas pour ton talent, je te choisirais à cause de ta discrétion.

JOURNÉE III, SCÈNE III.

DON JUAN.

Vous pouvez compter sur mes efforts.

LE PRINCE.

Viens avec moi : je t'avertis que lors même que nous réussirons à la voir, tu ne pourras la peindre qu'à la dérobée. Pour moi, je serai à la porte, et quelque danger que tu aies à courir, je saurai t'en délivrer.

DON JUAN.

J'irai, prince, me confiant sur votre parole et un peu sur ma propre valeur. Car quoique je sois un simple artiste, c'est peut-être parce que je suis homme d'honneur que je me trouve en cet état.

LE PRINCE.

Il est aisé d'avoir cette opinion de toi. Sois sûr que ma reconnaissance remplira tous tes désirs.

(Le prince sort.)

DON JUAN, à part.

Ah ! vous ne savez pas ce que je désire.

JEANNET.

Qu'y a-t-il de nouveau ?

DON JUAN.

Tu rangeras dans ma petite caisse des couleurs, mes pinceaux ;.... tu y joindras deux pistolets.

JEANNET.

Quelle est cette nouvelle aventure ? Où allez-vous ?

DON JUAN.

Je ne sais ; où le prince me conduit, je dois le suivre, puisque l'insulte qu'a reçue mon honneur me force à être son peintre jusqu'au moment où, teignant mon épée dans le sang de mon ennemi, je deviendrai le PEINTRE DE MON DÉSHONNEUR.

(Ils sortent.)

SCÈNE IV.

Même décoration qu'à la scène première.

DON ALVAR, DON LOUIS.

DON ALVAR.

Puisque j'ai obtenu, seigneur, par les instances de Porcie, que vous me parliez avec plus de bonté, accordez-moi une nouvelle faveur. Qu'avez-vous? quelles douleurs vous tourmentent? on voit dans vos yeux les peines qui déchirent votre cœur. Comme j'ai été la cause de vos derniers chagrins, je crains, en voyant votre affliction, que vous n'ayez encore contre moi....

DON LOUIS.

Alvar, ce n'est point toi qui occasiones ma tristesse. Qu'il te suffise pour le moment d'en être assuré par moi.

DON ALVAR.

Vous ne m'avez point encore rendu votre confiance.

DON LOUIS.

Ne m'importune pas. Ne m'oblige pas à te dire que c'est le sort de don Juan Roca qui me met dans cet état.

DON ALVAR.

Le sort de don Juan !

DON LOUIS.

Oui.

DON ALVAR.

Que savez-vous de lui ? (*A part.*) Connaissons à la fois tout le danger.

DON LOUIS.

Qu'il est mon ami : c'est assez pour être malheureux.

DON ALVAR, à part.

Je suis dans une affreuse incertitude. (*Haut.*) Que lui est-il arrivé ?

DON LOUIS.

Et que pouvait-il lui arriver de plus horrible que de voir un infâme, un traître lui enlever..... Je ne devrais pas le dire ; je devrais le taire, même à toi ; mais j'achèverai : lui enlever son épouse sans qu'il me soit possible de l'aider à se venger de son ennemi ?

DON ALVAR, à part.

Il sait tout, puisqu'il dit qu'il ne peut le venger. Le ciel, dans sa justice, n'a que trop de raison de me punir. Infortunes, ne m'abattez pas ! Mon père a commencé à m'en parler ouvertement ; je vais lui tout raconter moi-même, et tâcher de m'excuser. (*Haut.*) Seigneur, si....

DON LOUIS.

Ne me dis rien ; tu tenterais en vain de me consoler ; je sais tout ce que tu pourrais me faire observer : que c'est une preuve d'amitié bien inutile de m'occuper d'un malheur où il est impossible que je l'aide, puisque l'on n'a rien su de lui, de sa femme, ni de son ravisseur, depuis le temps où ils ont quitté Barcelone.

DON ALVAR, à part.

Je respire. Heureusement ma crainte était vaine. (*Haut.*) Si je savais où est l'infâme qui l'a outragé, j'irais le chercher; vive Dieu! je le tuerais, seulement parce que don Juan a l'honneur d'être votre ami.

DON LOUIS.

Que je t'entends avec plaisir, mon fils!

DON ALVAR.

Mais, seigneur, puisque vous ne pouvez, comme vous le dites vous-même, y porter remède, faites du moins quelque diversion à vos chagrins.

DON LOUIS.

Aucune distraction ne fait oublier de telles peines. Cependant, pour te montrer que ton conseil ne me déplaît pas, j'irai ce soir au château de la forêt; il y a assez long-temps que tu me privais de ce plaisir; et, puisque la paix est conclue, je veux aller m'y promener.

DON ALVAR.

Je vais prendre les devans pour que Bélard s'y trouve à votre arrivée, (*à part*) et surtout pour avertir Séraphine de se tenir cachée.

DON LOUIS.

Tu as raison.

(Don Alvar sort. — Julie entre.)

JULIE.

Seigneur, don Pèdre, le père de Séraphine, vient vous voir.

DON LOUIS.

Dis-lui d'entrer sur-le-champ. (*Julie sort.*) Sans doute il est travaillé des mêmes peines que moi.

(Don Pèdre entre.)

DON PÈDRE.

Veuillez, seigneur don Louis, me recevoir dans vos bras.

DON LOUIS.

Comment mon humble solitude a-t-elle mérité la faveur dont vous l'honorez?

DON PÈDRE.

Un grand souci m'amène auprès de vous, don Louis. J'hésite à vous le dire; mais, puisque le malheur ne craint pas de me combattre, je ne dois pas craindre de l'avouer. Je suis dans une profonde affliction, causée par la négligence de ma fille et de don Juan. Ils ne m'écrivent pas; et aucun de ceux à qui je me suis adressé à Barcelone ne me donne les informations que je demande. Tout le monde sait que l'amitié que vous avez pour mon gendre est la plus vive et la plus constante. Vous savez sans doute quelque chose; par grâce, veuillez m'en instruire.

DON LOUIS, à part.

Dans quel doute il me jette! Il est également fâcheux pour son honneur que je me taise et que je parle; mais quant à présent le silence est le meilleur. Il vaut mieux qu'il doute encore; d'ailleurs, sur des sujets aussi délicats, parler sans mûre réflexion est imprudent autant que facile.

DON PÈDRE.

Vous ne me répondez rien ?

DON LOUIS.

Puisque vous ne recevez point de lettres, je ne suis pas surpris qu'elles me manquent aussi.

DON PÈDRE.

Eh bien! allons plus loin. Mais je vous demande votre parole de ne dire à personne ce que je vais vous confier.

DON LOUIS.

Je vous la donne.

DON PÈDRE.

Je puis dès lors....

PORCIE, entrant.

Si vous allez à la forêt ce soir, mon père.... Mais, que vois-je ?

DON PÈDRE.

Un de vos serviteurs qui est à vos pieds.

PORCIE.

Souffrez que mes embrassemens m'acquittent de cette politesse.

DON LOUIS.

Pardon, Porcie, si je coupe court aux complimens. Venez avec nous, seigneur don Pèdre; ma maison de la forêt est à moitié chemin de la capitale; vous me permettrez de vous accompagner jusque-là, et nous pourrons, en nous promenant, causer plus à notre aise.

DON PÈDRE.

Seigneur, je suis à vos ordres. Adieu, belle Porcie.

PORCIE.

Que le ciel vous protége !

DON LOUIS.

Tu nous suivras dans la voiture, puisque ton frère a pris les devans.

(Il sort avec don Pèdre.)

PORCIE.

Si j'allais voir le prince, mon voyage serait plus agréable.

(Elle sort.)

SCÈNE V.

Extérieur de la maison de la forêt.

LE PRINCE, BÉLARD, DON JUAN, JEANNET.

LE PRINCE.

Voilà ce qu'il faut que tu fasses pour moi ; et comme premier gage de ma reconnaissance, reçois ce diamant.

BÉLARD.

Je ne me connais pas en diamans ; tout ce que je sais, c'est qu'ils ne valent pas à la vente ce qu'ils coûtent à l'achat. Mais allons au fait ; je surmonterai pour vous toutes les difficultés. Venez, vous, je vous placerai dans un endroit où vous pourrez tout voir sans être vu de personne.

DON JUAN.

Conduisez-moi, je ne fais qu'obéir.

LE PRINCE.

Songe, Espagnol, que c'est à moi que tu rends ce service.

DON JUAN.

Je ne désire que de vous être agréable.

LE PRINCE.

Ne crains rien.

DON JUAN.

Moi craindre? Vous ne me connaissez pas; celui-là ne craint pas le danger, que les chagrins n'ont pu tuer.

(Il sort.)

BÉLARD.

Adieu; et pour la prochaine fois des doublons, et non pas des diamans.

(Il sort.)

JEANNET.

De quoi se plaint le bonhomme? Je me tais, qu'il se taise.

LE PRINCE.

Que dis-tu?

JEANNET.

Je vais vous faire un conte, si toutefois quelque importun ne vient pas l'interrompre : Quatre ou cinq petits enfans recevaient leur dîner de leur père; au milieu de toutes les portions qu'il avait à distribuer, il oublia un jour d'en servir un; celui-ci n'osant pas demander (grand crime dans les enfans) mourait de faim, lorsqu'un chat se mit à miauler : Va-t'en, va-t'en, dit-il; tu viens me démander des os, et je n'ai pas encore eu de viande. C'est ainsi que je disais à ce bon vieux de ne pas me miauler aux oreilles, parce qu'on ne m'avait rien donné ni pour lui ni pour moi.

LE PRINCE.

Je t'entends; prends cette chaîne.

JEANNET.

J'en ai une reconnaissance d'autant plus vive, que c'était superflu, et que la bonté que vous avez eue d'écouter mon conte était une assez grande récompense.

(Ils sortent.)

SCÈNE VI.

Jardin de la maison de la forêt Sur un côté, un pavillon dont la fenêtre est grillée.

DON JUAN, BÉLARD.

DON JUAN.

Retirons-nous de ce côté.

BÉLARD.

La grille de ce pavillon a vue sur ce jardin, où elle vient se promener tous les soirs. Entrez et ne faites pas de bruit.

(Don Juan entre dans le pavillon où Bélard l'enferme à clef.)

DON JUAN, à la grille.

Que fais-tu ?

BÉLARD.

J'ôte la clef pour qu'il y ait moins de soupçons.

DON JUAN.

Ne vaut-il pas mieux qu'à tout hasard j'aie la porte ouverte?

BÉLARD.

Non, non.

DON JUAN.

Songe.....

BÉLARD.

Pas de bruit; c'est elle qui vient par-là.

DON JUAN.

Il est temps que je prépare l'ivoire et la palette.

(Séraphine entre.)

SÉRAPHINE.

Chagrins qui me dévorez, combien de fois je vous ai combattus, sans que la victoire se déclare pour vous ni pour moi! Quand cessera cet état?

DON JUAN.

Je ne puis la voir; il s'est placé entre elle et moi.

BÉLARD.

Il ne faut pas toujours pleurer, madame!

SÉRAPHINE.

Hélas! les larmes sont le seul adoucissement que puissent recevoir mes peines.

BÉLARD.

Faites attention.....

SÉRAPHINE.

C'est inutile; et si tu veux m'être agréable, laisse-moi seule, pour que je puisse, à l'abri de cette treille, voir si, dans mon abattement, le sommeil pourra m'accorder sinon une paix, du moins une trêve avec la douleur.

(Elle s'assied, le dos tourné au pavillon.)

DON JUAN, bas.

Elle a le dos tourné, comment pourrai-je la peindre?

BÉLARD.

Asseyez-vous de cet autre côté ; vous serez mieux : l'air y est plus doux.

SÉRAPHINE.

Tu as raison.

(Elle s'assied et s'endort Bélard écarte des feuillages qui empêchent don Juan de voir.)

BÉLARD, bas.

Voilà la dame.

(Il sort.)

DON JUAN.

Me voilà prêt. Mais, que vois-je? Quel sommeil qui semble appeler une double mort! Juste ciel! faut-il qu'on exige de la vengeance le portrait que l'amour ne put terminer? Je suis transi d'horreur, brûlant de jalousie ; je n'ai ni voix ni mouvement. Il semble que mon cœur m'ait abandonné ; qu'il ait été la reconnaître, voir si c'est elle qui peut encore oser dormir lorsqu'elle a osé m'outrager. Comment, dans cette extrémité, puis-je à la fois savoir qu'elle est là, et craindre de verser son sang? Mais je suis enfermé, que puis-je tenter? Il me manquait ce malheur que le sort m'eût conduit où je pusse la voir, et où je ne pusse me venger.

La punition que l'honneur exige doit être assurée : souvent trop de valeur est défaut de sagesse. D'ailleurs, une imprudence à présent m'enlèverait la meilleure moitié de ma vengeance ; souffrons, attendons encore jusqu'à ce que je puisse la prendre toute entière.

SÉRAPHINE, rêvant.

Don Juan, mon époux, mon seigneur, attends : non, ne souille point ton épée de mon sang ; ne me tue pas, mon Dieu ! ne me tue pas !

(Elle se lève. — Don Alvar entre.)

DON ALVAR.

Qu'est ceci, mon amour ? qu'avez-vous ?

SÉRAPHINE.

J'ai en songe vu ma mort, ma mort ! Protégez-moi ; jamais il ne me fut si doux de me reposer dans vos bras.

DON ALVAR.

Un infortuné comme moi n'a de bonheur que par hasard.

DON JUAN.

Vive Dieu ! son amant est don Alvar... le fils de don Louis !

DON ALVAR.

Soyez tranquille ; je viens vous annoncer que mon père va arriver : c'est pour cela que j'ai pris les devans.

DON JUAN.

Rien ne peut plus me retenir. Je la vois dans ses bras ; plus de prudence qui m'arrête. Meurs, traître ! et meure avec toi l'infâme qui m'a trompé !

(Il tire deux coups de pistolet.)

DON ALVAR.

O ciel !

SÉRAPHINE.

O Dieu ! assistez-moi !

DON JUAN.

Que je meure à présent ! la vie n'a plus de prix pour moi.

VOIX, en dehors.

C'est ici qu'on a entendu du bruit.

(Don Pèdre, don Louis et Porcie entrent.)

DON LOUIS.

Entrez tous.

DON PÈDRE.

Qu'est ceci ?

SÉRAPHINE.

Mon malheureux père, c'est votre fille qui tombe morte dans vos bras : elle n'aura pas le regret de périr de votre main.

(Elle meurt.)

DON ALVAR, à don Louis.

Ma vie infortunée va finir à vos pieds.

(Il meurt.)

DON PÈDRE.

Séraphine !

DON LOUIS.

Mon Alvar !

PORCIE.

O ciel ! que de malheurs réunis !

(Bélard, le Prince et Jeannet entrent.)

JEANNET.

Sans doute on l'a découvert !

LE PRINCE.

Qui osera l'attaquer aura affaire à moi : il est ici par mon ordre. Mais que vois-je? Cruel, horrible spectacle !

(Bélard ouvre la porte. Don Juan sort du pavillon.)

DON JUAN.

C'est un tableau qu'a peint avec le sang le PEINTRE DE SON DÉSHONNEUR. Je suis don Juan Roca. Vous avez tous devant les yeux les maux que je vous ai faits ; tuez-moi. Vous, don Pèdre, je vous rends, cadavre triste et sanglant, celle que vous me donnâtes pleine de grâces et de beauté ; tuez-moi. Don Louis, votre fils est mort sous mes coups ; tuez-moi. Prince, vous m'avez ordonné de faire un tableau ; j'ai trahi votre confiance : tuez-moi. Tuez-moi tous.

LE PRINCE.

Que personne ne l'insulte ! il est sous ma protection, et je me suis engagé à le défendre. Ouvre les portes, Bélard. Et vous, don Juan, prenez un de mes chevaux, et mettez-vous en sûreté.

DON PÈDRE.

Qu'il ne me fuie point ! Il a versé mon sang ; mais je lui en dois plutôt de la reconnaissance, et moi-même le défendrai.

DON LOUIS.

Je dois dire la même chose. Mon fils est mort ; mais celui qui venge son honneur n'offense pas.

DON JUAN.

Je rends grâces à votre vertu ; mais, pour ne pas

irriter de fâcheux souvenirs, je m'éloigne pour jamais.

(Il sort.)

LE PRINCE.

Vous agissez tous en gens d'honneur. Et moi aussi, j'ai une dette pareille à acquitter; j'offre à Porcie la main d'époux.

PORCIE.

C'est tout ce que je pouvais désirer.

JEANNET, au public.

C'est ainsi que finit, par deux enterremens et une noce, LE Peintre de son déshonneur. Veuillez pardonner ses fautes.

FIN DE LA TROISIÈME ET DERNIÈRE JOURNÉE.

NOTES

SUR

LE PEINTRE

DE SON DÉSHONNEUR.

---

(1) L<small>E</small> transport d'un mort en voiture est meilleur marché que les cérémonies ordinaires.

(2) Caldéron aurait pu trouver un moyen plus probable pour excuser le silence de don Alvar. Par exemple : qu'il eût été recueilli par les galères du prince, au moment où elles partaient pour une croisière lointaine.

(3) (*Litt.*) « PORCIE. Et si long-temps, que je l'ai cru mort.
SÉRAPHINE. Oui, tout mon mal vient de l'avoir eu comme mort (ou de l'avoir cru mort). »

Je n'ai pu traduire la double allusion que présentent ces mots au cœur de Séraphine, évanouie, et à don Alvar, parce que l'expression *avoir le cœur mort* n'est point une métaphore française.

(4) (*Litt.*) « Je ne mets ni n'ôte l'amour. » Allusion au mot de Du Guesclin, lorsqu'il releva Henri de Trastamare, renversé par le roi don Pèdre. « *No quito rey, ni pongo rey, pero salvo á mi señor.* » Je ne mets roi ni n'ôte roi, mais je sauve mon seigneur.

(5) J'ai tâché de développer la métaphysique platonicienne de don Juan, et je crains de n'être pas encore parvenu à la rendre claire.

(6) « *Que empezando en Cor-tesano*
« *Viene á acabar en Des-nudo.* »

(7) J'ai supprimé, dans les deux derniers couplets, des retours aux comparaisons de chêne et de rocher.

(8) Allusion de Calderon aux dénoûmens ordinaires de ses propres pièces.

(9) L'usage italien des mascarades n'a pénétré que fort tard dans l'intérieur de la Péninsule, et n'y a même obtenu que peu de vogue. Leur liberté pouvait étonner des Castillans; mais l'observation de don Alvar appartient au poëte, et non au personnage qui doit connaître les usages de Naples.

(10) Danse catalane.

(11) (*Litt.*) « De faire un changement. » *Mudanza* signifie *changement* et *figure de danse*.

(12) On trouve dans le tome VIII des comédies de Lope de Vega (édition de Barcelone, 1617) les paroles de la danse de Roger. C'est un dialogue d'une cinquantaine de vers de romance, entre Roger et Bradamante, précédé et suivi de quelques vers de récit d'une mesure plus courte. Les huit vers cités par Calderon, et marqués ici par des guillemets, s'y trouvent.

(13) L'auteur feint ici que les acteurs vont d'un lieu dans un autre. Supposition inadmissible au théâtre.

(14) Le proverbe espagnol est : *Hombre pobre todo es trazas*. C'est le titre d'une comédie de Calderon.

(15) Il est assez remarquable qu'au temps même où Rubens avait une existence si brillante, don Juan regarde presque comme une honte d'exercer le bel art de la peinture.

LE DERNIER DUEL

EN ESPAGNE.

NOTICE

SUR

LE DERNIER DUEL

EN ESPAGNE.

―――

Le duel solennel entre deux nobles Aragonnais qui fournit le sujet de cette pièce, est un fait historique. On le retrouve tout entier dans l'ouvrage de don Fr. Prudencio de Sandoval, évêque de Pampelune, historiographe de Philippe III, page 566 et suivantes. Caldéron l'a pour ainsi dire copié littéralement. Le combat eut lieu à Valladolid, le dernier jour du mois de décembre 1522 (1). Charles V, âgé de vingt-deux ans, retournait en Espagne, après avoir obtenu la couronne impériale que François Ier lui avait disputée, et que le duc de Saxe, Fré-

―――

(1) Fr. Prudencio de Sandoval, *Historia de Carlos V*. Voyez les notes à la fin de la pièce.

déric, ne voulut pas accepter. Cette comédie appartient tout-à-fait au *genre historique*. Charles V, le pape Paul III (celui-ci du moins par citation), tous les chefs des plus grandes maisons de la Castille figurent sur la scène et soutiennent leur caractère connu. Parmi ces brillans personnages, le nom d'un marquis de Brandebourg semble propre à exciter un léger mouvement de surprise. Pour peu toutefois que le lecteur y réfléchisse, il n'y verra pas de l'inconvenance. Les électeurs d'Allemagne, tout princes souverains qu'ils étaient chez eux, servirent plus d'une fois dans les armées de l'empereur, et même n'en furent pas toujours bien traités. A peu près vers le temps auquel il faut rapporter le fait que Caldéron a mis sur la scène, Joachim Ier. était électeur de Brandebourg. Je ne crois pas que ce prince ait jamais été général des troupes de Charles V, ni qu'il se soit déplacé pour le suivre en Espagne. Mais l'auteur d'une comédie, et d'une comédie espagnole, n'est pas un historien : il suffit au poëte de ne pas trop blesser la vraisemblance ; et il était dans l'ordre des choses possibles qu'un fils ou neveu de Joachim Ier. fût attaché à la cour d'un grand roi qui venait d'ajouter à sa première dignité celle de chef de l'empire germanique (1). Il ne reste plus qu'une légère inadvertance de Caldéron à faire remarquer au lecteur. Le marquis de Brandebourg apporte au comte de *Benavente* une lettre de recommandation de l'empereur Maximilien qui était mort en 1519. Que dire à cela? Que la lettre était un peu ancienne, voilà tout... Quant au rôle subalterne du marquis, chacun sait que le titre de roi ne fut accordé à l'illustre maison de Prusse qu'au commencement du dix-huitième siècle ; et qu'il s'est écoulé cent années entre le traité d'Utrecht en 1715, et celui de Paris en 1814. Il ne faut pas un siècle à la fortune pour abaisser ou relever les familles et les nations elles-mêmes.....

Je me hâte de revenir à la comédie de Caldéron.

Le dernier duel en Espagne contient des

---

(1) Ce marquis de Brandebourg neveu, fils ou parent de Joachim Ier., qui était alors électeur, s'appelait Jean. Il vint en effet en Espagne, où il épousa la reine *Germaine*, veuve de Ferdinand-le-Catholique, et mourut cette même année de 1522; Voyez *Sandoval*.

détails précieux sur les usages de la chevalerie et les combats en *champ clos*. On ne les trouverait peut-être nulle part décrits avec autant d'exactitude. Le génie de Caldéron aimait à vaincre les difficultés; il a rimé les mystères les plus redoutables de la religion, les argumens les plus subtils de la théologie. Les cérémonies et les formalités d'un combat singulier semblaient offrir des obstacles au langage poétique. C'était un motif de plus pour exciter sa verve; toute la pièce est brillante de style : l'intrigue en est forte et souvent heureuse. Les différentes situations des principaux personnages excitent toujours un vif intérêt.

Si Caldéron eût voulu s'en donner la peine, il eût aisément renfermé son sujet dans le cercle tracé par les véritables règles de l'art. On dirait au contraire qu'il a pris plaisir à faire voyager ses personnages de Sarragosse à Valladolid, pour terminer dans cette seconde ville l'action qui devait naturellement s'achever dans la première où elle avait commencé.

Je finis par indiquer au lecteur un rapprochement historique. Le duel (dans l'acception véritable du mot), c'est-à-dire, le combat singulier autorisé par les lois, a cessé de droit en France, à peu près dans le même temps qu'en Espagne. Je crois que le dernier qu'on ait vu chez nous est celui de François de Vivonne, seigneur de *La Châtaigneraye* avec *Gui de Chabot Jarnac*, en 1547. Il en est resté une comédie à nos voisins, et à nous, un proverbe : *le coup de Jarnac.*

J. D'Esménard.

LE DERNIER DUEL

EN ESPAGNE.

PERSONNAGES.

DON PÈDRE TORRELLAS.
DON JÉROME DE HANSA.
CHARLES V.
LE CONNÉTABLE DE CASTILLE.
L'AMIRAL DE CASTILLE.
LE MARQUIS DE BRANDEBOURG.
LE COMTE DE BENAVENTE.
GINÈS, valet de don Pèdre Torrellas.
DONA VIOLANTE DE URRÉA.
DONA SÉRAPHINE.
FLORE, suivante.
GILETTE, paysanne.
BRITO, paysan.
GONZALVE, valet.
FERDINAND, valet.
MUSICIENS, etc.

LE DERNIER DUEL

EN ESPAGNE.

JOURNÉE PREMIÈRE.

SCÈNE PREMIÈRE.

Un appartement du palais de Sarragosse.

(Bruit de tambours, musique guerrière, bruit confus de voix dans le lointain.)

PLUSIEURS VOIX.

Vive le roi! vive César!

D'AUTRES.

Vive Charles!

TOUS ENSEMBLE.

Vive César! vive notre roi! vive à jamais!..

(Don Jérôme de Hansa, don Pèdre Torrellas, entrent.)

DON JÉROME.

Seigneur don Pèdre, soyez le bienvenu; comme je désirais cette rencontre!

(Ils s'embrassent.)

DON PÈDRE.

Et vous, mon ami, mon cher parent, que je suis heureux de vous trouver ici!

DON JÉROME.

Hé bien! comment êtes-vous?

DON PÈDRE.

Très-bien portant d'abord; ensuite traité à merveille par notre jeune roi, par toute sa cour;.... et vous mon ami?

DON JÉROME.

Je ne sais trop que vous répondre : vous respirez la joie, le bonheur; dois-je vous entretenir de mes peines? Non, laissons cela pour un autre moment. Racontez-moi votre voyage.

DON PÈDRE.

Mon ami, les biens et les maux sont communs entre nous ; ma joie est la vôtre, votre chagrin est le mien : ne vaudrait-il pas mieux me parler d'abord de vos peines? Le récit de mon bonheur vous servirait ensuite de consolation.

DON JÉROME.

Non, mon ami; commençons par ce qui fait du bien; c'est la bonne méthode...

DON PÈDRE.

Il y aurait quelque chose à dire à cet égard; il est toujours avantageux de pouvoir compter sur un dénoûment favorable. C'est un lit de repos qui nous attend.

DON JÉROME.

Don Pèdre, c'est moi qui souffre. Vous êtes plein de contentement; il est plus à propos de soulager d'abord le malade, en appliquant le remède d'avance.

JOURNÉE I, SCÈNE I.

DON PÈDRE.

Vous le voulez, je cède... Aussitôt que l'invincible Charles V, héritier de Jeanne, fille des rois catholiques, et de Philippe Ier. d'Autriche, auquel l'Espagne doit la glorieuse alliance du lion de Castille avec l'aigle des Césars; aussitôt, dis-je, que l'invincible Charles, devenu majeur, eut pris possession de ce royaume, de graves motifs l'obligèrent à retourner en Flandre. Amante fidèle et passionnée, l'Espagne n'a cessé de gémir de cette absence d'un an, qui lui parut avoir duré des siècles. — Elle apprend aujourd'hui que son maître revient brillant d'un nouvel éclat, que le diadème impérial orne sa tête auguste; que son illustre aïeul, Maximilien, lui a légué le sceptre des Romains; tous les cœurs ivres de joie et d'espérance volent au-devant du monarque. Les villes s'empressent de nommer des députés qui lui portent les hommages de son peuple; et moi qui n'osais aspirer à cet honneur (bien que la fortune se plaise parfois à favoriser le moins digne), j'ai obtenu les suffrages de mes concitoyens: député de Sarragosse, j'ai été admis à baiser la main de sa majesté. Je n'ai plus rien à demander au ciel; tous mes vœux sont satisfaits. Ah! cher don Jérôme, si vous aviez eu comme moi le bonheur de contempler cet illustre monarque! quel mélange admirable de grâce et de majesté! comme il inspire l'amour et le respect tout à la fois! Mon âme est partagée entre ces deux sentimens: j'ai vu de près ce jeune héros qui, à peine en sa dix-huitième année, possède toute l'expérience d'un âge consommé ; ce n'est pas tout encore, la noblesse des deux Castilles s'est rendue auprès de sa majesté ; les plus grands seigneurs ont cru devoir s'y trouver en personne ; en effet, quel plus bel ornement de la cour que la présence de tant d'illustres chevaliers ! Je dois vous dire aussi, mon ami, que tous ces seigneurs m'ont traité avec beaucoup de bienveillance ; j'en reviens comblé d'honneurs ; mais celui qui a le plus cherché à m'attacher à lui, c'est l'amiral de Castille. A peine arrivé dans cette ville, il est venu chez moi ; il m'a permis de l'accompagner à la fête de la cour ; trois nobles ducs étaient seuls invités, celui d'Albe, celui d'Alburquerque, et celui de Béjar. Mais tous les gentilshommes de sa maison ou de sa suite ont partagé cet honneur. Je sais bien que cette distinction n'était pas accordée entièrement à ma personne ; ma qualité de député de la capitale de l'Aragon y était pour quelque chose ; car l'amiral, déjà issu du sang royal de Castille, avant le mariage de notre roi Jean II avec la fille de don Fadrique Henriquez, dont Ferdinand-le-Catholique fut le digne petit-fils, aime à voir dans cette alliance un motif d'intérêt pour les Aragonnais. C'était là probablement la cause de la distinction dont j'ai été l'objet ; mais il y a toujours un certain plaisir à jouir soi-même d'une faveur, fût-elle due aux mérites d'autrui, et notre vanité s'en trouve flattée. Pénétré de reconnaissance, aussitôt que le roi eut pris la résolution d'entrer en Espagne par l'Aragon, laissant la Navarre à sa droite, j'ai cru de mon devoir d'offrir à l'amiral ma maison pendant le séjour qu'il ferait à Sarragosse ; il a daigné l'accepter..... Vous voyez si j'ai raison d'être satisfait : le procès important du majorat que je réclame, mon avancement, soit en paix, soit en guerre, les honneurs auxquels je puis prétendre, mon existence (et personne ne sait d'avance celle qui lui est destinée), tous mes intérêts, en un mot, peuvent me rendre nécessaire l'appui d'un protecteur. L'amiral sera le mien, et je ne saurais en avoir un meilleur.

DON JÉROME.

Ce bonheur est général ; sans vouloir blesser l'amour-propre de personne, puisque chacun croit avoir au moins les mêmes droits que les autres, je pense que tous les gentilshommes de Sarragosse sont aussi satisfaits que vous-même. — Moi, par exemple, j'ai cru devoir offrir ma maison à la disposition de la cour, et j'ai pour hôte le marquis de Brandebourg, seigneur allemand, qui jouit des bonnes grâces du roi, et qui par sa haute valeur a mérité l'honneur d'être général en chef des armées de l'empire.

DON PÈDRE.

En effet, le marquis de Brandebourg joint à l'éclat d'une naissance illustre et d'une valeur insigne les qualités les plus aimables : aussi est-il généralement estimé.... Mais parlons d'autre chose : en attendant que le roi sorte pour aller à la messe, nous en avons tout le temps ; veuillez bien, mon ami, me communiquer ce qui cause votre chagrin.

DON JÉROME.

Don Pèdre, je ne m'en cacherai point avec vous,

mon malheur est d'avoir vu une belle dont je n'essaierai point de vous faire le portrait, car il faudrait me servir des lieux communs ordinaires, et vous dire, sans rien exagérer toutefois, que chaque tresse de sa blonde chevelure est un rayon du soleil; que sa peau blanche et fine a la fraîcheur et l'éclat de la neige; que ses sourcils sont deux arcs-en-ciel, ses yeux des étoiles brillantes, ses joues des roses entourées de jasmin, ses dents des perles du plus bel orient, son cou un bloc d'ivoire gracieusement arrondi, enfin, sa taille celle d'une nymphe.....

DON PÈDRE.

Ma foi, je suis ravi de vous entendre. La chose était un peu froide au commencement : — il faut de l'amour dans une histoire ; — autrement, c'est un corps sans âme.

DON JÉROME.

Vous vous moquez de mes peines.

DON PÈDRE.

Eh! que voulez-vous? je tremblais qu'il ne vous fût arrivé quelque fâcheux événement.

DON JÉROME.

Quel plus fâcheux événement, don Pèdre, que de mourir trompé dans ses plus douces espérances! Un souffle rigoureux a chassé les idées de bonheur dont je m'étais bercé; mes illusions se sont évanouies comme un faible nuage poussé par les vents orageux.

DON PÈDRE.

Mais c'est très-bien, mon ami : voilà un chagrin qui a quelque chose d'aérien, qui est fort élégamment exprimé ! Jamais un amant n'a meilleure grâce que lorsqu'il se désole des rigueurs qu'il éprouve. L'amour satisfait est bon pour certaines gens : un homme d'esprit n'a besoin que d'un motif pour savoir se plaindre avec grâce. Allons, mon cher, souffrez, aimez, espérez, et croyez que l'amour dédommage des peines qu'il fait endurer. Savoir souffrir, c'est avoir toute sorte de droits à ses faveurs.

DON JÉROME.

Le conseil vaudrait encore mieux, s'il ne venait pas trop tard.

DON PÈDRE.

Comment cela ?

DON JÉROME.

La cause de mon tourment.....

DON PÈDRE.

Dites.

DON JÉROME.

Est la rigueur avec laquelle je suis traité.

DON PÈDRE.

Ah !

DON JÉROME.

Ensuite, la jalousie.....

DON PÈDRE.

Ceci est autre chose..... De qui êtes-vous jaloux ?

DON JÉROME.

Je ne sais de qui ; mais je le suis.

DON PÈDRE.

Sans savoir de qui ?

DON JÉROME.

Oui.

DON PÈDRE.

Dites donc.....

DON JÉROME.

Dans les commencemens de ma passion pour cette cruelle, je tentai la fidélité d'une suivante qui, avant d'être à son service, avait eu quelques liaisons avec mon valet. Cette fille m'avertit que le cœur de sa maîtresse n'était plus libre ; mais elle ne put jamais me faire connaître mon rival : elle n'est entrée que depuis peu dans la maison. Cherchant à savoir la cause des dédains dont je suis la victime, elle entendit, un jour, une ancienne servante dire à sa maîtresse : « Madame, bientôt il » sera rendu à votre amour ; le ciel permettra qu'il » arrive ; votre demande sera favorablement ac- » cueillie, et lui, — il obtiendra la possession des » biens qu'il réclame : alors il n'y aura plus qu'un » seul désir dans toute la famille, et votre mariage » ne sera plus différé. » C'est ainsi que, sans savoir le nom de ce rival heureux, il ne me resta plus de doute sur mon malheur. J'ai beau veiller nuit et jour, sans m'écarter de la rue qu'elle habite, je n'ai pu jusqu'à cet instant découvrir le plus faible indice ; d'où je conclus que ces mots : *il sera rendu à votre amour*, signifient qu'il y a quelque brouillerie momentanée qui les empêche de se voir ?.... Votre arrivée.....

(Gonzalve entre.)

GONZALVE.

Seigneur.....

JOURNÉE I, SCÈNE I.

DON JÉROME.

Que veux-tu, animal ?

GONZALVE.

Il est temps de venir, si vous voulez vous joindre au cortége : l'empereur entre déjà dans la première cour du palais. —

DON JÉROME.

Je suspends mon récit. — J'en étais au moment où je vous ai rencontré : c'est vous qui devez être.... Mais nous parlerons de cela dans un moment plus favorable. Cette dame va venir tout à l'heure présenter un mémoire à sa majesté, au sujet du droit qu'elle prétend avoir à une certaine dignité héréditaire dans sa famille ; je ne veux point avoir à ses yeux un air de disgrâce. Il faut que je me trouve à la cour ; je ne puis en ce moment vous en dire davantage : ayez la complaisance de m'attendre ; je reviens.....

(Il sort avec Gonzalve.)

DON PÈDRE.

Ce n'est pas ainsi que je traite mes amours : personne n'en sait rien ; je n'ai d'autre confident que moi-même. O ma chère Violante ! pour tous les biens du monde, je ne confierais pas mon secret au meilleur de mes amis, à mon parent le plus proche..... J'accours à Sarragosse, sur l'aile des vents : je trouve que les minutes de retard sont des siècles ; et cependant, arrivé depuis quelques heures, je n'ai point encore osé m'approcher des lieux qu'elle habite. J'attends que la nuit, qui a toujours protégé mon amour, vienne la favoriser de son ombre.

(Ginès entre.)

GINÈS.

Grâce au ciel, je vous trouve une fois seul et libre !

DON PÈDRE.

Que me veux-tu ?

GINÈS.

Que vous me fassiez mon compte, et prendre congé de vous.

DON PÈDRE.

C'est bien. Qu'y a-t-il de nouveau pour me quitter ainsi ?

GINÈS.

Ce qu'il y a ? une injustice que vous avez commise à mon égard. C'est bien assez d'avoir attendu à ce que vous fussiez rentré dans votre maison pour m'en aller.

DON PÈDRE.

Moi, une injustice à ton égard !

GINÈS.

Oui ; et si criante, qu'elle n'a pas d'exemple depuis qu'il existe des valets en forme de pages, au service de maîtres qui ne soient pas vieux.

DON PÈDRE.

Quelle est donc cette injustice ? je ne la conçois pas.

GINÈS.

Un amour de contrebande qui s'est glissé entre nous, sans me payer les droits, à moi, votre écuyer fidèle ! Comment, depuis une année entière, vous gardez tout pour vous ; vous ne parlez qu'entre vos dents, et jamais avec moi! Dès que la nuit arrive, vous voilà disparu jusqu'au retour de l'aurore. Si vous revenez content, c'est votre affaire; si vous revenez triste, c'est moi qui paie la mauvaise humeur. Rossez-moi, je le veux bien; mais au moins dites-moi : «Une telle est un aspic, une furie,» alors à la bonne heure; mais, être rossé, et ne pas connaître la dame qui occupe votre pensée! Mon honneur ne saurait y consentir; je ne veux pas souffrir plus long-temps; si je puis rencontrer un maître plus communicatif, quelle que soit son humeur....

DON PÈDRE.

Sans doute, tu as noyé ta raison dans le vin.

GINÈS.

Non, seigneur, le vin n'est ici pour rien. Je nie la majeure : ou le nom de madame une telle, ou mon compte et je pars.

(On entend le bruit d'une musique guerrière.)

DON PÈDRE.

Retire-toi; nous nous verrons tantôt; ce n'est pas le moment des bouffonneries : c'est le roi qui sort.

GINÈS.

Tenez, voilà sur son passage une dame de qualité qui s'avance vers sa majesté; elle est bien accompagnée. Parmi les chevaliers j'en vois un.....

DON PÈDRE.

Qui?

GINÈS.

Don Jérôme de Hansa, votre parent, votre ami.

DON PÈDRE.

Ciel! que vois-je? Violante est sans doute la dame dont il voulait me parler. O douleur!

GINÈS.

Le roi est là.

SCÈNE II.

La cour du palais.

VOIX CONFUSES.

Place, chevaliers!

(Charles V entre. A côté de lui l'amiral de Castille, le marquis de Brandebourg; derrière lui le connétable de Castille : de l'autre côté Dona Violante de Urréa en habit de deuil, don Jérôme de Hansa, suite nombreuse.)

DONA VIOLANTE, se jetant aux pieds de l'empereur.

Sire, je suis....

CHARLES V.

Levez-vous.

DONA VIOLANTE. Elle aperçoit don Pèdre, et dit à part.

Autre motif de trouble! Je respire à peine.... (*A Charles V.*) « Sire, je suis dona Violante de
» Urréa, fille de don Diégo de Urréa, de qui les ser-
» vices, dans vos armées comme dans vos conseils,
» avaient obtenu la confirmation d'une récompense
» déjà méritée par ses ancêtres, la charge hérédi-
» taire de gouverneur d'Alarcon [1]. Mon père est
» mort, et n'a laissé qu'une fille : il ne me reste
» d'autre fortune que le droit de désigner, sous votre
» royale approbation et celle de mes parens, les plus
» avancés en âge, un chevalier qui remplisse cette

» place; je supplie votre majesté de me laisser jouir
» de mon droit : le nouveau gouverneur sera mon
» époux; je n'ai que cette dot à lui offrir. »

CHARLES V. Il prend le mémoire.

Je ne l'oublierai pas. Connétable?

LE CONNÉTABLE.

Sire....

CHARLES V, lui remettant le mémoire.

Faites-m'en souvenir tout à l'heure; gardez le mémoire à part. (*Les chevaliers défilent tous devant l'empereur, qui leur adresse ces mots.*) Chevaliers, je veux que désormais la récompense aille au-devant du mérite, et non que le mérite soit forcé de solliciter la récompense.

(Il sort avec sa suite. Musique guerrière.)

DONA VIOLANTE.

Que le ciel conserve éternellement vos jours!

UN CHEVALIER, passant devant elle.

Qu'elle est belle!

UN AUTRE CHEVALIER.

Et comme elle s'est remise de son premier trouble! Son esprit égale sa beauté.

LE MARQUIS DE BRANDEBOURG.

Les dames espagnoles sont supérieures aux dames de tous les autres pays. Quelle bonne mine! quelle grâce!

L'AMIRAL.

Si vous dités cela, marquis de Brandebourg, que nous reste-t-il à dire à nous autres?

LE MARQUIS.

La même chose; il n'y a pas de vanité à se rendre soi-même justice.

(Ils sortent.)

DONA VIOLANTE.

Arrêtez-vous, don Jérome; vous ne devez pas me suivre.

DON JÉROME.

Madame, je sais ce que je dois, je me range parmi vos serviteurs.

DONA VIOLANTE.

Arrêtez-vous, dis-je, ou je m'arrête moi-même.

DON JÉROME.

Madame, vous accompagner, ce n'est pas un acte de familiarité de ma part. — C'est m'acquitter d'un devoir.

DONA VIOLANTE.

Je n'insiste pas davantage. Il faut respecter le lieu où nous sommes..... (*A part.*) Ah! don Pèdre, si cette nuit doit combler mes vœux, dieu d'amour! fais qu'elle arrive bientôt.

(Elle sort.)

GINÈS.

Nous voilà seuls; revenons à notre compte. — Je vous sers depuis....

DON PÈDRE.

Misérable, c'est de cela que tu viens me parler, lorsque j'étouffe de peine, de colère, de rage!....

GINÈS.

Et d'où viennent toutes ces choses-là. — Vous étiez, il n'y a qu'un moment, si calme, si affable avec moi! Seigneur, qui vous a donc troublé le jugement?

DON PÈDRE.

Tu raisonnes, et tu ne vois pas combien je souffre!

(Il le maltraite.)

GINÈS.

Et moi aussi, par concomitance.

DON PÈDRE.

Tais-toi, ne me pousse pas à bout.

GINÈS.

Calmez-vous, seigneur, puisque je ne suis pas digne d'apprendre par la parole ce qui vous arrive, ne me le dites pas avec les mains, je vous en conjure; je n'entends pas ce dernier langage. — Et je reviens à mon compte; je veux m'en aller, ou savoir à quelle belle dame je suis redevable de toutes les contrariétés dont je suis la victime.

DON PÈDRE.

Tu ne le sauras pas, et tu ne t'en iras pas. Prends garde à toi.

(Don Jérôme entre.)

DON JÉROME.

Don Pèdre?

DON PÈDRE, à Ginès.

Retire-toi.

GINÈS.

Encore celle-ci!

DON JÉROME.

Vous connaissez à présent celle que j'adore. — Je vous avais prévenu qu'elle allait venir se présenter à l'empereur.

DON PÈDRE.

Oui.

DON JÉROME.

Que vous en semble-t-il? n'y a-t-il pas de quoi justifier mon égarement? N'a-t-elle pas tout en sa faveur, l'esprit, la beauté, la naissance?

DON PÈDRE.

Oh! certainement. (*A part.*) Il faut que je pense à ce que je vais lui dire.

DON JÉROME.

Mon ami, à présent, voici ce que vous pouvez faire pour moi. Elle ne saurait concevoir aucun soupçon de vous, puisque vous n'avez jamais témoigné le désir de vous attacher à elle; il faut que, ayant l'air de vous occuper de toute autre chose, vous vous établissiez à poste fixe dans sa rue. Entre nous deux, il est impossible qu'à la fin nous ne découvrions pas ceux qui la parcourent avec intention, ou qui jetteraient le moindre regard d'intelligence sur les jalousies de son balcon.

DON PÈDRE.

Je vous promets de m'y trouver à toute heure.

DON JÉROME.

Encore un projet que je roule dans mon esprit, si le premier ne réussit pas.

DON PÈDRE.

Que prétendez-vous?

DON JÉROME.

Ne plus garder de ménagement; pousser la galanterie jusques au scandale. Il faut que mon rival éprouve à son tour ce que je souffre moi-même. Ce soir je remplis la rue de musiciens; s'il est digne d'un chevalier de se taire quand il est heureux, un lâche peut seul se contenir lorsqu'on provoque sa jalousie; il va être forcé de se faire connaître.— Adieu. — Le gant est jeté. Je vais suivre son carrosse.

(Il s'en va.)

GINÈS.

Seigneur, puis-je vous aborder?

DON PÈDRE.

Ni à présent, ni jamais. — Mais y a-t-il de sa faute à ce malheureux? Ginès, mon enfant, mon ami, mon compagnon fidèle, fais ce que tu voudras désormais; cependant, à présent, laisse-moi seul.

GINÈS.

Qui diable a calmé ce dernier orage?

DON PÈDRE.

Je ne sais, laisse-moi.

GINÈS.

Dioclétien a-t-il jamais inventé un supplice égal à celui de servir un maître qui ne vous dit pas ses affaires, afin qu'on puisse au moins s'en entretenir avec un ami!

(Il s'en va.)

DON PÈDRE.

Juste ciel! où suis-je? mes amours sont tellement secrets, que Violante et une servante seulement les connaissent... Nous avons pour nous voir, un passage mystérieux qui communique de sa maison à celle que j'ai dans la rue opposée, et cette réserve doit durer jusqu'à ce que nos affaires particulières, sa demande à l'empereur, ou la fin de mon procès, nous donnent les moyens de nous unir convenablement...

— Avouer mon amour à don Jérome, c'est trahir mon serment; c'est manquer à ma parole de n'en parler à qui que ce soit; ne pas l'avouer, c'est moi-même tolérer lâchement la honte de savoir qu'un autre lui adresse ses vœux... D'un autre côté, être, moi, la cause de la jalousie de don Jérome, tandis qu'il me donne toute sa confiance, c'est agir avec duplicité, c'est une félonie; laisser mollement courir le temps, pour attendre qu'il devienne plus favorable, c'est encore une lâcheté, car au bout du compte viendra notre mariage qui révèlera tout; et quelle infamie alors! on dira que j'ai consenti à ce qu'un autre aimât celle dont je songeais à faire mon épouse. — Ajoutons à cela que don Jérome a dit qu'il n'y aurait qu'un lâche qui pût se contenir si l'on provoquait sa jalousie ouvertement... — Se montrer dans ce cas, c'est aussitôt compromettre l'honneur de sa dame, c'est compromettre également un ami qui ne manquera pas de vouloir en tirer une satisfaction. — Ne pas se montrer, cela revient à peu près au même; elle sera courtisée, il sera son amant déclaré; j'aurai le droit de me plaindre de l'un et de l'autre, et je les aurai perdus tous les deux.

Comment trouver un moyen pour justifier une brouillerie avec Violante, qui me laissât la liberté d'agir au gré de don Jérome? Tâchons de faire naître ce moyen. — J'irai la voir ce soir. — Je m'efforcerai de dissimuler mon émotion ; je prendrai pour prétexte la sérénade. Je me plaindrai ; je l'accuserai d'inconstance, ma jalousie me servira d'excuse auprès d'elle. Elle aura à se reprocher d'en être la cause; et enfin, si cela ne réussit pas, dussé-je perdre Violante, je n'y tiens plus, ma tête s'y perd. — Ces tiraillemens en sens opposés, ces doutes, ces transports de jalousie, ce supplice d'esprit et de cœur, me forcent à rompre le silence. — Sauvons du moins l'honneur. — Si le proverbe amoureux dit : Ma dame avant tout, le proverbe ment ; c'est l'honneur qui est le premier ; c'est l'honneur qui doit passer avant toute chose.

(Il s'en va.)

SCÈNE III.

Le château de dona Séraphine.

(Au fond du théâtre, bruit confus de voix de paysans qui chantent.)

GILETTE, BRITO, groupe de paysans qui chantent et dansent devant DONA SÉRAPHINE (2).

DONA SÉRAPHINE.

Vous avez beau faire, mes amis ; rien ne peut me distraire de ma tristesse.

BRITO.

Morbleu, notre maîtresse, je ne savons pas quelle peut être la cause de cette tristesse qui afflige une si belle dame. Si j'étais comme vous, je voudrais qu'on ne cessât pas de chanter devant moi.....

DONA SÉRAPHINE.

Brito, la cause de ma peine est si publique, qu'il serait inutile de la vouloir cacher. Je me plais au contraire à la dire, pour en faire voir l'injustice ; c'est là ma consolation.

GILETTE.

Madame, si cela peut vous consoler, soulagez votre cœur avec nous.

DONA SÉRAPHINE.

Don Pèdre Torrellas est mon cousin ; nous avons droit l'un et l'autre à une succession d'importance, à laquelle nous croyons être également appelés. Nos parens communs ont voulu nous mettre d'accord, en confondant nos droits par un mariage entre lui et moi..... Don Pèdre avait d'abord montré qu'il attachait du prix à cette union ; pour moi, je n'étais nullement insensible à ses soins. — Il a changé tout à coup, de la manière la plus révoltante, dès qu'on lui a parlé sérieusement de cette affaire ; il a cessé de vouloir, lorsque je m'empressais de donner mon consentement. Cette injure m'inspire une aversion profonde pour lui ; — car il suffisait d'être une femme, je ne dirai pas sa cousine, pour qu'il ne manifestât pas un pareil mépris. Mon amour s'est transformé en haine, en fureur ; si je le pouvais, je lui arracherais la vie.

Voilà pourquoi je viens chercher une retraite dans mon château ; je viens m'éloigner de sa présence, jusqu'au moment favorable où je trouverai l'occasion de me venger sur sa personne ou son honneur.

BRITO.

Notre maîtresse a raison. Et moi aussi, un jour que j'étais allé à la ville, je vis le seigneur don Pèdre; je lui dis qu'il était un ingrat, un méchant, un chevalier déloyal, et que, si je le tenais entre quatre yeux, je lui apprendrais à vivre.

DONA SÉRAPHINE.

Que te répondit-il?

BRITO.

C'est qu'il ne me répondit rien du tout. Il est vrai que je lui avais parlé de telle manière qu'il n'avait pu m'entendre.

DONA SÉRAPHINE.

Quelle niaiserie !

GILETTE.

Madame, il ne songe qu'à vous égayer, à vous distraire, en attendant le bal que nous avons disposé pour célébrer votre arrivée.

DONA SÉRAPHINE.

Il n'y a plus de plaisir pour moi.

BRITO.

Nous n'en chanterons et danserons pas moins, pour tâcher de vous faire participer à notre joie.

(Ils chantent, dansent, et s'en vont.)

BRITO, retenant Gilette.

Gilette ?

GILETTE.

Que me veux-tu ?

BRITO.

Si je dis la vérité, je veux que tu m'aimes.

GILETTE.

Comme il s'exprime bien! La déclaration est d'un genre assez nouveau.

BRITO.

Aimer tout bonnement, c'est le véritable art d'aimer.

GILETTE.

Quelle folie! Ne vois-tu pas que tout le monde a les yeux sur nous?

BRITO.

Donne-moi un lieu plus commode.

GILETTE, à part.

Il me paiera sa familiarité excessive. (*Haut.*) Je vais demain matin à la forêt : tâche de te cacher dans le taillis, mais de manière à ce que personne ne puisse te voir, si ce n'est moi, quand j'arriverai; là je t'écouterai, sans craindre les importuns.

BRITO.

Oh! je saurai m'y cacher de manière à ce que le diable même, qui trouve toujours les siens, m'y chercherait inutilement.

GILETTE.

J'irai; mais prends garde....

BRITO.

Ah! que je suis content!

GILETTE.

Que personne ne te voie. (*A part.*) Je jure que je le tiendrai dans le bois toute la journée.

BRITO.

Je dis que je m'y cacherai très-bien; que je ne sortirai que lorsque je t'aurai aperçue....

(Ils s'en vont en dansant.)

SCÈNE IV.

La maison de dona Violante.

DONA VIOLANTE, FLORE.

DONA VIOLANTE.

Tout le monde est-il couché, Flore?

FLORE.

Oui, madame; j'ai fermé la porte de cette chambre où nous sommes seules.

DONA VIOLANTE.

Allons, écarte ce grand tableau qui cache l'entrée secrète; tiens-toi auprès de la porte; vois si tu entends quelqu'un qui vienne nous écouter, car nous avons des femmes curieuses dans la maison; il y en a que j'ai prises depuis peu à mon service, et que je ne connais pas encore.... (*A part.*) Ou mon cœur me trompe, ou don Pèdre m'attend déjà.

(Elle déplace le tableau, et on voit dans l'autre pièce don Pèdre. — Flore s'éloigne.

DON PÈDRE.

Oui, c'est moi; celui qui attend le bonheur est toujours impatient.

DONA VIOLANTE.

Enfin, mon cher bien, mon maître, mon amour, j'ai donc le bonheur de te revoir !

DON PÈDRE.

Si tu te plains de l'absence, que dois-je en dire moi-même ? (*A part.*) Hélas! comment dissimuler mon trouble ? (*Haut.*) C'est moi qui dois accuser la lenteur des heures, moi pour qui ta présence est la vie, ton absence la mort.

DONA VIOLANTE.

Laissons-là cette discussion, de savoir qui de nous deux souffre le plus de cette absence; elle me déplaît.

DON PÈDRE.

Pourquoi donc ?

DONA VIOLANTE.

Si c'est toi qui as raison, c'est une preuve que ton amour est le plus tendre; si c'est moi, il en résulte que tu m'aimes moins que je ne t'aime. Fâcheuse alternative, dans laquelle l'un de nous deux doit nécessairement avoir quelque chose à regretter. Ainsi, mon ami, soyons contens l'un et l'autre : qu'il te suffise de savoir qu'il ne s'est pas écoulé une seule minute sans que ton image ait été gravée dans le souvenir, dans le cœur de ta fidèle et tendre Violante.

DON PÈDRE.

Voici une autre question à résoudre : Ai-je fait mieux de mon côté, en ne cherchant pas du tout à me souvenir de toi, belle Violante?

JOURNÉE I, SCÈNE IV.

DONA VIOLANTE.

Comment donc, Pèdre?

DON PÈDRE.

Oui; a-t-on besoin de chercher à se souvenir de ce qu'on n'a jamais oublié?

DONA VIOLANTE.

Trêve de subtilités et de flatteries, mon amour; parlons sérieusement, avec une entière franchise, de ce qui nous importe réellement. Comment viens-tu?

DON PÈDRE.

Comme quelqu'un qui vient auprès de toi. (*A part.*) Oh! que je serais heureux, si d'autres peines ne m'accablaient! (*Apart.*) Et toi, Violante, comment es-tu?

DONA VIOLANTE.

Doublement heureuse : d'abord parce que j'ai le bonheur de te voir; ensuite parce que j'espère que l'audience du roi, où tu m'auras aperçue, sera favorable à mes vœux. La bonté de sa majesté me donne l'espérance d'obtenir ce que je sollicite, et de pouvoir t'offrir cela de plus. As-tu éprouvé beaucoup de joie quand tu m'as vue?

DON PÈDRE.

Je ne crois jamais avoir éprouvé de plus vive sensation.

DONA VIOLANTE.

Comment cela?

DON PÈDRE.

Tu sais que les biens que je possède sont peu de chose; je voudrais pouvoir t'offrir toutes les richesses du monde, afin que tu n'eusses rien à demander à personne. Cette idée m'afflige, me désespère sans cesse. Quand je t'ai vue aux pieds du roi, j'ai senti mon cœur oppressé; j'ai souffert mille tourmens; j'eusse donné tout au monde, tout, hormis l'honneur, pour ne pas te voir dans cette situation.

DONA VIOLANTE.

Ah! si j'eusse pu penser que cela pouvait te déplaire, quand il aurait été question de l'empire suprême....

DON PÈDRE.

Ne suppose pas des chimères,.... Violante; je veux dire que j'étais affligé de n'être pas assez riche; car lorsque je roule dans mon esprit, lorsque je calcule que....

(Musiciens, sérénade dans la rue.)

(Ils chantent.)

« L'Amour était un jour dans les jardins de Chy-
» pre, au moment où l'Aurore....

DON PÈDRE.

Ce n'est pas là ce que je voulais dire!....

DONA VIOLANTE.

Qu'as-tu, don Pèdre? pourquoi cet air fâché?

DON PÈDRE.

Rien du tout. Mais ceci est autre chose; j'allais verser des larmes, et voici des gens qui viennent chanter....C'est l'usage partout; on voit des gens qui chantent et d'autres qui pleurent.

LES CHANTEURS recommencent..

» L'Amour était un jour dans les jardins de Ci-

» thère, au moment où l'Aurore laisse tomber des
» perles sur les fleurs du jardin....

DONA VIOLANTE.

Don Pèdre, tu as l'air inquiet, furieux !

DON PÈDRE.

Il est en effet bien agréable pour moi d'entendre des sérénades sous ta fenêtre !

DONA VIOLANTE.

Je n'habite pas seule dans cette rue; il y a d'autres dames.

DON PÈDRE.

Il n'y en a aucune comme toi.

LES CHANTEURS continuent.

» Il voulut en choisir une pour Psyché...

DONA VIOLANTE.

Ne donne pas tant d'attention à la musique. Que t'importe à toi qu'on chante ou non ?

DON PÈDRE.

L'oreille se prête volontiers à ce qui la flatte.

LES CHANTEURS.

» L'Amour voulut en choisir une pour Psyché; la
» plus élégante, la plus belle.

DONA VIOLANTE.

Dis-moi.

DON PÈDRE.

Je vais te répondre. Attends que l'Amour ait choisi cette fleur. (*A part.*) Tâchons d'avoir des prétextes, pour éclater ensuite.

LES CHANTEURS.

» La fleur d'orange, la rose, l'œillet, le jasmin, le
» tentent tour à tour ; il a fixé son choix sur....

DONA VIOLANTE.

Est-il possible que cette musique fixe ton attention plus que ma personne ?

DON PÈDRE.

Au contraire ; pour ne pas l'entendre je voudrais que mon cœur fût sourd.

LES CHANTEURS.

» La fleur d'orange, la rose, l'œillet, le jasmin,
» le tentent tour à tour ; il a fixé son choix sur la
» *violette* [3], dont l'air modeste le séduit.... *Violette,*
» *violette,* prends le pas désormais sur toutes les au-
» tres fleurs ; l'Amour t'a choisie comme la plus
» belle. »

DON PÈDRE.

Violette, violette, l'Amour t'a choisie comme la plus belle! (*A part.*) Je voulais feindre la douleur ; celle que j'éprouve n'est que trop réelle.... (*Haut.*) Qu'ai-je de plus à attendre ? Je vais....

(*Il veut sortir.*)

DONA VIOLANTE.

Don Pèdre, quel est cet emportement ?

DON PÈDRE.

Ne fais pas semblant de n'avoir pas compris l'allusion. Tu sais bien que c'est à toi que ces paroles s'adressent : Oui, *Violette, l'Amour t'a choisie comme la plus belle !*

DONA VIOLANTE.

Puisse le ciel, mon cher don Pèdre!....

DON PÈDRE.

Ne cherche pas à te justifier. Je sais que l'absence est pire que la mort; on rend du moins quelques honneurs aux défunts, mais on oublie les absens.

(Il veut sortir.)

DONA VIOLANTE.

Où vas-tu?

DON PÈDRE.

Voir ce chanteur si officieux, si galant, et le remercier.

DONA VIOLANTE.

Quand ce serait pour moi, est-il en mon pouvoir de l'empêcher et de contenir une folle passion?

DON PÈDRE.

Non; mais si c'est là ton excuse, me convient-il, à moi, de le souffrir?

DONA VIOLANTE.

Écoute.

(Elle s'efforce de le retenir.)

DON PÈDRE.

Laisse-moi. Finissons; je veux sortir et connaître ce galant.

DONA VIOLANTE.

C'est don Jérôme de Hansa; si c'est là tout ce que tu veux savoir.

DON PÈDRE.

Tu le savais donc? Ah! perfide, comme tu feignais la surprise!

DONA VIOLANTE.

Toute femme qui se vante à celui qu'elle aime d'inspirer de l'amour à d'autres, mérite d'être punie de sa vanité; au lieu de flatter l'amour-propre de son amant, elle ne fait que provoquer son mépris.

DON PÈDRE.

Ah! ce n'est point là le motif.

DONA VIOLANTE.

Et quoi donc?

DON PÈDRE.

C'est que le reste est d'accord avec la musique.

DONA VIOLANTE.

Je n'ai autorisé ni sa passion ni sa sérénade.

DON PÈDRE.

Tu ments.... On ne prend pas de pareilles licences, si l'on n'est sûr d'être favorablement écouté.

(Les chanteurs continuent, et répètent souvent le refrain, pendant que don Pèdre et dona Violante continuent de leur côté à s'entretenir.)

DON VIOLANTE.

Don Pèdre, mon amour, vous ne sortirez pas.

DON PÈDRE.

Cesse de t'y opposer. Si tu me fermes ce passage secret, tu me forceras d'ouvrir la porte, et il sera plus scandaleux qu'on me voie à cette heure sortir de ta maison.

DONA VIOLANTE.

C'est ainsi que tu veux me compromettre! c'est ainsi que tu tiens ta parole de me garder le secret!

JOURNÉE I, SCÈNE IV.

DON PÈDRE.

Et tu en es étonnée! Lorsque tu trahis ta foi, dois-je craindre de manquer à ma parole? Amant payé de retour, j'ai promis de me taire; mais tourmenté de justes soupçons, c'est autre chose! Laisse-moi.

DONA VIOLANTE.

Songe donc....

DON PÈDRE.

Songe toi-même....

DONA VIOLANTE.

Que je....

DON PÈDRE.

Que je....

(Ils élèvent la voix l'un et l'autre.)

UN DOMESTIQUE, derrière la toile.

Madame, madame, ouvrez vite; il y a des voleurs dans la maison!

FLORE, arrivant toute effrayée.

Eh! mon Dieu, madame, quel bruit vous faites! Les domestiques accourent de tous côtés; ils croient qu'il y a des voleurs dans la maison.

(On frappe aux portes dans l'intérieur; la musique continue toujours.)

UNE VOIX, derrière la scène.

Ouvre la porte, Flore.

D'AUTRES VOIX.

Elle ne pourra pas peut-être : enfonçons-la.

DONA VIOLANTE.

Me voilà entre deux dangers terribles; le plus

pressant, c'est qu'on le voie ici.—Flore, cours, dis que je me suis éveillée en sursaut, que j'ai fait un rêve qui m'a troublée, et je vais sur tes pas appuyer cette explication. — Et toi, va-t'en. Je crains qu'ils n'entrent ici pour venir à mon secours; mais souviens-toi bien que si mon nom échappe de ta bouche devant qui que ce soit, tu ne me verras plus de ta vie.

DON PÈDRE.

Pardonnez, madame. Dévoré de soupçons jaloux, je ne me condamne point à me taire : vous les avez fait naître ces soupçons; c'est votre faute... (*A part.*) A présent je puis parler.

DONA VIOLANTE.

Ma faute, à moi!

DON PÈDRE.

Oui. N'est-ce pas vous qui m'avez fait entendre ces belles paroles, cette musique?

DONA VIOLANTE.

Non, ce n'est pas moi. C'est une folle passion d'autrui...

(Les chanteurs répètent, *Violette*, *Violette*, etc.)

FIN DE LA PREMIÈRE JOURNÉE.

JOURNÉE DEUXIÈME.

SCÈNE PREMIÈRE.

La maison de don Pèdre Torrellas.—La scène est devant la maison et dans la rue.

DON PÈDRE parlant seul, GINÈS, derrière son maître, épiant ses actions et ses paroles.

DON PÈDRE.

Ma brouillerie avec elle est justifiée sans qu'elle ait de reproches honteux à me faire ; c'est elle qui paraît être coupable. Je n'ai rien à redouter de sa colère ; les fureurs d'un jaloux lui servent de mérite aux yeux de sa maîtresse. Maintenant, voyons ; il faut trouver un moyen convenable par lequel, en remplissant à la fois les devoirs d'un gentilhomme, d'un ami, d'un amant, je puisse dire ce qui en est à don Jérôme : que c'est moi qui suis la cause de ses inquiétudes amoureuses, et que c'est lui qui m'a offensé. Pour cela... Mais qui est là derrière moi ?

GINÈS. *(Il voit Ginès)*

C'est moi qui vous suis.

DON PÈDRE.

Toi !

GINÈS.

Oui, maître ; comme jusqu'ici vous n'avez voulu ni me faire connaître la belle, ni me donner mon compte, et que cependant je me trouve encore à votre service, eh bien, me voilà.

DON PÈDRE.

Et depuis quand si officieux, si exact ?

GINÈS.

Seigneur et maître, Dieu touche les cœurs : je ne dois pas être toujours maudit. Comme j'ai plus d'une faute à me reprocher, et que je dois sortir de chez vous, je veux faire restitution et réparer les lacunes que j'ai à me reprocher dans l'exercice de mes devoirs. Je ne veux plus vous quitter ni vous perdre de vue, jusqu'à ce que vous m'ayez fait mon compte ou nommé l'objet de vos tendres pensées.

DON PÈDRE.

Crois-tu, impertinent, que je ne te comprenne pas ? Tu es aux aguets pour voir si dans mes chagrins il m'échappe quelque parole indiscrète, et la recueillir aussitôt.

GINÈS.

Le diable vous l'a dit. Et puisque c'est un vrai tourment d'enfer d'être toujours à épier, à écouter, sans pouvoir attraper la moindre chose bonne à raconter, je vous en supplie, mon maître, ayez pitié de votre serviteur, tirez-le de cet état d'incertitude, quand ce ne serait que pour lui épargner le regret d'avoir formé un jugement téméraire ; car si j'allais m'imaginer que votre dame (sur laquelle je n'ai que des conjectures à former) est ronde comme une boule, ou maigre comme un squelette, ou noire comme un charbon, ou rouge comme le feu, ou vieille, c'est tout dire : le plus grand tort d'une femme, est d'être une ruine vivante qui atteste la puissance du temps...

DON PÈDRE.

Trêve de bouffonnerie. Va voir si don Jérôme est sorti de chez lui.

GINÈS.

Il y a déjà quelque temps que je l'ai vu entrer au palais.

DON PÈDRE.

Va le chercher : dis-lui que je l'attends à la place de la cathédrale, que je le prie de venir me parler.

GINÈS.

C'est une défaite pour m'éloigner de vous.

DON PÈDRE.

Oui, à peu près.

GINÈS.

Et dans quelle comédie n'a-t-on pas toujours les valets sous la main ?

(Il sort.)

DON PÈDRE.

J'ai beau tourmenter mon esprit, chaque parti a ses inconvéniens. Je voudrais employer le moins violent; mais je connais don Jérôme : il est altier, prompt, je ne réussirai pas à lui faire entendre raison. Enfin le sort en est jeté; l'affaire est engagée : faisons notre devoir, et que la fortune fasse le reste.

DON JÉROME, arrivant.

Si j'eusse pu savoir où vous étiez, don Pèdre, je vous aurais prévenu.

DON PÈDRE.

J'ai à vous parler : écoutez. (*A Ginès et Gonzalve.*) Retirez-vous.

(Les deux valets causent ensemble.)

GONZALVE.

Ginès, que veut dire tout ceci? Qu'y a-t-il entre nos maîtres?

GINÈS.

Ils sont les maîtres.

GONZALVE.

Viens... tu sauras ce que je sais du mien.

GINÈS.

Je ferai mieux, moi; je te dirai ce que je ne sais pas.

DON JÉROME.

Combien je suis pénétré de votre obligeance! combien j'avais raison de vous confier mon âme, ma vie! Connaissez-vous aussi le galant?

DON PÈDRE.

Comme moi-même.

DON JÉROME.

Vous allez me le nommer.

DON PÈDRE.

D'abord il y a deux choses à observer. (*A part.*)

JOURNÉE II, SCÈNE I.

Oh! si ma modération le touchait! (*Haut.*) Premièrement, croyez que s'il avait prévu que jamais il dût être votre rival, il ne se serait point engagé comme il l'est de manière à ne pouvoir s'en retirer; secondement, que lorsque vous saurez son nom vous en serez très-fâché.

DON JÉROME.

Pourquoi?

DON PÈDRE.

Parce qu'il est votre ami. Et, puisqu'il est admis et préféré par cette dame tandis que vous n'êtes pas dans le même cas, vous ne devez pas lui causer un chagrin qu'il n'a point eu l'intention de vous causer à vous-même; car il était favorisé avant que vous fussiez connu.

DON JÉROME.

Quant à sa disposition de renoncer à ses projets pour me complaire, s'il en eût été prévenu d'avance, j'estime la délicatesse de l'intention; mais pour ce qui est de renoncer moi-même à cause de lui (n'importe qui il soit); de renoncer, dis-je, à une entreprise dans laquelle je suis si fortement engagé, c'est une folie d'y penser. S'il n'a pu prévenir à temps le chagrin qu'il me cause, je ne puis pas, à mon tour, lui épargner celui que mon obstination doit lui occasioner à présent. Ainsi, don Pèdre, je vous en supplie, vous avez bien voulu me rendre le service de vous occuper de le savoir, dites-moi son nom.

DON PÈDRE.

C'est quelqu'un qui s'abaisse à vous conjurer de ne pas troubler ses amours; et moi, je me jette à vos pieds, je vous demande cette grâce comme votre parent, comme votre meilleur ami... Faites-le par égard pour moi ; soyez assez généreux pour vous désister de vos poursuites : vous obligerez un ami commun ; je regarderai ce bienfait de votre part comme une faveur que vous m'aurez accordée à moi-même.

DON JÉROME.

Faites-moi le plaisir de me dire s'il vous a chargé de ses intérêts, ou si vous vous êtes occupé des miens.

DON PÈDRE.

Je me suis occupé des vôtres, puisque je cherche à vous épargner le regret d'une action injuste ; ne voyez en ceci que la bonne intention d'un médiateur qui veut satisfaire les deux parties, et surtout éviter un éclat fâcheux.

DON JÉROME.

Si telle est votre intention, don Pèdre, c'est lui qui doit vous en savoir gré.... c'est lui qui redoute un éclat fâcheux ; quant à moi je ne le redoute nullement, et je ne vous ai pour cela aucune espèce d'obligation.

(Il veut s'en aller.)

DON PÈDRE.

Écoutez.

DON JÉROME.

Que voulez-vous ?

DON PÈDRE.

Vous dire... (*A part.*) Avais-je raison de craindre son emportement ? (*Haut.*) Que ce que je viens de déclarer de sa part, quoique j'aie employé le ton de la prière et de la soumission, ne doit pas vous faire penser qu'il manque de valeur...

DON JÉROME.

Pourquoi donc ?

DON PÈDRE.

C'est que jusqu'ici il n'a consulté que la prudence.

DON JÉROME.

C'est la ressource ordinaire de celui qui n'en a pas dans le cœur. Ma foi, quand on n'est pas prêt à tirer l'épée en pareille circonstance, et que l'on cherche un médiateur, la chose est claire.

DON PÈDRE.

Voulez-vous voir que cela n'est pas, et qu'il hésite uniquement parce qu'il est votre ami ?

DON JÉROME.

Oui.

DON PÈDRE.

Eh ! sachez que...

DON JÉROME.

Dites.

DON PÈDRE.

Ce rival...

DON JÉROME.

Qui ?

DON PÈDRE.

C'est moi.

DON JÉROME.

Vous !

DON PÈDRE.

Oui, j'aime Violante. C'est moi qui suis, je ne dirai point favorisé par elle (un chevalier peut bien avoir cet honneur, mais il ne doit pas s'en vanter); c'est moi qui ne suis point favorisé par elle, mais qui n'ai pas à me plaindre de ses mépris. Et s'il faut que j'invoque à cet égard un autre témoignage que le mien, c'est de moi que parlait cette femme de la maison de Violante, lorsque pendant mon absence elle dit à sa maîtresse que bientôt je serais rendu à sa tendresse. — M'avez-vous entendu ?

DON JÉROME.

Avant d'y réfléchir, pourquoi, lorsque je vous ai confié ma passion, ne m'avez-vous pas dit ce que vous venez de me dire ? Je vous le demande...

DON PÈDRE.

J'ai cru en cela pouvoir vous obliger...

DON JÉROME.

Comment, m'obliger ?

DON PÈDRE.

Je crus pouvoir obtenir assez d'empire sur moi pour vous céder la place; j'ai vu que cela était au-dessus de mes forces : car, enfin, il est malaisé de se vaincre soi-même, et je n'ai pas osé vous le promettre, de peur de n'avoir pas le courage de l'exécuter. J'ai répondu au reproche de ne pas vous avoir parlé clairement dès le principe; mais je me souviens de plus que notre conversation fut interrompue par je ne sais quel incident, et que je n'eus pas le temps de m'expliquer quand je l'aurais voulu.

A présent c'est à vous à juger si, étant votre compétiteur, cette disposition de ma part à chercher des détours, des moyens de conciliation, a été, a pu être, comme vous l'avez dit, une soumission honteuse, une lâche condescendance en faveur d'un rival, une ressource telle que l'emploient ceux qui n'en ont pas d'autre dans le cœur; enfin, si c'est ici le manque de valeur qui s'est caché sous le voile de la prudence.

DON JÉROME.

Je suis fâché de l'avoir dit, mais je ne me rétracte jamais : ainsi, don Pèdre, ce qui est dit est dit.

DON PÈDRE.

Et qu'avez-vous dit ?

DON JÉROME.

Si nous étions dans un autre endroit moins public, je vous le dirais.

DON PÈDRE.

Eh bien ! voyez en quel endroit vous voulez me le dire.

DON JÉROME.

Par-ici on va droit à l'Èbre...

DON PÈDRE.

Marchez devant, je vous suis.

DON JÉROME.

Nous pouvons aller ensemble.

DON PÈDRE.

Allons.

(L'amiral de Castille entre.)

L'AMIRAL.

Don Pèdre !

DON PÈDRE.

Seigneur?

L'AMIRAL.

J'ai mille reproches à vous faire.

DON PÈDRE.

A moi, seigneur? — En quoi aurai-je eu le malheur de les mériter?

L'AMIRAL.

Vous n'êtes pas un bon hôte. Je ne vous vois point.... depuis hier....

DON PÈDRE.

Vos reproches sont de nouvelles faveurs : je les reçois avec reconnaissance : le motif que j'ai eu...

L'AMIRAL.

C'est assez; puisque je vous trouve, venez avec moi, j'ai besoin de vous. Prenez congé de ce gentilhomme.

DON PÈDRE, à don Jérome.

Vous voyez; si je m'en défends, je ferai naître des soupçons.

DON JÉROME.

C'est bien. — Il n'y a rien de perdu, je vous attendrai.

DON PÈDRE.

Où?

DON JÉROME.

Auprès de Belflor, à un quart de lieue d'ici; il y a un endroit retiré où je pourrai vous attendre, sans que personne s'en doute.

DON PÈDRE.

Aussitôt que je serai libre, je serai à vous.

(Gonzalve et Ginès entrent.)

DON JÉROME.

Gonzalve?

GONZALVE.

Me voilà.

DON JÉROME.

Amène-moi un cheval, de l'autre côté du pont. (*A part.*) Don Pèdre, user de cette duplicité avec moi! d'abord réservé, ensuite hautain, parce qu'il s'est embarrassé dans ses explications étudiées. Vive Dieu! je lui ferai voir qu'il a trahi ma confiance.

(Il sort.)

DON-PÈDRE, à l'amiral.

Seigneur, je suis à vos ordres.

GINÈS.

Et moi aussi.

L'AMIRAL.

Qu'est-ce donc, Ginès? toi aussi, je ne t'ai pas vu ces jours-ci.

GINÈS.

Seigneur, on a beaucoup d'affaires.

L'AMIRAL.

Quelles affaires?

GINÈS.

Certain compte à régler, certaine dame...

DON PÈDRE.

Seigneur, il va vous dire mille sottises. (*A Ginès.*) Tais-toi, fou.

L'AMIRAL.

Non pas, don Pèdre ; vous savez qu'il m'amuse. Quel est ce compte ?

GINÈS.

Je n'ose trop vous le dire. Je tremble que *l'actif* ne soit en faveur de mon maître, et le *passif* ne me tombe sur le dos.

DON PÈDRE.

Seigneur, que cet impertinent ne me prive pas de l'avantage de savoir en quoi je puis vous être agréable.

L'AMIRAL.

Je voudrais parcourir cette ville dont le nom glorieux rappelle *César Auguste* [4]. Je voudrais visiter les temples, les édifices, connaître les rues. Nul ne peut me guider mieux que vous, l'un de ses plus illustres habitans.... procurez-moi le plaisir d'admirer ces belles choses dont j'ai beaucoup entendu parler.

DON PÈDRE.

Sans doute, seigneur, Sarragosse est digne de votre curiosité. (*A Ginès.*) Fais venir le carrosse.

L'AMIRAL.

Faisons mieux ; que le carrosse nous suive. — Sinon, nous allons perdre infiniment. Nous serons privés de la vue de cette multitude de jolies femmes qui sont aux balcons : admirons à notre aise tous ces astres vivans, ces jardins de fleurs suspendus dans les airs, cette prodigieuse variété de couleurs aussi vives que celles de l'arc-en-ciel après une légère pluie du mois de mai.

DON PÈDRE.

Seigneur, l'éclat de la cour rejaillit sur la ville. Tout le monde se livre à la joie ; chacun a paré la façade de sa maison, et les dames se montrent à toutes les fenêtres.

L'AMIRAL.

Allons, profitons de l'occasion.

DON PÈDRE.

Il me semble, seigneur, que vous avez l'esprit préoccupé !

L'AMIRAL.

Préoccupé ? non : mais, à vous dire vrai, j'éprouve ce désir si naturel de retrouver une personne qu'on n'a fait qu'entrevoir un instant pour la première fois...

DON PÈDRE.

Où l'avez-vous aperçue, cette belle personne ? Seigneur, si vous me donnez quelques indices, je pourrai vous conduire de ce côté-là...

L'AMIRAL.

A l'audience de l'empereur, où elle est venue parler à sa majesté, pour je ne sais quelle affaire.

DON PÈDRE, à part.

Encore ce coup, ciel implacable ! n'en ai-je pas assez, tandis que déjà mon existence ne tient plus qu'à un fil !

L'AMIRAL.

La connaîtriez-vous par hasard ?

DON PÈDRE.

Je ne saurais vous le dire, seigneur ; je n'ai pas fait beaucoup d'attention.....

GINÈS.

Il était fort distrait ; c'est de ce jour-là que date un certain éblouissement qui de temps en temps suspend l'usage de ses facultés intellectuelles. — Mais moi qui n'avais pas perdu la tête, je vous dirai le nom de cette dame. Venez, seigneur, avec moi ; elle demeure au *Coso* [5]. Elle sera certainement au balcon comme les autres ; elle est belle ; elle ne sera pas fâchée qu'on la voie.

L'AMIRAL.

Je te remercie, Ginès ; nous te suivons.

DON PÈDRE.

Seigneur, vous croyez ce fou ? Que sait-il, lui, de tout ce qu'il vous a conté là ?

GINÈS.

Oh ! je le sais très-bien ; et sinon vous verrez comme je vous mène droit à la maison de dona Violante de *Urréa*.

L'AMIRAL.

C'est en effet le nom qu'elle s'est donné elle-même.

GINÈS.

Je n'ai donc pas fait un conte ; c'est que j'avais, moi, toute ma tête, et mon maître.... Allons...

(Le marquis de Brandebourg arrive.)

LE MARQUIS.

Ah ! seigneur amiral, vous voilà !

L'AMIRAL.

J'ai voulu voir la ville.

LE MARQUIS.

Vous ne savez donc pas la grande nouvelle?

L'AMIRAL.

Non.

LE MARQUIS.

Le roi vient d'apprendre que la ville de Valladolid est divisée en deux factions qui sont à la veille d'en venir aux mains. Sa majesté va partir à l'instant pour s'y rendre.

L'AMIRAL.

En ce cas, rentrons au palais.

LE MARQUIS.

J'aurai l'honneur de vous accompagner.

L'AMIRAL.

C'est moi qui aurai cet honneur-là... Adieu, don Pèdre; et toi, Ginès, reçois cette bague pour ta bonne volonté. C'est un souvenir.

(L'amiral et le marquis sortent.)

GINÈS.

Et pour la vie. Jésus, qu'il est gros! mon maître, voyez ce diamant.

DON PÈDRE.

Infâme, misérable, gredin!!!

GINÈS.

Voici le délire qui le reprend.

DON PÈDRE.

Et tu as l'insolence de dire le nom d'une dame, d'indiquer la rue où elle demeure!...

GINÈS.

Eh bien! en quoi cela vous intéresse-t-il? Un autre me donne un diamant gros comme le poing, et vous, c'est un coup de poing que vous me donnez! — Est-ce de votre dame que j'ai parlé?

DON PÈDRE.

Misérable! — (*A part.*) Je m'emporte, j'ai tort; je vais lui faire connaître que c'est parce qu'il a deviné... mon imprudence n'échappera point à sa malice.... (*Haut.*) Ginès, mon enfant, excuse-moi, je te prie d'aller sur-le-champ me faire amener un cheval ici.

GINÈS.

Au nom du ciel, mon maître, si vous voulez vous débarrasser de moi, que ce ne soit pas avec cette arme à deux tranchans..... tantôt vous m'écorchez sans pitié, tantôt des caresses perfides....

DON PÈDRE.

Fais ce que je te dis, c'est important.

GINÈS.

Et pour moi, il l'est de me tenir loin de vous.

(Il s'en va.)

DON PÈDRE.

Mon âme n'est retenue que par un fil; je ne vis point.... Je suis en retard....; don Jérôme m'attend....

(Deux femmes voilées, dona Violante et Flore, arrivent.)

FLORE.

Seigneur don Pèdre?

DON PÈDRE.

C'est à moi!

FLORE.

Oui.

DON PÈDRE.

Qu'ordonnez-vous?

FLORE.

Une dame qui veut vous parler a su que vous étiez ici....; elle est là.

DON PÈDRE.

Une dame! à moi! cela me surprend.

DONA VIOLANTE.

Pourquoi?

DON PÈDRE.

Parce que je suis né plutôt pour mériter d'être haï que recherché par les dames.

DONA VIOLANTE.

Il serait facile de vous prouver le contraire.

DON PÈDRE.

Comment?

DONA VIOLANTE. Elle ôte son voile

De cette manière.... Voyez, don Pèdre, si elles vous haïssent ou si elles courent après vous.

DON PÈDRE.

Violante, toi ainsi déguisée! sous ce costume si

peu convenable à ta qualité, contre toutes les bien-séances !

DOÑA VIOLANTE.

Quoi! et vous-même n'avez-vous pas foulé aux pieds toutes les bienséances et outragé ma qualité? Il ne me reste plus rien à ménager.

DON PÈDRE.

Moi?

DOÑA VIOLANTE.

Oui, vous. D'après vos menaces d'hier, j'avais à craindre que vous ne commissiez une barbare indiscrétion; je me suis déguisée pour venir vous voir. La démarche, je l'avoue, est inconvenante; mais la vôtre, don Pèdre! Hier soir, les cris, le bruit, la douleur, avaient troublé ma raison; je ne savais à quel parti m'arrêter : je viens aujourd'hui vous supplier de m'écouter. Plus rassurée en ce moment, peut-être trouverai-je le moyen de vous persuader... Le délabrement de notre fortune, don Pèdre, et l'embarras d'une naissance qui a besoin d'être accompagnée d'autres avantages, s'opposent à notre union. De deux maux choisissons le moindre; déclarons tout à nos parens, avec franchise et dans les formes convenables; décidons-nous à braver les reproches de la vanité blessée, et mettons sur le compte de l'amour les privations auxquelles nous devons être préparés : pourvu que je vive auprès de vous, l'asile le plus modeste suffit à mon bonheur, et qu'importent les autres richesses? Au contraire, si notre secret doit être livré au public, au lieu de servir de prétexte à des duels, à des transports jaloux, ne vaut-il pas mieux que ce secret soit connu par un moyen qui ne compromet ni l'honneur, ni votre existence? Une fois mon époux, l'importune galanterie n'a plus la moindre excuse; mon honneur est conservé aussi pur, aussi brillant que l'astre du jour.... Prenons une position plus heureuse; la présence d'un époux en impose plus que l'épée d'un amant. Ainsi, mon cher don Pèdre, mon unique bien, écoutez mon humble prière, et croyez que je suis bien innocente de ce qui a pu tantôt vous faire de la peine.

DON PÈDRE.

Le moyen est bon, sans doute; que n'y avez-vous songé plus tôt! (*A part.*) Mais quand s'avise-t-on à propos de ce qui nous convient?

DONA VIOLANTE.

Quoi, seigneur, à cette humble prière, à une proposition aussi juste, à un amour aussi respectueux, vous ne répondez que par des soupirs, ou plutôt vous ne répondez rien! Les soupirs ne conviennent qu'aux amans malheureux; et vous n'avez pas à vous plaindre de ma tendresse.

DON PÈDRE.

Violante, le ciel m'est témoin... (*A part.*) Que lui dirai-je? Je suis perdu; le remède vient trop tard. (*Haut.*) Que je suis touché de ton amour, que j'admire ton esprit, que tes conseils me sont chers....! à tel point que....

GINÈS, arrivant.

Seigneur, voici le cheval.

DON PEDRE.

Mais... adieu; je n'ai pas la force de te parler...
Adieu, encore une fois; adieu, mille fois.

DONA VIOLANTE.

Serais-tu offensé de ce que je suis venue te chercher?

DON PEDRE.

Non; ce trait de dévouement reste gravé dans mon cœur.

DONA VIOLANTE.

Le moyen que je t'ai proposé te déplaît-il?

DON PEDRE.

Au contraire, il est digne de ta sagesse.

DONA VIOLANTE.

Es-tu content des mes explications?

DON PEDRE.

Oui, j'en suis satisfait.

DONA VIOLANTE.

Eh bien! pourquoi me laisses-tu sans réponse?

DON PEDRE.

Il m'est impossible de te le dire.

DONA VIOLANTE.

Ah! ne me fais pas soupçonner par cette réserve mystérieuse, par ce refus de parler, d'admettre ma proposition, que ton amour n'est qu'une feinte; que tu saisis le prétexte d'un reproche à me faire, pour revenir à tes anciennes liaisons avec ta cousine.

DON PÈDRE.

Je m'engage à répondre à tout aussitôt que je reviendrai, si toutefois tes yeux me revoient vivant.

DONA VIOLANTE.

Est-il juste de me quitter ainsi ?

DON PÈDRE.

Un devoir impérieux me rend cruel, et ne me permet pas de te consoler.... Loi du duel, loi tyrannique, maudit soit ton premier auteur ! tu me forces à me dérober à ses caresses pour aller au-devant de la mort.

(Il s'en va.)

DONA VIOLANTE.

Flore, où suis-je ? Que m'arrive-t-il ?

FLORE.

Voilà ce qu'on gagne à leur faire des avances ; voilà comme ils sont tous.... Que le feu du ciel les dévore !

DONA VIOLANTE.

Une femme comme moi ! Quel abîme de confusion, de peines, d'incertitudes déchirantes ! Une femme comme moi, dis-je, et je ne cesserai de le dire, abandonnée au milieu de la rue, sans qu'on daigne lui répondre ! quelle honte ! sans avoir aucun égard pour elle ! quel supplice ! Il n'a pas seulement eu la courtoisie de m'offrir de m'accompagner ! Mais pourquoi me livrer au désespoir ? pourquoi tant s'affliger ? je saurai bien... Hélas ! infortunée, que sauras-tu ? l'oublier....? Eh ! pourrai-je l'oublier plus tard, moi qui, dès le premier jour, n'ai jamais pu le bannir de ma pensée !

(Elle s'en va.)

GINÈS.

La voici enfin, la belle inconnue. Puisque l'occasion est si favorable, cette fois-ci je saurai qui elle est. Il faut la suivre....

FLORE.

Où va-t-on comme cela, gentilhomme?

GINÈS.

Madame, je vais mon chemin, madame...

FLORE.

Je vous engage à tourner de ce côté-là, sans quoi vous pourriez trouver qui vous en ferait repentir.

GINÈS.

Je serai très-fâché qu'on me fasse de la peine.

FLORE.

Voulez-vous que je vous roue de coups?

GINÈS.

Mon maître n'en ferait pas d'autre. Je vous salue....

FLORE.

Adieu.

(Elle s'en va.)

GINÈS.

Soleil, lune, planètes, étoiles, enfin tous les astres du ciel à qui s'adressent les malheureux dans leurs imprécations solitaires, quand sortirai-je de ce labyrinthe?

(Il s'en va.)

SCÈNE II.

Une forêt. — La scène est dans la forêt.

BRITO est caché dans le taillis, et ne laisse voir que la tête.

Depuis l'aube du jour jusqu'au coucher du soleil, Gilette me tient ici en plein air comme un linge à sécher; j'en serai malade. Je meurs de soif et de froid.... Oh! qu'un galant qui se cache en attendant sa belle, fait de tristes calculs! J'entends du bruit, je crois; serait-ce Gilette? Ma foi non! Si par une métamorphose subite elle n'a pris les traits d'un homme, c'est un chevalier qui s'avance dans le bois;.... que vient-il y chercher? moi, peut-être! Je frémis d'y penser seulement. Cachons-nous davantage.

DON JÉROME, arrivant.

Don Pèdre tarde beaucoup. Mais peut-être mon impatience me fait croire qu'il tarde; la colère trouve les heures longues..... En voici la preuve; il arrive à toute bride; il court encore plus vite que ma pensée.... Cela est clair; le retard ne vient pas de lui; c'est mon inquiétude qui ne lui donnait pas le temps d'arriver. Je vais lui faire signe avec mon mouchoir.

DON PÈDRE, il est encore derrière le théâtre.

Ah! mon Dieu!

DON JÉROME.

Ah! ciel! son cheval s'est abattu; volons à son secours!

DON PÈDRE. Il entre, pouvant à peine se soutenir.

Je voudrais bien que cet acte de générosité de votre part ne fût pas une chose inutile et superflue, dût-il m'en coûter plus cher....

DON JÉROME.

Que voulez-vous dire?

DON PÈDRE.

Que ma chute n'est rien. Le mérite de votre action est perdu; je n'ai pas besoin de votre secours.

DON JÉROME.

Toutefois, si vous vous ressentez le moins du monde de votre chute, comme j'ai attendu ici dans cette forêt, et livré à mes inquiétudes, que vous eussiez terminé vos affaires, je pourrai bien tout de même attendre que vous soyez parfaitement rétabli.

DON PÈDRE.

Je suis rétabli. Quoique mon bras ait souffert, cela n'est pas un motif pour que j'accepte le délai que vous m'offrez. D'ailleurs, celui qui, sachant que c'est moi qui suis son compétiteur, a pu croire, puisqu'il a soutenu que ce qui était dit était dit, que ma courtoisie servait d'excuse à ma lâcheté, je ne veux pas qu'il puisse penser à présent que la douleur de mon bras n'est aussi qu'une supposition. Tant que je puis tenir mon épée, je ne redoute aucun danger, je ne sens aucune douleur.

Ils se battent.)

DON JÉROME.

Je ne doute nullement de votre valeur.

BRITO, montrant sa tête hors du taillis; il est loin des combattans.

Qu'ils sont bons, d'être venus ici pour s'égorger! Mais celui-là est le cousin de madame Séraphine, ma maîtresse!

DON JÉROME.

Bel honnéur!

DON PÈDRE.

Jolie réputation!

BRITO.

Ah! qu'est-ce que cela me fait, à moi? Taisons-nous. Je ne veux pas qu'on sache que je suis ici, jusqu'à ce que Gilette arrive.

DON PÈDRE.

Quelle douleur! Ah ciel! que je suis malheureux!

DON JÉROME.

Vous avez laissé tomber votre épée.

DON PÈDRE. Il a laissé tomber son épée, et saisit sa dague de la main gauche. Don Jérome se retire à quelques pas.

Mon bras s'est enflé; je souffre d'horribles douleur; mon épée m'a échappé. Il ne me reste plus que le courage....

DON JÉROME.

Rassurez-vous; vous avez le temps de la ramasser. Ramassez-la, et continuons....

DON PÈDRE.

A quel malheureux cela pouvait-il arriver, si ce n'est à moi?

BRITO, de loin.

Quelle sottise, de laisser reprendre l'épée à celui qui est désarmé! ne vaut-il pas mieux alors lui tomber dessus?..

DON JÉROME.

Don Pèdre, à quoi pensez-vous? Reprenez votre épée; si ce n'est pas pour continuer le combat parce que la force vous manque, que ce soit pour vous retirer chez vous : quand vous serez bien rétabli, nous achèverons de vider notre querelle.

DON PÈDRE.

Je suis doublement confondu par votre grandeur d'âme et par la fatalité qui me poursuit. Don Jérôme, je suis deux fois vaincu. Dans cette complication d'accidens extraordinaires, je ne sais plus quel parti je dois prendre.

Si je reprends mon épée, ce ne doit être que pour la remettre dans le fourreau; puis-je la tirer contre celui qui vient de me la rendre? Non, sans doute. Eh! tâchons de nous acquitter par un autre sacrifice...

DON JÉROME.

Quoi donc?

DON PÈDRE.

Je me jette à vos pieds; donnez-moi la mort : qu'on dise que j'ai succombé dans un combat, et non pas que j'ai été désarmé.

DON JÉROME.

Ainsi, quand c'est vous qui avez été vaincu, vous voulez que la honte en retombe sur moi! Comment serais-je assez vil pour assassiner celui qui me demande la mort?

DON PÈDRE.

L'honneur vaut plus que la vie; il est plus généreux de me tuer que de me laisser une vie dont j'aurais à rougir; vous me rendrez un plus grand service si vous m'en délivrez. Mourir n'est qu'un malheur ordinaire; vivre déshonoré, c'est un supplice honteux.

BRITO, toujours dans le taillis.

Que de biaux complimens pour se tuer!

DON JÉROME.

Quand on est fidèle aux sentimens de l'honneur, on aspire toujours à ce qu'il y a de plus généreux. Je ne veux pas vous faire perdre plus que je ne vous donne; prenez votre épée, don Pèdre; mais comme la délicatesse d'un homme tel que vous doit être pleinement rassurée, je vous déclare que ce qui s'est passé entre nous n'ira pas plus loin. Le secret ne sortira jamais de ma bouche; je vous le promets; j'en donne ici ma parole. Touchez là.

(Il lui présente la main.)

DON PÈDRE.

Je vous dois la vie et l'honneur : disposez de moi, vos droits sont absolus. Je suis votre esclave.

DON JÉROME.

Vous êtes trop bien né pour cela, don Pèdre; il ne me faut pas tant de reconnaissance.

DON PÈDRE.

Enfin, que puis-je faire pour vous?

DON JÉROME.

Je ne vous demande rien ; je ne vends pas mes services. Ne faites que ce que vous croirez digne de vous ; mais, songez qu'en tout état de choses, j'adore Violante, et qu'il m'est impossible d'y renoncer.

(Il sort.)

DON PÈDRE.

Infortuné que je suis, a-t-on vu pareille contradiction? il me donne la vie, et me l'arrache en même temps! Après une conduite aussi noble que celle qu'il a tenue, après la promesse qu'il m'a faite, il y aurait désormais de l'ingratitude et de la bassesse à lui disputer l'objet de son amour; mon honneur dépend de sa discrétion; mais abandonner Violante! (je ne parle pas de la difficulté de l'éloigner de ma pensée) l'abandonner lorsqu'elle vient soumise, fidèle, suppliante, se jeter pour ainsi dire dans mes bras! Ce serait une infamie... il n'y a plus qu'un seul, un seul remède, c'est de chercher un prétexte pour m'éloigner,.... répondre à tout par l'absence; Violante n'aura que des doutes, elle n'aura pas la douleur d'avoir été positivement délaissée ou méprisée; don Jérôme sera parfaitement délivré de ma rivalité, et je n'ai pas d'ingratitude à me reprocher envers l'un ni envers l'autre... Je crois avoir imaginé un prétexte pour cette absence; pour lui donner toutes les apparences de la nécessité, je vais de ce pas la voir chez elle; j'ai la faculté d'y pénétrer par le passage secret de ma maison à la sienne; il n'y a qu'à faire le signal convenu.

VOIX CONFUSES au fond du théâtre.

De l'autre côté, de l'autre côté, sur le revers du coteau....

DON PÈDRE.

C'est une battue, on chasse dans la forêt. — Il ne me manque plus que d'être reconnu ici. Allons, mes peines, disputez-vous les facultés de mon âme; l'absence va se joindre encore aux tourmens de la jalousie ! et comment remplir à la fois deux devoirs contraires l'un à l'autre?

(Il s'en va.)

VOIX CONFUSES de tous côtés.

Au vallon ! à la plaine ! à la forêt !

BRITO.

Il a beau venir du monde, je ne sortirai pas d'ici jusqu'à ce que Gilette vienne m'y trouver.

VOIX CONFUSES.

Le sanglier est blessé; il court au bas du ravin.

(Dona Séraphine, un couteau de chasse à la main; Gilette, également armée d'une lance très-courte; un domestique.)

DONA SÉRAPHINE.

Je veux que ce soit moi qui lui porte le dernier coup. Je vois la trace du sang; les chiens me l'indiquent, il n'est pas bien loin; pénétrons dans le taillis.

GILETTE.

Je suis à tes côtés, mon arme pourra me servir en cas de besoin.

DONA SÉRAPHINE.

Voilà des feuillages qui s'agitent. — J'aperçois quelque chose dans ces broussailles.

GILETTE.

Le sanglier y est sans doute, il expire peut-être, ou il s'est arrêté pour reprendre des forces.

DONA SÉRAPHINE.

Allons, pourquoi hésiter? Attaquons-le, qu'il meure!

GILETTE.

Attends, retiens-toi,..... c'est bien une bête (6), mais ce n'est pas le sanglier.

(Brito sort des broussailles où il était caché.)

DONA SÉRAPHINE.

Que fais-tu donc là, Brito?

BRITO.

J'étais à voir des choses si extraordinaires, que tu seras bien étonnée de les apprendre?

GILETTE.

Il est si poltron, qu'il s'est caché pour ne pas venir à la chasse.

BRITO.

Méchante femme! j'étais venu ce matin couper du bois..... (*à part*) qui pourrait t'en charger les épaules! (*Haut.*) J'ai été obligé de me cacher, craignant que, s'ils venaient à m'apercevoir, ils ne me tuassent.....

DONA SÉRAPHINE.

Qui donc?

BRITO.

Écoute ce qui s'est passé.

DONA SÉRAPHINE.

Je le veux bien, — car je n'entends plus les chiens; ils ont perdu la trace.....

BRITO.

Ton cousin don Pèdre et un autre sont venus ici pour se tuer fort poliment. Après s'être distribué l'un à l'autre de grands coups d'épée avec une délicatesse infinie, avec une courtoisie qui aurait fait honneur au Cid (7); enfin, comme je te dis, au moment où ils étaient le plus acharnés, voilà que.....

DONA SÉRAPHINE.

Quoi?

BRITO.

Que l'épée est tombée de la main de don Pèdre.

DONA SÉRAPHINE.

Et don Jérôme l'a tué?

BRITO.

Un peu de patience. « Seigneur, ramassez votre épée. » — « Non, c'est vous qui devez la ramasser. » Et là-dessus force complimens. Chacun insistait de son côté, jusqu'à ce que l'un a ramassé l'épée, et l'a rendue à l'autre qui a répondu : « Je reçois de vous l'honneur et la vie. » Et ils se sont en allés tous deux par des chemins différens, comme c'est l'usage dans toutes les affaires quand elles sont terminées, le vainqueur faisant le fanfaron, et le vaincu tout de même.

DONA SÉRAPHINE.

Mais, dis-moi, as-tu entendu quelque chose du motif de la dispute?

BRITO.

Comme ça ; quelques mots par-ci, par-là ; — que c'était pour je ne sais quelle dame *Volante*; car il dit, en lui présentant l'épée... « Bien entendu que j'adore *Volante*, et que je n'y renoncerai point. » Et l'autre répondait : « Moi, abandonner Volante, qui est venue me supplier, pleurer, se jeter dans mes bras ! c'est une infamie..... »

DONA SÉRAPHINE.

Qu'ai-je entendu ? Ciel ! c'est Violante (ô cruelle amie !) qui est la cause des refus de don Pèdre ! C'est pour me trahir avec cette perfidie qu'elle m'accueille dans sa maison, lorsque je vais à la ville, et que, de mon côté, je la traite avec tant d'amitié quand elle vient à mon château pour goûter le plaisir de la chasse. — O rage ! sous l'apparence de l'attachement le plus sincère, assassiner son amie ! Il n'y a pas même ici le prétexte d'ignorer ce dont il s'agit, car mille fois nous avons causé ensemble de l'union que nos parens avaient jugée si convenable à don Pèdre et à moi.....

Ce n'est donc point assez que don Pèdre fût dédaigneux, ingrat envers moi..... il fallait encore que *Violante* y mît de son côté de la perfidie..... Si j'étais indignée de sa conduite, lorsqu'il me dédaignait parce qu'il ne voulait pas de moi, que sera-ce à présent qu'il me quitte pour une autre ? Ah ! que dis-je ? bénissons plutôt la fortune qui me fournit l'occasion de me venger de tous les deux. — Vive Dieu ! perfide cousin, amie fausse et ingrate, vous me la paierez. — Il perdra, lui, son honneur ; elle, toutes ses espérances..... Allez, Fabius, qu'on fasse avancer mon carrosse.

(Elle s'en va avec son domestique.)

BRITO, à Gilette.

A présent, méchante pièce, vous verrez ce que c'est que de laisser un homme exposé au soleil, à tous les vents, couvert de feuillage comme une *cruche* à rafraîchir l'eau [8].

GILETTE.

Mieux vaudrait te comparer à une outre qui est pleine de vin, et non à la cruche où il n'entre que de l'eau.

BRITO, en colère.

Je jure que.....

GILETTE.

Ah! ne me tue pas; j'ai eu de telles occupations.....

BRITO.

Lesquelles?

GILETTE.

Il m'a fallu *chausser* une poule [9].

BRITO.

Va-t'en, Gilette; je te pardonne. — L'excuse est admirable et ne laisse rien à dire.

SCÈNE III.

Un appartement de la maison de dona Violante.

DONA VIOLANTE, FLORE.

FLORE.

Madame, les larmes soulagent, dit-on; mais enfin elles viennent du cœur. Tant pleurer doit l'affaiblir.

DONA VIOLANTE.

Laisse-moi pleurer, Flore : dans l'affliction, notre faiblesse n'a que cette ressource ; c'est là toute notre vengeance.

FLORE.

Je ne dis point que votre douleur ne soit pas juste. Oui, ne pas daigner vous répondre, vous abandonner au milieu de la rue, vous tourner le dos ; c'est affreux ; mais la raison doit prendre le dessus.

DONA VIOLANTE.

Et tu ne dis pas la plus cruelle de toutes mes peines.

FLORE.

Je ne sache pas.....

DONA VIOLANTE.

Que c'est à cause de Séraphine.

FLORE.

Madame, ce n'est qu'une crainte imaginaire ; car il vous a dit lui-même qu'il reviendrait, qu'il répondrait à tout : il ne faut pas toujours croire le pis ; nous ignorons ses motifs. — Peut-être qu'une explication de sa part vous comblera de joie : calmez votre imagination ; il ne manquera pas de venir ce soir.

DONA VIOLANTE.

Ah! Flore, je ne serai point aussi heureuse; s'il avait eu l'intention de s'expliquer avec moi, n'a-t-il pas vu l'état dans lequel j'étais? Il n'aurait pas attendu à ce soir pour venir; l'entrée de mon appartement lui est également facile pendant le jour.

FLORE.

Chut! écoute.

DONA VIOLANTE.

Qu'est-ce?

FLORE.

Bonne nouvelle, madame; c'est le signal. L'explication arrive à propos pour dissiper vos chagrins. C'est lui... J'espère que vos larmes vont cesser; tous vos vœux seront satisfaits.

DONA VIOLANTE.

Va te mettre auprès de cette porte; je me charge de déplacer le tableau.

(Elle le pousse en effet, et don Pèdre entre dans l'appartement.)

DON PÈDRE.

Belle Violante, ne profère pas de plaintes; ne doute ni de ma foi, ni de mon tendre attachement; écoute-moi d'abord.

DONA VIOLANTE.

Ingrat, emporté, homme imprudent!

Tom. I. *Calderon.*

DON PÈDRE.

Écoute. (*A part.*) Je ne sais que lui dire! mentir pour la première fois! (*Haut.*) Une cruelle affliction déchirait mon cœur; tu ne seras pas insensible, tu m'excuseras. Tu sais que j'ai un oncle, don Alonzo, à Barcelone. Un courrier qui venait de passer avait, dit-on, raconté à l'auberge qu'il venait d'être assassiné de la manière la plus perfide. J'ai couru après ce courrier afin de savoir ce qui en était; voilà pourquoi tu as vu qu'on m'amenait un cheval. J'ai eu le bonheur de l'atteindre, et j'ai appris de lui....

VOIX CONFUSES dans la rue.

Arrête, arrête!

(Bruit dans toute la maison; Flore entre dans l'appartement, don Pèdre veut se cacher derrière le tableau, Violante le conduit vers une autre porte.)

DONA VIOLANTE.

Quel est ce bruit?

FLORE.

Madame, nous y sommes accoutumés. C'est dona Séraphine qui, suivant son usage, vient descendre chez vous.

DON PÈDRE.

Il faut donc que je me retire?

DONA VIOLANTE.

Oui, de l'appartement, mais non de la maison. Tu ne t'en iras pas que je n'aie entendu ce que tu as à me dire.

DON PÈDRE.

C'est bien. Mais puisque Séraphine n'a aucune méfiance de toi, et qu'elle se plaît à te faire toutes ses confidences, parle-lui de moi; tu verras que, puisque tu crois avoir deux motifs de plainte, tu seras doublement satisfaite.

DONA VIOLANTE.

Sans doute. Je vais lui parler; et je veux même le faire de manière que tu puisses l'entendre.

(Dona Séraphine entre.)

DONA SÉRAPHINE.

Que mon carrosse ne s'en aille pas : je vais sortir à l'instant.

DONA VIOLANTE.

Comment, ma belle amie, si peu de temps à rester! tu commences par me donner cette mauvaise nouvelle. Les choses fâcheuses sont toujours les premières qu'on annonce chez moi.

DONA SÉRAPHINE.

Ah! Violante! ma chère amie! c'est un chagrin mortel qui m'amène ici; un chagrin dont je voudrais mourir; je viens implorer ton secours, te confier ma vie, mon honneur, mon âme.

DONA VIOLANTE.

Je n'ai pas besoin que tu m'en dises tant. Tu sais que tu peux disposer de moi en toute sûreté. Tranquillise-toi, mon amie, respire un moment, vois ce que tu veux que je fasse.

DONA SÉRAPHINE.

Je veux seulement....

DONA VIOLANTE.

Dis.

DONA SÉRAPHINE.

Que tu aies la complaisance de permettre que je dise

ici deux mots à mon cousin don Pèdre. (*A part.*) Saurai-je contenir mon agitation ? (*Haut.*) Il faudrait que je lui parlasse en ta présence ; car tu sauras que ces vieux radoteurs de mes parens recommencent à me tourmenter à cause de lui. J'avais d'abord écouté la proposition avec plaisir ; mais comme il a balancé à donner son consentement, je ne veux plus en entendre parler ; je l'abhorre même à tel point, que fût-il un prince souverain, je ne veux pas me marier avec lui ; que dis-je, me marier ? m'en parler seulement, en avoir la pensée, c'est me faire une injure.

DONA VIOLANTE.

C'est une affaire facile. Que le ciel te bénisse !

DONA SÉRAPHINE, à part.

Comme elle s'en réjouit ! (*Haut.*) Et comme je ne suis pourtant pas libre de mes actions, et que je dois conserver des égards pour des cheveux blancs, fidèle à ma résolution, et ne voulant pas toutefois choquer ma famille, ce que je n'ose dire à mes vieux parens, j'ai formé le projet de le lui dire à lui-même. Puisqu'il s'est déjà prononcé si dédaigneusement, je veux le prier de continuer ; de cette manière on n'a rien à me reprocher. Ton amitié permettra-t-elle que je le fasse appeler ici ? Je n'ai pas d'autre maison à ma disposition en ville pour cette entrevue.

DONA VIOLANTE.

Nulle difficulté pour moi, ma chère ; tu le verras ici. C'est une bagatelle.

DONA SÉRAPHINE.

Encore une chose.

DONA VIOLANTE.

Dis.

DONA SÉRAPHINE.

Comme je n'ai personne avec moi, je te prie de me donner quelqu'un qui l'aille chercher de ma part; je suppose que, tout dédaigneux qu'il a pu se montrer, il aura toujours de la politesse à défaut de l'amour; on l'avertira que c'est moi qui le demande.

DONA VIOLANTE.

Qui enverrons-nous, Flore ?

FLORE.

Moi, madame.

DONA VIOLANTE.

Le connais-tu ?

FLORE.

Si bien, que personne dans la maison ne découvrira plus tôt ni aussi aisément où il est.

DONA VIOLANTE.

Et qui t'a donné ces renseignemens ?

FLORE.

Madame, j'ai servi, avant d'entrer chez vous, un gentilhomme de la ville qui le voit tous les jours dans une société, ici près de la maison.

DONA VIOLANTE.

Puisque c'est ainsi, va, dis-lui que Séraphine veut lui parler chez moi; entends-tu ?

FLORE.

Oui; très-bien, madame. (*A part.*) Il me suivra par le corridor, et je le ramènerai par la porte d'entrée, comme s'il venait de la rue. (*Au fond du théâtre, à don Pèdre, qui est caché.*) Venez, suivez-moi.

(*Elle sort avec lui.*)

DONA VIOLANTE, à part.

Très-bien. J'aurai le plaisir de lui voir dire devant moi qu'on l'abhorre. Je serai vengée, don Pèdre.

DONA SÉRAPHINE, à part.

Qu'elle est contente ! Elle oublie que le jour du plaisir est la veille de la douleur.

DONA VIOLANTE.

Enfin, ma belle Séraphine, le chagrin que t'avait causé l'indifférence de ton cousin s'est converti en haine déclarée ?

DONA SÉRAPHINE, à part.

Elle aime à me l'entendre répéter, et je ne veux pas lui en faire faute. (*Haut.*) Oui, ma chère; quelle femme dédaignée n'en dira pas autant ?

DONA VIOLANTE.

Il a tort de ne pas être sensible à tant de charmes.

DONA SÉRAPHINE.

Ah ! ton cœur est trop bon; je sais que je puis compter sur toi.

DONA VIOLANTE.

Tu le peux bien certainement; je mérite toute ta confiance.

(*Don Pèdre et Flore reviennent par la porte d'entrée de l'appartement.*)

FLORE.

Avais-je raison, madame ? Voici le seigneur don Pèdre.

DON PÈDRE.

Je suis confus, mesdames; je ne sais à qui je dois le bonheur d'être appelé dans cette maison. Est-ce à vous, céleste Violante, qui m'en donnez la permission; ou à vous, belle Séraphine, qui m'en fournissez le motif? Enfin, puisque l'une et l'autre vous avez toute sorte de droits sur mon âme et ma vie, en quoi puis-je m'employer à votre service?

DONA SÉRAPHINE.

Seigneur don Pèdre, laissons-là les complimens; allons au fait qui nous intéresse tous deux.

Vous pensez probablement qu'à la faveur d'une amitié dont j'abuse peut-être, j'ai pris la liberté de vous faire appeler ici pour me plaindre de l'indifférence avec laquelle vous avez regardé votre conquête, et méprisé dans ma personne le sang, l'éclat, l'avantage de notre famille : non, seigneur, je n'ai pas la sotte prétention de m'ériger en juge de votre conduite; je ne demande pas compte aux astres de leurs influences secrètes. Voyez combien j'ai d'autres pensées : loin de vous adresser des reproches, ce sont des remercîmens que je vous fais; mais puisque vous avez eu la gloire de me refuser, laissez-moi toute entière celle de souffrir généreusement une injure. Vous avez fait le premier pas; vous avez commencé la querelle; poursuivez, épargnez-moi le regret de m'être fâchée à mon tour. Il est trop pénible pour une femme qui se respecte de faire succéder de l'aigreur à des sentimens d'une autre nature.... Ne croyez pas que ce soit ici une résolution légèrement conçue. Écoutez mes motifs. Aujourd'hui même on m'a parlé de vous. Nos parens, jaloux de conserver les anciens majorats de la famille, craignent toujours qu'ils ne passent, par vous ou par moi, à quelque ligne transversale, et que les armes de *Torrellas* ne soient confondues parmi celles d'une maison étrangère; mais ce n'est pas moi qui me suis refusée à les rassurer par notre mariage; c'est donc à vous naturellement qu'ils ont dû s'adresser, à vous qui le premier avez témoigné de la répugnance pour ce rapprochement de famille; aussi ai-je pensé que leurs nouvelles instances pouvaient venir de votre part. Auriez-vous par hasard fait un retour sur vous-même, à cause des rigueurs d'une certaine dame pour laquelle vous avez tiré l'épée aujourd'hui?

Ceci est peut-être un jugement téméraire, et dans ce cas le malheur n'est pas grand : mais si j'ai deviné, il est bon que vous sachiez que je ne suis pas faite pour servir de pis aller. Puisque les périls auxquels vous expose celle dont je laisse à d'autres le soin de publier le nom, vous ont fait rentrer en vous-même et changer de disposition à mon égard, c'est une raison de plus qu'à mon tour je n'en tienne nul compte; ainsi, je le répète et ne cesserai de le répéter, don Pèdre, je vous supplie de soutenir votre caractère, de vous refuser à tout arrangement avec moi. Je suis toute consolée de vos mépris, et vous n'aurez pas besoin de consolation, vous qui avez débuté par être un ingrat. Si on venait à remettre la question sur le tapis, et que je me visse dans la nécessité d'expliquer à mon tour pourquoi je ne veux plus en entendre parler, quels que soient les moyens de persuasion ou de violence qu'on voulût employer, voici ma réponse : Je ne donnerai jamais ma main à un homme qui, dans une affaire d'honneur, ne sait pas tenir son épée : je ne m'associerai jamais à l'existence d'un homme qui ne doit sa vie qu'à la pitié de son adversaire.

(Elle sort.)

DON PÈDRE.

Écoute !

DONA VIOLANTE.

Attends !

DON PÈDRE.

Ah ! malheureux que je suis !

DONA VIOLANTE.

Et moi !

DON PÈDRE.

Quelle défaillance mortelle !

DONA VIOLANTE.

Quel frisson !

DON PÈDRE.

Quelle terreur subite ! Sort cruel !

DONA VIOLANTE.

O fatale destinée !

DON PÈDRE.

Mon cœur a cessé de battre !

DONA VIOLANTE.

La parole expire sur ma bouche !

DON PÈDRE.

Chevalier déloyal, c'est donc pour la fausser indignement que tu m'avais donné ta parole !

DONA VIOLANTE.

Plus de doute : mais c'est au creuset de l'outrage que s'épure la générosité. Don Pèdre, si toutefois la gravité des affaires qui vous occupent vous laisse la faculté de penser, vous croirez peut-être que je vais me livrer à ma douleur et vous accabler de reproches pour avoir trahi notre secret, compromis mon honneur, foulé aux pieds toutes les considérations. — Rassurez-vous. Ma tendresse l'emporte sur ma colère. Je ne me souviens plus de mon injure, je ne me plains ni de votre emportement ni de votre fatale imprudence. J'admets l'excuse de la jalousie ; voulez-vous plus encore ? je consens à regarder un fol égarement comme une preuve d'amour ; mais n'ayons qu'une seule pensée ; oublions ce qui me touche, et ne songeons plus qu'à vous. Un accident fatal, j'en juge d'après ce que cette femme cruelle vient de donner à entendre, un accident fatal, dis-je, a trompé votre valeur ; votre réputation est compromise.... C'en est assez pour que votre déloyal adversaire se vante insolemment de vous avoir donné l'honneur et la vie, et qu'une femme le raconte sans ménagement. — Dans des affaires aussi délicates un seul témoin suffirait, et quoique vous puissiez récuser celui-ci qui est un ennemi déclaré, cependant, le public une fois instruit, rien ne peut retenir la diffamation qui court et gagne de proche en proche comme une maladie contagieuse. — Vous connaissez vos devoirs, don Pèdre ; voici le mien. — Tout ce que je puis, tout ce que je possède vous appartient — Disposez-en, —

Ne vous attendrissez pas sur mon sort. — Je saurai cacher mes larmes au fond d'un cloître, sans autre espoir que celui de vous être toujours fidèle. — Il faut absolument, et à quelque prix que ce soit, que votre honneur soit sauvé. Je vous aime, don Pèdre, je vous adore, je vous idolâtre; mais j'aime, j'adore, j'idolâtre encore plus votre honneur. — Adieu, jusqu'à ce que je vous revoie vengé, ou adieu pour toujours.

(Elle s'en va.)

DON PÈDRE.

Écoute, attends.... Elle a fermé la porte sur elle. — Hélas! je n'ai pas eu le temps de lui dire que son conseil sera suivi de point en point. — Oh! sans doute, je ne la verrai qu'après m'être vengé, ou elle ne me verra plus.

FIN DE LA DEUXIÈME JOURNÉE.

JOURNÉE TROISIÈME.

SCÈNE PREMIÈRE.

Devant l'une des portes de la ville, en entrant dans la promenade publique de Sarragosse.

DON PÈDRE, GINÈS.

GINÈS.

Il était temps de vous trouver.

DON PÈDRE.

Tu viens fort à propos, si tu crois que j'ai besoin de tes bouffonneries.

GINÈS.

Allez-vous me maltraiter d'abord pour en avoir du regret un moment après ? Seigneur, raisonnons amicalement ; quelle idée de sortir de la ville avec cet air soucieux, mélancolique, dans ce moment où nobles et plébéiens, attirés par le bruit du départ du roi, assiégent les avenues du palais ! — Et vous qui tantôt vous êtes présenté le premier à sa majesté, vous n'êtes pas même le dernier aujourd'hui !

DON PÈDRE.

C'est précisément parce que tous sont contens,

parce que le roi les traite tous avec honneur, que j'évite de parler à qui que ce soit, et que je fuis dans ces lieux solitaires.... (*A part.*) En effet, depuis que je suis sorti de la maison de Violante, je n'ose regarder ceux que je rencontre, je tremble qu'ils ne soient instruits de mon malheur; la honte m'accable; ainsi, je viens dans ces solitudes pour méditer sur les moyens de me rétablir dans l'opinion publique. Allons; voyons d'abord que dira toute la ville de moi quand on racontera partout que...

BRITO, chantant derrière la toile, au fond du théâtre.

« Deux chevaliers se battaient à outrance; l'un
» d'eux laisse échapper son épée.... »

DON PÈDRE.

Infortuné que je suis! mes peines sont au-dessus de mes forces. — Ce que je crains de me dire à moi-même, je l'entends publier de tous côtés. Le bruit de mon infamie retentit dans les airs.

BRITO, toujours derrière la toile, continue à chanter.

« Marche donc, ânesse du diable. — Voyez comme
» elle va de côté. — Deux chevaliers se battaient
» ensemble, l'un d'eux laisse échapper son épée... »

GINÈS.

Holà, gredin! comme il fredonne! et son âne fait chorus avec lui. Mon maître, cessez donc un moment de penser à cette dame; écoutez la chanson de ce vilain qui porte des provisions au marché : Elle vous amusera.

GILETTE, de l'autre coté du théâtre, derrière la toile, chantant.

« Deux chevaliers se battaient à outrance. —Voilà
» que l'un d'eux laisse échapper son épée. »

GINÈS.

Et la paysanne aussi chante le même refrain ; l'air est assez gai. — On ne tardera pas à le répéter partout.

GILETTE, chantant.

« L'un d'eux laisse échapper son épée. »

GINÈS, à don Pèdre.

Qu'en dites-vous, mon maître ? l'air et les paroles, comment les trouvez-vous ?

DON PÈDRE.

Il ne me manquait plus que ce nouveau supplice... Enfin, me voilà devenu la fable de la lie du peuple.... on n'entend plus que....

GILETTE ET BRITO, entrent chacun de leur côté, et chantent.

« Deux chevaliers se battaient à outrance... »

DON PÈDRE.

Taisez-vous, rustres.

BRITO.

Juste Dieu !

GILETTE.

Dominus tecum!

DON PÈDRE.

Ou vous allez mourir de ma main.

GINÈS.

Le délire lui revient à propos ; ce n'est pas moi qui en souffrirai.

GILETTE ET BRITO.

En quoi vous avons-nous offensé, seigneur ? Pour dire : « L'un d'eux laisse échapper son épée... »

DON PÈDRE.

Votre chanson m'assassine, et vous continuez!

(Il se jette sur eux et les frappe de son épée.)

GILETTE ET BRITO.

Nous sommes perdus, morts!

GINÈS.

Amis, ce n'est rien, cet accès lui passe bientôt : tout à l'heure il va vous combler d'amitié après vous avoir brisé les os.

DON PÈDRE.

Dites, misérables, vils rustres, grossiers, qui vous a enseigné ces couplets?

BRITO.

Que vois-je, ciel! je suis mort si Gilette dit que c'est moi qui l'ai vu.

GILETTE.

Je n'en sais autre chose sinon que partout on les chante. Brito vous le dira; il sait, lui, toute l'affaire.

BRITO.

Tout ce que j'en sais, c'est que vieux, jeunes, femmes, tout le monde chante;.... « Deux cheva- » liers se battaient à outrance, etc. »

GILETTE.

C'est ce que je dis,.... « l'un d'eux laisse échapper son épée. »

DON PÈDRE.

Vive Dieu!.... mais hélas! que va-t-on dire de moi! que je laisse vivre le coupable, et que je me venge sur de pauvres paysans!... Amis, allez en paix, suivez votre chemin.

GINÈS.

Je vous l'avais bien dit : dès que l'accès est passé, c'est un ange.

BRITO ET GILETTE.

Oh! certainement, nous nous en allons.

BRITO.

Puisque cela vous fâche, je jure de ne plus dire...

GILETTE.

Je promets de ne plus dire....

TOUS DEUX ENSEMBLE chantent.

« Deux chevaliers se battaient à outrance... »

(Ils s'en vont.)

DON PÈDRE.

Allez-vous-en, ne me poussez pas à bout.

GINÈS.

Mais, seigneur, qu'est-ce que cela vous fait, à vous, que ces deux rustres s'en aillent en chantant?...

GILETTE ET BRITO reviennent sur leurs pas, et disent ensemble.

Je jure de   } ne plus dire de ma vie : «l'un d'eux
Je promets de }   laisse échapper son épée. »

DON PÈDRE.

Le sort, on est jeté : il n'y a point à réfléchir sur les moyens ; je n'ai plus de ménagement à garder.— Partout où je le trouve, il est mort.

(Il s'en va.)

GINÈS.

Où va-t-il d'un air si résolu? Il rentre en ville.— Je vais le suivre.

(Gilette et Brito reparaissent.)

GILETTE.

Qu'est-ce donc cela, Brito?

BRITO.

C'est cela même....

GILETTE.

Dis donc....

BRITO.

C'est que ce pauvre gentilhomme laisse traîner son épée, comme d'autres leur manteau (10).

GILETTE.

Ah! si je l'eusse su plus tôt!

BRITO.

Qu'aurais-tu fait?

GILETTE.

Pour t'apprendre à bavarder, et te faire punir par lui, j'aurais...

BRITO.

Et moi aussi, je lui aurais dit que je n'étais caché dans le taillis qu'à cause de toi, et que tu étais la cause première de l'indiscrétion; qu'ainsi...

GILETTE.

Eh bien! nous sommes coupables tous les deux; tais-toi, et taisons-nous.

BRITO.

Il ne me reste plus qu'une petite maladie....

GILETTE.

Laquelle?

BRITO.

L'envie de parler, par cela même que je devrais me taire; j'en suffoque.

GILETTE.

Allons, disons-le tout bas. (*Ils chantent.*) « Deux gentilshommes se battaient à outrance : voilà que l'un d'eux laisse échapper son épée. »

(Au fond du théâtre, derrière la toile, grand bruit de coups d'épée.)

DON PÈDRE. On l'entend sans le voir.

Vive Dieu! il faut que je me venge!

DON JÉROME, aussi derrière la toile.

C'est ainsi que vous me récompensez de vous avoir donné la vie!

VOIX CONFUSES.

Arrêtez, arrêtez-vous!

GILETTE.

Qu'est-ce donc, Brito?

BRITO.

Je ne sais, mais là-bas, sur la place du palais, on se donne de grands coups d'épée.

GILETTE.

N'avançons pas; estocades, musique, tout cela gagne à n'être pas entendu de si près.

(Don Pèdre, don Jérôme, arrivent l'épée à la main et cherchant à se rejoindre pour continuer le combat. Un groupe de curieux cherche à les séparer. L'amiral de Castille entre d'un côté, le marquis de Brandebourg de l'autre. Ginès.)

DON PÈDRE.

Tu vas mourir de ma main, chevalier sans foi, sans parole...

DON JÉROME.

C'est ainsi que tu paies ma générosité !

PLUSIEURS VOIX.

Arrêtez-vous ! séparez-les !

GINÈS.

Folie de première espèce. — Il attaque son ami, son parent.

TOUS LES SPECTATEURS.

Songez au lieu où vous êtes !

LE MARQUIS.

Don Jérome, que faites-vous ?

L'AMIRAL.

Don Pèdre, y pensez-vous ?

DON PÈDRE, continuant à se battre.

Pardon, seigneur, je venge une insulte.

L'AMIRAL.

Une insulte ! je ne vous retiens plus : je me range à votre côté.

(L'amiral et le marquis portent la main à la garde de leurs épées, sans la tirer cependant.)

DON JÉROME.

Seigneur, pardon, je veux punir un ingrat.

LE MARQUIS.

Quoi que ce soit, je suis votre hôte ; comptez sur moi.

LE CONNÉTABLE, arrivant avec sa suite.

Comment ! quelle audace ! Ici, sous les yeux de l'empereur qui est là, que vous voyez devant vous, prêt à monter dans son carrosse ! Je n'en dis pas davantage..... Le voilà qui vient à nous !

L'AMIRAL.

Vite, chevalier, l'épée dans le fourreau ; que l'empereur ne la voie pas tirée en sa présence.

LE MARQUIS.

Retirez-vous ; non par crainte de l'adversaire, mais par respect pour le roi.

DON JÉROME.

Le roi ! A ce nom tout gentilhomme obéit ; je me retire.

(Charles V entre, suite.)

CHARLES V.

Marquis, amiral, quel est tout ce bruit ?

DON PÈDRE.

Sire, je vais le dire à votre majesté : personne ne doit souffrir ici d'un éclat dont je suis seul coupable.

O Charles ! premier de ce nom parmi nos rois, et le cinquième parmi les maîtres de l'empire, c'est une affaire d'honneur, c'est avoir franchi en un instant toute la distance qu'il y a entre l'honneur et l'infamie, entre la plus haute élévation et l'abaissement le plus ignominieux ! Hier j'étais à vos pieds, comblé de faveur et de satisfaction ; aujourd'hui je m'y retrouve chargé de honte et de mépris ; triste exemple des vicissitudes de la fortune, qui réserve souvent une chute terrible à celui qu'elle vient d'élever. Quand on cherche à laver son outrage dans le sang de son ennemi, en l'attaquant publiquement, on doit rendre compte de ses motifs, afin que tout le monde en connaisse la justice.

Ces jours passés je me suis battu en duel avec un noble chevalier, don Jérôme de Hansa (en pareille affaire la qualité n'est pas indifférente); avant d'arriver sur le terrain j'étais tombé de cheval, parce qu'il suffit d'être pressé d'arriver pour éprouver quelque accident qui vous retienne; mon bras avait souffert dans la chute; mais je ne voulus pas m'en plaindre, ni que cela fût un motif d'ajourner le combat; le courage fit taire la vive douleur que je ressentais : mon bras, affaibli, s'enflait à vue d'œil, et bientôt ne put soutenir mon épée; elle échappa de ma main; don Jérôme m'invita à la ramasser. Je me plais à le dire; je ne veux pas lui ôter le mérite de ce qu'il a fait de bien, quoique j'aie à me plaindre de ce qu'il a fait de mal. Ne voulant pas désormais tourner mon épée contre un adversaire aussi généreux, je le suppliai de me donner la mort, aimant mieux succomber dans une affaire malheureuse, que vivre désormais sans honneur. Alors don Jérôme me promit solennellement, me donna sa parole qu'il garderait un secret inviolable sur ce qui venait de se passer : il y mit à la vérité certaines conditions cruelles pour moi; et, quoiqu'il ne les exigeât pas formellement, je crus de mon devoir de commencer par les remplir.

Ainsi mon malheur me devenait moins insupportable, par l'idée où j'étais que le seul témoin de ce qui s'était passé entre nous connaissait aussi l'accident dont j'avais été la victime; et comptant sur la parole donnée d'un imperturbable silence de sa part, je rentrai dans la ville. Sire, au premier pas que j'y fais, je vois que non-seulement il n'a pas tenu sa promesse, mais qu'il s'est insolemment vanté partout de son triomphe. Il m'a couvert d'opprobre; il m'a déshonoré avec si peu de ménagement, que mon infamie est le sujet de toutes les conversations; que ce qui m'arrache des pleurs de rage est le texte de tous les couplets qu'on chante dans les rues. Je dois me justifier publiquement par deux motifs également sacrés. D'abord il faut qu'on sache qu'un accident fatal n'est pas une lâcheté ; ensuite que ma vengeance est légitime, puisque mon adversaire a trahi sa promesse et violé la foi qu'il m'avait jurée.

D'après ces motifs, sire, en vertu des priviléges d'Aragon et de Castille, consignés dans le *Livre vert*, qui assurent à tout noble reconnu pour tel le droit de venger son injure l'épée à la main, je demande à combattre en champ clos celui qui m'a offensé. Vous me voyez, sire, à vos pieds, sollicitant humblement comme une faveur ce que votre justice ne saurait me refuser.

Ordonnez, sire; désignez le lieu du combat, corps à corps, à pied ou à cheval ; nu ou armé de toutes pièces (car le choix appartient à celui qui reçoit le défi); je soutiendrai à outrance qu'il a été *déloyal chevalier*, en assassinant par ses discours, celui auquel il avait laissé la vie.

CHARLES V.

L'existence du privilége que tu invoques ne m'est pas inconnue, mais l'usage en a été abandonné. Ainsi, adresse-toi au connétable, qui sera chargé de te répondre.

DON PÈDRE.

Sire, j'en appelle à votre majesté; mon souverain doit me rendre justice.

CHARLES V.

Vous adresser à mon connétable, c'est vous la rendre. Par les droits antiques de sa place, il est non-seulement capitaine général de mes troupes, mais encore le chef de la justice, surtout lorsque je me trouve en personne à l'armée; il a l'autorité militaire et civile. Les édits, les capitulations, les lois, les marchés, les règlemens, tout est fait par son ordre; ses honoraires en sont la preuve : son traitement pour chaque mois équivaut à un jour de solde de l'armée entière. Ainsi le connétable est le juge suprême de toute rencontre et faits d'armes dans mes états du continent, comme l'amiral l'est de tout ce qui se passe à la mer... Ainsi, je vous renvoie à votre véritable tribunal, afin qu'il vous rende justice, et vous maintienne vos droits, vos honneurs et vos priviléges; adressez-vous au connétable. (*A part.*) O ma chère Castille! que je puisse voler dans tes bras sans que rien me retienne davantage!

VOIX CONFUSES, au fond du théâtre.

Le carrosse du roi. — Place! place!

DON PÈDRE, au connétable.

Illustre et généreux Fernandez de Velasco [11], l'empereur m'envoie auprès de vous...

LE CONNÉTABLE.

Je le sais; n'en dites pas davantage. — Amiral, marquis....

(Ils parlent tous trois ensemble et à part.)

DON PÈDRE.

Que disent-ils entre eux ?

LE CONNÉTABLE, au marquis de Brandebourg et à l'amiral.

Si je ne me trompe, seigneurs, je crois m'être aperçu que vous aviez ici, chacun de vous, vos affections particulières; car vous, marquis, vous avez engagé l'un de ces nobles rivaux à remettre son épée dans le fourreau; et vous, amiral, vous avez fait retirer l'autre à l'approche de sa majesté.

LE MARQUIS ET L'AMIRAL, ensemble.

Oui, seigneur, cela est vrai.

LE CONNÉTABLE.

Alors, seigneurs, avant que le combat à outrance soit engagé, je vous supplie de vous joindre à moi pour tâcher de les concilier.

L'AMIRAL.

Je m'engage au nom de don Pèdre. (*S'adressant à celui-ci;*) approchez; il est juste que vous m'entendiez. Je m'engage à le faire désister, pourvu qu'il obtienne une satisfaction honorable.

DON PÈDRE.

Tout ce que don Fadrique Henriquez [12] (je supprime vos titres, il s'agit ici moins du grand seigneur que du noble chevalier) pourra me conseiller, nul doute que je ne sois prêt à le trouver juste et convenable.

LE MARQUIS, à l'amiral.

Seigneur, vous connaissez les prétentions de votre partie; elles sont publiques: vous pouvez parler en son nom. Quant à moi, don Jérome n'a rien pu me dire des siennes; je ne saurais parler avec connaissance de cause.

(Don Jérôme arrive.)

DON JÉROME.

Ayant appris, seigneur, ce que don Pèdre a dit en mon absence, je viens non-seulement répondre au cartel que je l'accepte, mais soutenir aussi qu'en m'imputant que j'ai trahi le secret promis, il est dans l'erreur; ce secret n'est jamais sorti de mes lèvres.

LE MARQUIS.

A présent je puis parler à mon tour; je connais ses sentimens. — Quelle plus grande satisfaction peut donner un chevalier qu'en déclarant qu'il n'a pas dit la chose dont on l'accuse?

DON JÉROME.

Un moment, seigneur: avant de savoir que, pendant mon absence, vous aviez parlé en ma faveur, je viens de déclarer ailleurs que le secret n'était pas sorti de ma bouche; — mais c'était pour ma propre satisfaction que j'en ai fait l'aveu, — non pour celle d'autrui. Je n'en donne jamais quand il y a défi, et qu'on est au moment de se battre. — Ainsi, ce que j'ai pu dire comme un fait que je n'avais pas de répugnance à cacher, je le nie si on l'interprète d'une autre manière.

LE MARQUIS.

Cette satisfaction est plus positive, puisqu'elle est donnée sans l'intention de la donner.

L'AMIRAL.

Non, elle ne suffit pas ; — il faut la donner avec l'intention formelle de la donner, et encore.....

LE MARQUIS.

Quoi ?

L'AMIRAL.

Ajouter des preuves.

LE MARQUIS.

Des preuves ! Comment ?

L'AMIRAL.

En amenant ici la personne à laquelle on l'a dit.

LE MARQUIS.

Il n'est pas facile de savoir qui a vu ce qui se passait au fond d'un bois écarté.

L'AMIRAL.

Ni de croire sans avoir.....

LE MARQUIS.

Quelle autre satisfaction que de la donner sans le vouloir ?

L'AMIRAL.

Oui, marquis, si cela pouvait suffire pour rectifier des bruits répandus dans toute une capitale, sans doute don Pèdre n'aurait rien de plus à désirer. Mais le public, toujours prêt à croire le pis, pourra s'imaginer, si on ne lui donne des preuves évidentes, qu'il y a eu condescendance des deux côtés ; que l'un a eu l'air de se dédire, et l'autre s'est contenté de cette apparence ; et tous les deux seront blâmés.

JOURNÉE III, SCÈNE I.

Ainsi, don Pèdre, si l'on ne présente pas de témoins, n'acceptez pas de satisfaction.

LE MARQUIS.

Ni vous, don Jérôme; quand vous auriez les témoins à votre disposition, ne les produisez pas : il serait hors de propos de s'en rapporter au dire d'un autre, plutôt qu'à ce que vous dites vous-même.

LE CONNÉTABLE.

J'ai choisi de bons parrains; personne ne veut céder?

DON JÉROME.

Je persiste à repousser une odieuse imputation, et j'accepte le combat.

LE MARQUIS.

Tenez-vous-en là.

DON PÈDRE.

Et moi, pour ne pas le différer, je n'admets aucune espèce de composition.

L'AMIRAL.

Vous aussi, don Pèdre, tenez-vous-en là.

LE MARQUIS.

C'est vouloir absolument qu'il n'y ait plus de moyens de conciliation.

L'AMIRAL.

C'est vouloir vous-même qu'on ne puisse s'entendre.

LE MARQUIS.

C'est ce qui est juste.

L'AMIRAL.

C'est ce qui est positif.

LE CONNÉTABLE.

Messieurs, c'est, d'une manière et d'autre, rendre le duel inévitable. Enfin, à quoi vous décidez-vous ?

DON PÈDRE.

A n'admettre aucune satisfaction.

DON JÉROME.

Et moi, à n'en point donner.

LE CONNÉTABLE.

Dès lors, il n'y a plus de remède.

TOUS LES QUATRE, ensemble.

Plus de remède.

LE CONNÉTABLE.

Chevaliers, le champ vous est accordé. C'est à moi qu'il appartient de vous en garantir la *sûreté* : je désigne la place du palais de Valladolid. Le roi a vu naître cette querelle ; elle se terminera devant sa majesté. J'ai fait ma charge ; à vous, chevaliers, à choisir le jour.

DON PÈDRE.

Le plus prochain : abrégeons les heures : le lendemain de l'arrivée de l'empereur à Valladolid.

LE CONNÉTABLE, à don Jérôme.

A vous les armes.....

DON JÉROME.

L'épée ; c'est l'arme d'un chevalier : et pour que nul discourtois ne s'avise de soupçonner le motif de mon choix, prenons aussi la hache d'armes, dont le maniement exige à la fois autant de force que d'agilité.

LE CONNÉTABLE.

Allons, chevaliers, adieu; je vous attends au rendez-vous.

LE MARQUIS.

Don Jérôme, au champ d'honneur! je vous promets de m'y trouver à côté de vous.

L'AMIRAL.

Au combat, don Pèdre; le champ est accepté, corps à corps; quoique, dans les duels publics, les parrains ne doivent pas tirer l'épée, et ne soient là que pour partager le terrain et le soleil, je fais pour vous plus que si je devais me battre. — Je veux être votre parrain.

LE MARQUIS, à don Jérôme.

Et moi le vôtre.

TOUS QUATRE ENSEMBLE.

Adieu. — Nous nous verrons bientôt.

(Ils sortent.)

GINÈS seul.

Trouvera-t-on sur toute la terre deux fous de cette force? — Il leur en coûte plus de soins, plus de préparatifs, plus de démarches pour savoir de quelle manière ils doivent se couper la gorge, qu'il n'en coûte à beaucoup de gens d'esprit pour savoir comment ils pourront vivre! Je parierais qu'ils ne courent si vite au danger, que pour hâter le dénoûment de la comédie; il faut donc précipiter la marche de la *journée* (13). L'expression ne gâte point la métaphore, car le mot *journée* signifie un combat; et moi, pauvre de moi, que deviendrai-je, orphelin de maître et de maîtresse ! de maître, puisque le mien va partir, sans autre disposition que de se mettre à côté de l'amiral, dans son carrose; de maîtresse, puisque je ne l'ai jamais connue.

(Flore et dona Violante voilée, arrivent.)

FLORE, à dona Violante.

Vous êtes bien décidée.

DONA VIOLANTE.

Je ne puis me résigner à attendre des nouvelles incertaines, confuses, dans mon appartement; à la faveur de ce voile, je veux savoir ce qui se passe; ayons l'air d'acheter quelque chose dans ces magasins, chez les joailliers, c'est là qu'on sait tout.

FLORE.

Attends, je vois Ginès; il ne manquera pas de jaser. Gentilhomme?

GINÈS.

A moi ?

FLORE.

A vous.

GINÈS.

Je ne me connais pas cette qualité.

FLORE.

Mais vous avez une bague de diamant.

GINÈS.

Mais le reste de mon costume,... vous voyez la contradiction.

FLORE.

Ne parlons pas de cela, vous savez que les femmes sont curieuses... Dites-nous, quelle est cette affaire d'un tel don Pèdre Torellas ?

GINÈS.

Je suis son valet ; je vous la dirais, même sans la savoir. Il y avait une reine maure qui rôdait enchantée par les montagnes où le roi maure l'avait laissée ;..... Mon maître la vit un jour de saint Jean, peigner ses blonds cheveux aux rayons du soleil dont....

FLORE.

Laissons là les bouffonneries, et parlons sérieusement. Dites-nous la vérité.

GINÈS.

Tenez, je crois qu'on est amoureux d'un être fantastique, que personne ne connaît, et que des transports de jalousie les font aller à Valladolid se couper la gorge, comme des cochons, lui et don Jérôme de Hansa... Vous voyez bien, affaire de chevalerie ; j'ai bien fait de vous parler d'abord de la reine enchantée. Ces choses-là se tiennent.

DONA VIOLANTE.

Ils vont à Valladolid ?

GINÈS.

Oui.

DONA VIOLANTE.

Pourquoi ?

GINÈS.

Parce que c'est plus loin, et parce qu'on dit que ce doit être une satisfaction publique, mémorable dans les siècles à venir ; il s'agit d'une épée et d'un secret que l'un a laissé échapper de sa main et l'autre de sa bouche.

Ce don Pèdre s'en va si pressé, si peu charitablement, qu'il n'a pas même dit à son écuyer : « Tenez, voilà les clefs... ». Adieu,... je n'ai plus qu'à chercher un maître d'un certain âge, dont l'épée, aussi vieille que lui, soit couverte de rouille.

DONA VIOLANTE.

Écoutez, puisque votre maître, uniquement occupé de son honneur, n'a songé qu'à son affaire personnelle, je puis vous placer auprès de quelqu'un qui vous conduira à Valladolid, où vous arriverez aussitôt que votre maître. Vous pouvez continuer à le servir et lui dire que vous n'avez pas voulu vous séparer de lui.

GINÈS.

Ce serait trop heureux. Quel est ce maître nouveau ?

DONA VIOLANTE.

C'est une maîtresse.

GINÈS.

Tant mieux !

DONA VIOLANTE.

Allez tout de suite chez dona Violante de Urréa, qui est au moment de partir pour Valladolid, où des affaires d'intérêt l'appellent, et qui cherche des gens pour l'accompagner.

GINÈS.

J'y cours, mais de quelle part me présenterai-je ?

FLORE.

De dona Briande de Ribadeo.

GINÈS.

Adieu, mesdames; grande fortune. (*A part.*) Si j'entre au service de dona Violante, je n'y perdrai rien auprès de l'amiral.

(Il s'en va.)

FLORE.

Madame, que venez-vous de dire?

DONA VIOLANTE.

Ce que je pense faire. N'y a-t-il pas un décret de l'empereur au bas de ma requête, par lequel je suis autorisée à proposer la personne qui doit occuper l'emploi de gouverneur d'Alarcon au conseil d'Arragon? ce conseil ne réside-t-il pas en Castille? C'est un motif plausible pour justifier mon voyage à la cour. Les dames du plus haut rang vont solliciter elles-mêmes dans leurs propres affaires, sans que cela choque personne; et puisque je suis déterminée à partir, puis-je mieux m'adresser qu'au valet de don Pèdre pour l'emmener avec moi? il sera témoin de mes pleurs.

FLORE.

Et puis après?

DONA VIOLANTE.

Je verrai de mes propres yeux : j'aime mieux savoir tout de suite mon malheur, que d'être condamnée au supplice de l'attente et de l'incertitude. S'il vit, je vis avec lui ; s'il meurt, je ne veux pas lui survivre : le doute est ici plus cruel que la réalité. Oui, il faut partir : allons tout disposer pour le voyage. Ah! don Pèdre, je pourrais bien me plaindre autant que toi de ce qu'on a trahi mon secret!

Mais fallût-il risquer ta vie qui est la mienne, je te sais bon gré de ne vouloir reparaître devant moi qu'après avoir vengé ton honneur que je préfère à tout.

(Elles s'en vont.)

SCÈNE II.

La maison de dona Séraphine.

DONA SÉRAPHINE, BRITO et GILETTE.

GILETTE.

C'est moi qui veux le raconter.

BRITO.

Je le dirai mieux que toi.

DONA SÉRAPHINE.

Dites-moi le fait, au lieu de vous disputer.

BRITO.

Je suivais mon ânesse, et je chantais, chemin faisant.....

GILETTE.

Je chantais en suivant mon ânesse.....

BRITO.

Quand tout à coup voilà ton cousin, furieux...

GILETTE.

Et tout à coup, arrivant furieux, ton cousin...

BRITO.

Qui vient à nous, en disant...

GILETTE.

S'écrie en venant à nous...

BRITO.

C'était une chose terrible de le voir...

GILETTE.

Sa vue était effrayante...

BRITO.

De qui tenez-vous cette chanson ?

GILETTE.

Cette chanson, de qui la tenez-vous ?

BRITO.

Après nous avoir maltraités de coups, et courant tout hors de lui-même...

GILETTE.

Il nous maltraite ; et, courant tout essoufflé...

BRITO.

Il rentre dans la ville, et se jette sur je ne sais quel individu.

GILETTE.

Il attaque je ne sais quel homme, dont je ne connais pas le nom.

BRITO.

Au bruit des estocades, viennent deux chevaliers...

GILETTE.

A ce bruit, deux chevaliers arrivent...

BRITO.

Cela est-il bien comme ça ? cela doit-il être autrement ?

GILETTE.

C'est-il autrement ? c'est-il comme ça ?

BRITO.

Comme la chose devait être secrète...

GILETTE.

Comme il devait garder le secret...

BRITO.

Il allégua je ne sais quelle loi...

GILETTE.

Que l'empereur même a reconnue.

BRITO.

De sorte que l'affaire va se vider à Valladolid...

GILETTE.

Si bien que c'est à Valladolid que tout va se terminer...

BRITO.

Par la mort de l'un ou de l'autre.

GILETTE.

Ou par la mort de tous les deux.

DONA SÉRAPHINE.

Ah ! que le ciel vous maudisse !

GILETTE ET BRITO.

Ainsi soit-il.

DONA SÉRAPHINE.

Quelle patience il m'a fallu pour les écouter ! L'un racontait mal, et l'autre défigurait ce qu'il répétait. Mais, hélas ! quelque confus que soit leur récit, je ne l'ai que trop bien entendu. Ces nouvelles me remplissent de confusion. Sans doute don Pèdre ignorant que ce rustre a vu, du lieu où il était caché, tout ce qui s'est passé dans le combat, croit que son adversaire l'a publié lui-même par vanité; et, pour en obtenir la réparation, à titre de gentilhomme, il le défie en champ clos. Oh! que je n'aie pas su réprimer ma colère! Il avait bien raison celui qui disait que tu étais, ô langue! plus cruelle, plus indocile, plus dangereuse qu'une bête féroce! C'est à cause de cela que la nature a voulu t'enfermer sous un double cadenas. Vaine précaution! rien ne peut te retenir; pour tromper tes gardiens, il ne faut qu'un souffle.

Comment ferai-je donc pour que la vérité soit connue, et que ce duel n'ait pas lieu; pour que don Pèdre sache que son rival est incapable d'une bassesse? J'hésite!... Et la vipère qui a lancé le poison ne pourrait-elle en offrir le remède? Mes paroles imprudentes, furieuses, ont fait le mal; elles sauront le réparer. (*A Brito et Gilette.*) Allons, vous deux, venez avec moi.

GILETTE ET BRITO.

Madame, où nous emmenez-vous?

DONA SÉRAPHINE.

Là où l'un et l'autre vous déclarerez la vérité... Dieu veuille que mes pressentimens ne se confirment pas, et que nous arrivions à temps! Ah! colère de femme, que de mal tu fais dans ce monde!

SCÈNE III.

Le palais du gouverneur de Castille, à Valladolid.

LE COMTE DE BÉNAVENTE, ses gens.

LE COMTE.

On m'écrit que l'impatience de revoir la Castille a fait prendre des chevaux de poste à l'empereur; qu'il a laissé son carrosse en sortant de la capitale de l'Aragon... D'après cela, je l'attends d'ici à demain, au plus tard. — Que tout soit prêt pour le recevoir. Je vais au-devant de sa majesté...

(Un domestique entre.)

LE DOMESTIQUE.

Seigneur, je suis heureux de vous trouver.

LE COMTE.

De quoi s'agit-il, Ferdinand?

LE DOMESTIQUE.

Quand tout le peuple se précipite à la porte des Champs pour voir entrer le roi, et le féliciter sur son arrivée, sa majesté, n'ayant que deux seigneurs à sa suite, s'est glissée secrètement par la porte du Parc.... Elle est dans le palais.

LE COMTE.

Je me félicite de m'y trouver; je ne voudrais pas qu'un autre eût l'honneur de baiser sa main avant moi. (*Charles V, le marquis de Brandebourg, l'ami-*

JOURNÉE III, SCÈNE III.

ral entrent.) Sire, comment sitôt le bonheur de vous voir !

CHARLES V.

Comte de Bénavente, je suis aise de vous voir ; embrassez-moi.

LE COMTE.

Sire, cette faveur enchaîne toutes mes facultés à votre service.

CHARLES V.

Eh bien ! comment est-on ici ?

LE COMTE.

Les factions de Salamanque ont agité toute la Castille [14]. Je suis peiné que le calme n'ait pu être rétabli avant que la nouvelle des troubles fût parvenue à votre majesté ; vous n'auriez pas eu ce souci pendant votre voyage : mais l'ordre est rétabli aujourd'hui. Sire, pardonnez les moyens que j'ai employés... Pour contenir Salamanque, je m'en suis fait le corrégidor, et j'ai fait respecter la justice. Enfin, moitié rigueur, moitié clémence, j'ai eu le bonheur de calmer les passions ; vous trouverez la paix dans toute la province. Les chefs principaux ont pris la fuite, et fort heureusement pour eux ; car, s'ils m'eussent attendu, tous ceux qui étaient à la tête des partis auraient perdu la leur...

CHARLES V.

Vous n'avez nullement besoin de pardon, comte ; je vous dois au contraire des remercîmens ; et Salamanque doit s'honorer à son tour d'avoir à citer un comte de Bénavente parmi ses corrégidors.

LE COMTE.

Nous ne sommes, sire, que de faibles rayons du soleil.... Daignez entrer, et vous reposer de votre voyage.

CHARLES V.

Je veux m'accoutumer au métier de soldat; je ne crains pas la fatigue.

(Il sort.)

LE COMTE.

Quel âge et quelle valeur! Jamais ses ennemis n'oseront lui résister.

L'AMIRAL.

Comte, embrassons-nous.

LE COMTE.

Amiral, soyez le bienvenu.

L'AMIRAL.

Pour vous servir. J'ai mille choses à vous conter;.... à tantôt. Ne laissons pas l'empereur seul.

(Il entre.)

LE MARQUIS.

Seigneur comte?

LE COMTE.

Qu'ordonnez-vous? Pardon, si je ne vous connais point......

LE MARQUIS.

Cette lettre vous instruira.

(Il lui remet une lettre.)

LE COMTE lit.

« Le marquis de Brandebourg, mon parent, ac-
» compagne Charles en Espagne. Vous savez que les
» *Pimentel* (15) ont des obligations à l'Allemagne,

» qui a été si souvent le théâtre de leurs glorieuses
» actions. En sa qualité d'étranger, le marquis ne
» sera point au fait de l'étiquette espagnole : je vous
» le recommande, comme à celui qui est le meilleur
» de tous les modèles. Dieu vous garde.

» MAXIMILIEN. »

L'empereur me prescrit un devoir; votre qualité seule suffirait, seigneur. Je suis à votre service; disposez de moi.

LE MARQUIS.

Seigneur, vous allez voir si je comptais sur votre bienveillance; je commence par la réclamer.

LE COMTE.

En quoi me sera-t-il permis de vous être agréable?

LE MARQUIS.

J'ai besoin de vous. Deux nobles aragonais, pour des motifs qui les intéressent personnellement, vont arriver ici; ils doivent demain vider une affaire d'honneur; le rendez-vous est assigné dans cette ville, le tout suivant les anciens priviléges que les gentilshommes, reconnus pour tels, ont hérité de la valeur de leurs ancêtres : me trouvant par hasard logé chez l'un d'eux, je me suis vu engagé dans la querelle, et n'ai pu me dispenser de lui servir de parrain. L'amiral est parrain de son adversaire. Qui peut balancer l'influence d'un aussi grand seigneur? Je ne voudrais pas que celui que je soutiens entrât dans la lice avec moins d'éclat que son rival, pour m'avoir accordé sa confiance; ainsi, j'ose vous prier, comte, de vouloir m'honorer, et honorer le chevalier que j'accompagne, de votre appui.

LE COMTE.

Je suis à votre disposition, marquis, moi et tous les miens. Quoique l'amiral soit parrain d'un chevalier, puisqu'il veut honorer l'un des adversaires, je puis fort bien rendre le même service à l'autre, et surtout s'il s'agit de vous être agréable.

LE MARQUIS.

C'est un honneur insigne pour lui et pour moi.

(Bruit de tambours.)

LE COMTE.

Quel est ce bruit ?

LE MARQUIS.

C'est, je pense, la publication d'un ban.

LE COMTE.

Sans doute, c'est le commencement de ces ennuyeuses cérémonies de ce duel barbare.... Oh ! quand l'Espagne en sera-t-elle affranchie !

(L'amiral entre.)

L'AMIRAL.

Marquis, le roi vous attend.

LE COMTE.

Adieu, marquis.

(Il s'en va.)

LE MARQUIS.

Adieu, comte.

(Il s'en va.)

(Don Pèdre entre.)

DON PÈDRE, à l'amiral.

Seigneur, je suis venu parmi votre suite ; nous sommes partis après que vous avez pris des chevaux de poste, avec le roi. — Pour ne manquer à aucune des formalités requises, je viens vous demander ce que je dois faire. Voilà des trompettes, des tambours qui retentissent de tous côtés. On publie le premier ban du *Duel*.

L'AMIRAL.

Cette cérémonie est si peu en usage depuis long-temps, que je ne saurais dire en quoi l'on peut manquer par omission, ou par trop de formalités. Que dit le ban? Le savez-vous?

DON PÈDRE.

J'y suis trop intéressé pour en avoir oublié le moindre détail; je sais tout. — Le ban ordonne que personne n'entre, ni ne sorte du cercle tracé autour de la place du palais; que personne n'aille en examiner le terrain et la barrière, sans doute afin d'éviter toute tentative de surprise, ou de ruse, qui puisse nuire à l'égalité du combat; le connétable a tout disposé, comme juge suprême du camp. Il y a un trône pour le roi, sur lequel sa majesté doit être assise, ayant une verge d'or à la main; le connétable est assis au-dessous du roi; aux deux côtés opposés de la place, on a dressé deux tentes de campagnes qui ont une entrée en dehors et en dedans de la place; par lesquelles doivent être introduits les deux combattans, seuls avec leurs parrains.

L'AMIRAL.

Le ban dit-il quelque chose des parrains ou des combattans?

DON PÈDRE.

Rien, jusques à présent.

L'AMIRAL.

Puisqu'il n'y a rien encore pour nous, ne nous inquiétons pas si les autres font ce qu'il doivent faire. Mon avis est que vous rentriez chez vous, et que vous n'en sortiez pas; il est pénible de se voir montré au doigt dans les rues, et que chacun dise, voilà l'un d'eux....

(Ginès entre.)
GINÈS.

Grâces au ciel, je n'en cherchais qu'un, et j'en trouve deux.

L'AMIRAL.

Ginès, bienvenu.

DON PÈDRE.

Je suis parti avec tant de précipitation, ou plutôt avec tant de colère que je l'avais complétement oublié, lui et toute autre chose; mais son attachement pour moi a fait qu'il m'a suivi.

GINÈS.

Vous vous trompez, seigneur; ce n'est pas pour vous que je viens, je n'ai pas même la pensée de rester à votre service, si vous ne réglez pas mon compte, ou si je ne connais pas enfin la belle en question : j'ai une autre maîtresse. — Cette maîtresse vous importe peu à vous, mais non au seigneur amiral...... voici une petite explication à ce sujet.—Dona Violante, cette beauté si parfaite que votre excellence désirait voir à Sarragosse, est ici. Je suis à son service; elle suit la cour, où elle est arrivée pour certaines affaires.

DON PÈDRE, à part.

O fatalité! Violante est ici!

L'AMIRAL.

Qu'as-tu dit ?

GINÈS.

Que si vous voulez aller à l'auberge où elle est descendue en attendant qu'elle trouve un logement convenable, vous pourrez la voir, seigneur, et même lui parler. Je vous en fournirai l'occasion, en laissant la porte ouverte.

L'AMIRAL.

Allons-y.

DON PÈDRE, à Ginès.

Infâme entremetteur, je t'arracherai l'âme.

GINÈS.

Quel intérêt avez-vous dans cette affaire ?

L'AMIRAL.

Don Pèdre, faites ce que mon amitié vous conseille. Adieu.

DON PÈDRE.

Seigneur, moi, quand..... si !.....

L'AMIRAL.

Vous changez de couleur et de visage, qu'avez-vous, don Pèdre ?

GINÈS.

Ce sont des éblouissemens qui lui passent comme ils lui viennent; seigneur, écartez-vous de lui, il est sujet à s'emporter....

L'AMIRAL.

Mais qu'avez-vous donc ?

DON PÈDRE.

Je ne sais comment vous dire..... que la cause de

tous mes chagrins, de mes malheurs, de mes dangers,... je n'ai pas la force de m'expliquer,... c'est.... Seigneur, vous avez déjà une fois été mon appui, le soutien de mon honneur : .... voici une autre occasion;.... vous savez garder un secret, que cela vous suffise....

L'AMIRAL.

Cela suffit sans doute, vous ne sauriez m'avoir déclaré plus positivement que cette cause est Violante..... (*A part*) Adieu espérance, morte aussitôt que conçue!

GINÈS.

N'y allons-nous pas, seigneur?

L'AMIRAL.

Sur mon honneur, si tu me parles jamais de cette dame, si tu as l'insolence de la nommer seulement devant moi....

(Il menace Ginès.)

GINÈS.

Ah! grands dieux! le mal de mon maître se communique....

L'AMIRAL.

Je te ferai châtier d'une manière exemplaire. Le nom de femmes de cette qualité ne doit jamais sortir d'une bouche aussi impure que la tienne, si ce n'est pour exprimer une profonde vénération.

(Il s'en va.)

GINÈS.

Jour de Dieu; il parle sérieusement : ceci va de mal en pis. Du moins mon maître, quand il se fâche, s'apaise aussitôt et cherche à vous consoler par de bonnes paroles; mais celui-ci, des coups et, par-dessus, de mauvaises paroles.

GONZALVE, arrivant.

Qui diable a jamais vu choses pareilles?

GINÈS.

Quoi donc, Gonzalve? que nous importe-t-il à nous, valets, que nos maîtres se coupent la gorge? la loi du duel ne nous regarde pas. Dis-moi franchement ce qui te fait faire tant de signes de croix.

GONZALVE.

Suivant tout l'embarras qu'ils font, c'est une grande affaire que de se tuer. A peine le roi est-il arrivé, que le théâtre, la barrière, les préparatifs occupent toute l'attention. Ma foi, je crois qu'il ne manque plus rien; tout est prêt.

GINÈS.

Tu es arrivé plus tôt que moi, qui venais avec des femmes. Raconte-nous quelques particularités....

GONZALVE.

Ce que je sais, c'est que l'amiral sert de parrain à ton maître; qu'il est de plus accompagné des ducs de Béjar, d'Albuquerque et d'Albe. Mon maître à moi a pour parrain le marquis de Brandebourg, et, comme étranger, celui-ci ne manque pas de seigneurs qui se joignent à lui, tels que les comtes de Benavente, de Naxera et d'Aguilar; tout le reste de la noblesse de Castille se range autour de ces illustres chefs, comme les planètes inférieures autour des astres supérieurs. (*Bruit de tambours et d'instrumens guerriers.*) Que te dirai-je de plus? Ces tambours, cette musique, parlent plus haut que moi : mais comme dans cette affaire il faut qu'un valet du maître porte l'écu de ses armes, adieu, Ginès.

(Il s'en va.)

GINÈS.

Il faut donc que j'en fasse autant de mon côté. Allons, serviteur mal payé, n'en sois pas moins fidèle. Allons au logis. Oh! plaise au ciel que son accident lui vienne au moment de combattre, ou qu'il s'empare de son adversaire !

(Il s'en va.)

SCÈNE IV.

Le champ clos.

(Le rideau du fond se lève.)

Musique guerrière : CHARLES V, sur son trône, une verge d'or à la main. A ses pieds, LE CONNÉTABLE dans un fauteuil, une table devant lui sur laquelle est un missel ; et aux bouts de la table ; de chaque côté, un harnais, une hache d'armes, et une épée.

Au dessous du roi et du Connétable, QUATRE HÉRAUTS D'ARMES, avec leurs soubrevestes brodées aux armes de Castille et de Léon.

Aux deux extrémités opposées de la barrière, on voit deux tentes. LES PARRAINS et leur cortége entrent chacun par l'une de ces tentes. — GINÈS porte l'écu d'armes des Torrellas devant DON PÈDRE. — GONZALVE, celui des Hansas, devant DON JÉROME ; l'un et l'autre valet sans manteau, le chapeau orné de plumes, etc., etc.

LE CONNÉTABLE.

Sire, noble image du dieu de la guerre, votre majesté préside ici le tribunal des armes. Permettez que la lice soit ouverte aux deux champions. Les motifs de leur querelle vous sont connus.

CHARLES V.

Que toutes les formalités s'accomplissent.

LE CONNÉTABLE.

Faites le premier appel, le second, le troisième, et qu'ils entrent au son des instrumens guerriers.

(Musique guerrière. Les chevaliers entrent chacun de leur côté avec leur suite, et parcourent le champ.)

DON PÈDRE.

Sire, je viens...

DON JÉROME.

Sire, je viens à vos pieds augustes.

DON PÈDRE.

Au nom de mon bon droit.

DON JÉROME.

Au nom de l'honneur.

LE CONNÉTABLE.

Chevaliers, le genou en terre, une main sur le pommeau de votre épée, et l'autre sur les saints évangiles, jurez de dire la vérité en tout ce dont vous serez par moi requis.

(Il ouvre le missel. Les chevaliers se mettent à genoux, dans l'attitude prescrite par le connétable.)

TOUS DEUX.

Je le jure.

LE CONNÉTABLE.

Si vous dites la vérité, que Dieu vous soit en aide. Vous, don Pèdre de Torrellas, vous jurez que ce n'est point un esprit de vengeance qui vous a fait demander le duel, par haine ou rancune, mais seulement le juste désir de défendre votre honneur ?

DON PÈDRE.

Je le jure.

LE CONNÉTABLE.

Vous, don Jérôme de Hansa, vous jurez que vous n'entrez dans la lice que parce que vous y êtes appelé, que pour soutenir votre honneur et ne pas encourir, par un refus, le reproche de lâcheté ; que d'ailleurs vous n'y venez ni par haine, ni par esprit de vengeance ?

DON JÉROME.

Je le jure.

LE CONNÉTABLE.

Or, écoutez à présent ce qui me reste à dire. Vous jurez de combattre à armes égales, sans ruse, avec franchise et loyauté, sans avantage l'un sur l'autre ?

TOUS DEUX.

Je le jure.

LE CONNÉTABLE.

Je le crois ainsi. Chevaliers, allez vous armer. Voilà des harnais, des épées, des haches d'armes, de poids égal, de la même trempe. Que l'un des chevaliers de votre suite se charge de les porter avec un écuyer.

LE MARQUIS, au comte.

Seigneur comte, à vous l'honneur.

L'AMIRAL, au duc d'Albuquerque.

Cousin duc, c'est à vous.

LE CONNÉTABLE.

Que la trompette sonne pendant que les chevaliers sont dans leurs tentes. (*Musique guerrière. — Les chevaliers entrent dans leurs tentes, chacun avec son parrain et sa suite. Le comte de Bénavente et le duc d'Albuquerque s'avancent vers la table du connétable pour faire enlever les armes par le valet de leur chevalier.*) Seigneur duc d'Albuquerque, que demandez-vous ?

LE DUC D'ALBUQUERQUE.

Les armes de don Pèdre de Torrellas.

LE CONNÉTABLE.

Prenez-les, et restez un moment. (*Au comte de Bénavente.*) Seigneur comte, que demandez-vous ?

LE COMTE.

Les armes de don Jérôme de Hansa.

LE CONNÉTABLE.

Prenez-les. (*Le comte et le duc font enlever les armes.*) A présent troquez les armes que vous avez prises, et portez-les aux deux chevaliers dont vous êtes les parrains. Qu'ils s'arment sous vos yeux, et non avec d'autres armes que celles-ci. Veillez à ce que sous l'armure il n'y ait pas d'autre défense qui puisse donner le moindre avantage à qui que ce soit.

LE COMTE ET LE DUC.

Comptez sur notre loyauté.

(Ils font un échange. Les hérauts d'armes se placent aux angles de l'estrade du trône, les tambours, la musique, au-dessous et en avant.)

LE CONNÉTABLE.

Que les quatre hérauts d'armes fassent faire silence: Que le premier publie le ban à haute voix.....

LE PREMIER HÉRAUT D'ARMES.

Écoutez, écoutez tous.

De par le roi et son connétable,

Défense est faite, sous peine de la vie, à toute personne, sans exception, de franchir la barrière du champ. Défense est également faite, sous la même peine, et tant que le combat durera, d'élever la voix pour applaudir ou blâmer l'un ou l'autre des deux champions; quoi qu'il arrive, de faire des signes de la main, des yeux ou de telle manière que ce soit; enfin de se permettre aucune action, parole ou mouvement quelconque qui puisse exciter l'ardeur ou affaiblir la confiance de l'un ou l'autre des combattans.

LES QUATRE HÉRAUTS D'ARMES à la fois.

Écoutez, écoutez tous : ainsi l'ordonnent le roi et son connétable.

(Les tambours battent au champ. Don Pèdre, armé de pied en cap, sort de la tente accompagné de son parrain et autres chevaliers. Le connétable s'avance vers lui pour le reconnaître.)

LE CONNÉTABLE.

Quel est le chevalier armé de pied en cap qui se présente ? Chevalier, qui êtes-vous ?

L'AMIRAL.

Celui qui vous demande l'entrée est don Pèdre de Torrellas.

JOURNÉE III, SCÈNE IV.

LE CONNÉTABLE.

S'il ne relève pas sa visière, je ne le reconnais pas.

L'AMIRAL, soulevant la visière de don Pèdre.

Le connaissez-vous à présent ?

LE CONNÉTABLE.

Oui; qu'il entre : mais qu'il ne dépasse pas cette ligne, et que personne autre n'entre avec lui. — Attendez; on m'appelle de l'autre côté.

(*Les tambours battent au champ. Don Jérôme sort de l'autre tente, armé de pied en cap, avec son parrain et autres chevaliers. Le connétable s'avance vers lui.*)

LE CONNÉTABLE.

Chevalier, qui entrez ici armé de pied en cap, votre nom ?

LE MARQUIS DE BRANDEBOURG.

C'est don Jérôme de Hansa.

LE CONNÉTABLE.

Si je ne vois son visage, je ne puis l'attester.

LE MARQUIS, soulevant la visière de don Jérôme.

A présent vous le reconnaissez.

LE CONNÉTABLE.

Qu'il entre, et que sa suite n'aille pas plus loin. Chevaliers, le champ est ouvert; jurez de nouveau que vous combattez pour l'honneur et non pour une vengeance particulière. — Qu'on sonne l'*Ave, Maria*. (*Tout le monde se met à genoux. La caisse retentit de neuf coups de baguette, de trois en trois. Roulement; tout le monde se relève, et le connétable retourne à son siége.*) Chevaliers, baissez la visière; embrassez vos parrains. Au combat, chevaliers !

TOUS.

Allons, chevaliers, que Dieu et votre bon droit vous favorisent.

(On sonne la charge. Le combat commence d'abord avec la hache d'armes, ensuite avec l'épée; enfin ils se saisissent corps à corps. Le roi jette la verge d'or sur le champ de bataille; les parrains s'élancent sur eux pour les séparer. Les deux champions ne veulent pas céder, et cherchent à continuer le combat. Le connétable relève la verge d'or; le roi se lève sur son trône, et paraît irrité de leur obstination.)

LE CONNÉTABLE.

Ils en sont venus à se prendre corps à corps. Le roi a jeté sur le champ du combat sa verge d'or : tout combat doit cesser à l'instant même. Parrains, séparez-les.

CHARLES V, descendant de son trône.

Qu'est-ce donc? J'ai déposé la verge d'or; j'ai pris sur moi la cause de tous deux; je les déclare bons chevaliers; et leur fureur est telle qu'ils continuent encore! Qu'on les arrête à l'instant.

L'AMIRAL.

Ah! sire!

LE MARQUIS.

Ah! sire!

CHARLES V.

C'est assez,... c'est assez.... Rendez grâce à de tels parrains. Je veux bien pardonner : qu'on détache leurs casques. Donnez-vous l'un à l'autre la main, en signe d'amitié. Vous avez fait vos preuves de valeur; je veux que cette valeur me soit utile dans d'autres occasions plus glorieuses.

DON PÈDRE.

Sire, puisque vous me faites l'honneur de...

DON JÉROME.

Sire, si vous daignez m'honorer....

DON PÈDRE.

Me réserver à d'autres entreprises....

DON JÉROME.

De votre confiance pour d'autres dangers....

DON PÈDRE.

Je n'ai plus rien à désirer.

DON JÉROME.

Mes vœux sont satisfaits.

L'AMIRAL.

Sire, puisque votre majesté daigne les employer l'un et l'autre à son service, que mon titre de parrain serve de quelque chose à don Pèdre; je vous supplie de lui donner le gouvernement d'Alarcon.

CHARLES V.

Il est donné à une dame, fille du dernier gouverneur.

L'AMIRAL.

Votre majesté peut bien le donner à don Pèdre sans l'ôter à cette dame. (*A Ginès.*) Cours, et dis à Violante qu'elle vienne se jeter aux pieds du roi; la grâce qu'elle sollicitait lui est accordée, et don Pèdre est admis. (*A don Pèdre.*) Je n'ai prononcé son nom que pour la mettre dans vos bras.

DON PÈDRE.

Vous êtes digne de vous-même.

LE MARQUIS.

Sire, j'ai les mêmes droits de parrain à faire valoir; je supplie votre majesté d'accorder aussi une grâce à don Jérôme.

CHARLES V.

Laquelle?

LE MARQUIS.

D'écouter une autre dame qui m'a parlé ce matin, pour tâcher d'empêcher le combat. Il était trop tard. Je m'y suis refusé; mais je désire que votre majesté l'entende, pour qu'il ne reste pas le moindre doute sur la fidélité de don Jérôme à tenir sa parole. Gonzalve, courez l'appeler.

(Dona Violante, Flore, Ginès, arrivent ensemble.)

DONA VIOLANTE.

Sire, une femme ne devrait pas peut-être oser se montrer dans cette enceinte; mais pardonnez quelque chose à l'excès de ma joie; je viens baiser votre main royale, et voir don Pèdre rétabli dans son honneur et vivant.

(Dona Séraphine, Brito, Gilette, Gonzalve, arrivent.)

DONA SÉRAPHINE.

Sire, j'ai aussi mes motifs. J'accours aux pieds de votre majesté pour déclarer publiquement que don Jérôme n'a aucun tort à se reprocher. Ce paysan est celui qui avait tout vu dans le bois, où il était caché.

BRITO.

C'est bien vrai; mais Gilette était cause que....

GILETTE.

Adieu, ma bonne réputation! En présence du roi lui-même on me fera passer pour une....., si je ne me marie.

BRITO.

Alors, donne-moi ta main.

GILETTE.

Tiens, la voilà.

DON JÉROME, à Séraphine.

Comment m'acquitter envers vous, Séraphine ? Vous avez dissipé les doutes qui restaient toujours sur ma discrétion, et vous me rendez véritablement l'honneur ; trop heureux, si l'offre de mon cœur pouvait vous être agréable et me faisait obtenir votre main ! Violante, tu vois qu'il y a quelqu'un qui m'aime ; je suis vengé !....

DONA SÉRAPHINE, à part.

Faisons de nécessité vertu. (*Haut.*) C'est moi, qui suis au comble de mes vœux.

L'AMIRAL, à don Pèdre.

Et vous, donnez votre main à Violante.

DON PÈDRE ET VIOLANTE.

Quel bonheur !

GINÈS.

Ah ! la belle inconnue, c'est madame ! Elle était donc déjà ma maîtresse avant de l'être.

FLORE.

Il est si niais, qu'il ne s'en était pas douté jusqu'à ce moment.

GINÈS.

Ma niaiserie va bien plus loin encore....

FLORE.

Bah !

GINÈS.

Oui. Puisque les autres se marient, je voudrais me marier avec toi.

FLORE.

Niaiserie en effet; mais je veux bien.

CHARLES V.

Connétable?

LE CONNÉTABLE.

Sire.

CHARLES V.

Écrivez sur-le-champ au pape Paul III, qui occupe aujourd'hui le saint siége, que je le supplie de faire condamner par le concile de Trente, actuellement assemblé, cette coutume barbare que les idolâtres nous ont laissée. Je veux que l'abolition des duels date de mon règne, et que celui-ci soit le dernier.

TOUS LES ACTEURS ensemble.

Et nous conjurons vos majestés de vouloir bien pardonner les fautes que nous avons commises.

FIN DE LA TROISIÈME ET DERNIÈRE JOURNÉE.

NOTES
SUR LE DERNIER DUEL
EN ESPAGNE.

---

(1) *Châtelain perpétuel* d'une forteresse, d'un château, etc. Plusieurs familles avaient acheté, ou obtenu pour récompense de leurs services, ces emplois qui faisaient ensuite partie de leur héritage.

(2) Cette familiarité entre les grandes dames, telle que Séraphine, et leurs domestiques, existait en Espagne ; et Caldéron n'a fait que peindre les mœurs du pays.

(3) Le texte présente un jeu de mots qu'il était difficile de conserver. *Violante*, nom de la dame ; *violeta*, nom de la fleur que nous appelons *violette*.

(4) *Sarragosse*, *César Augusta*, ou *Augustana*, la ville de César Auguste.

(5) *Coso*, nom d'une grande et belle rue de Sarragosse.

(6) Traduction à peu près littérale d'une grosse bouffonnerie de l'original.

(7) Le Cid (*Rodrigue del Vivar*) est regardé comme le modèle des preux en tout genre. Sa courtoisie est passée en proverbe : « *Brave et galant comme le Cid.* »

(8) *Cruche à rafraîchir l'eau.* En espagnol *alcarraza* : vase d'une argile très-poreuse. On le remplit d'eau, et on le suspend avec une ficelle au seuil d'une porte, ou à tel endroit exposé au

courant de l'air : c'est le moyen d'avoir de l'eau très-fraîche à bon marché, avantage inappréciable dans les pays chauds.

(9) *Calzar una gallina*, chausser une poule. Je n'ai pas senti la finesse de ce trait : c'est une bouffonnerie sans malice.

(10) *Arrastrar la capa*, traîner le manteau. Expression proverbiale pour désigner quelqu'un qui n'a pas de maintien ; elle a aussi un sens moral, et peut s'appliquer à celui qui, sous un air de bonhomie, cache des intentions perfides, et veut arriver à son but sans attirer l'attention.

(11) *Fernandez de Velasco*, l'une des plus illustres et surtout des plus anciennes maisons de l'Espagne : elle a possédé héréditairement la charge de connétable de Castille jusqu'à la suppression sous le règne de Philippe V. Cette famille est aujourd'hui représentée par don Bernardino de *Velasco*, duc de Frias et d'Uzède, jeune seigneur qui est membre de l'académie espagnole et du conseil d'état actuel. Son père mourut à Paris, il y a quelques années, ayant été ambassadeur de *Joseph*.

(12) *Henriquez*, grande famille espagnole issue du sang royal, et qui possédait la dignité héréditaire d'amiral de Castille, comme celle de *Velasco* la dignité de *connétable*. Le dernier qui en ait été revêtu, don Diégo *Henriquez*, suivit le parti de la maison d'Autriche contre celle de Bourbon, et mourut dans l'exil. La charge fut supprimée à cette époque (au commencement du siècle passé.) Voyez *les Commentaires du marquis de Saint-Philippe*.

(13) *Jornada* (Journée.) C'est ainsi que les Espagnols nomment ce que nous appelons un *acte*, dans les pièces de théâtre. Leurs comédies sont divisées en *trois journées*.

NOTE HISTORIQUE.

Histoire de Charles V, par don Fr. Prudencio Sandoval, évêque de Pampelune, historiographe de Philippe III. Tom. I. Pampelune 1618.

Voici comment l'évêque Sandoval (Fr.-Prudencio) raconte le duel de don Pèdre *Torrellas* avec don Jérôme de *Ansa*, qui a fourni à *Calderon* le sujet de sa comédie.

« En cette année 1522, vers les derniers jours du mois de décembre, il y eut à Valladolid un duel célèbre entre deux gentilshommes appartenant à des familles de la première qualité. Heuter, écrivain flamand, le rapporte comme un événement digne de mémoire, et par cette raison je vais le transcrire ici. Cet historien dit qu'un seigneur flamand de la cour de l'empereur, témoin du combat, lui en ayant confié le récit en langue française, il a cru devoir le conserver pour faire connaître les usages et cérémonies des Espagnols de cette époque, dans les occasions de cette nature.

» Deux jeunes gentilshommes de Sarragosse, qui n'avaient pas atteint leur vingt-cinquième année, dont les familles s'étaient réciproquement alliées par des mariages, et qui, étroitement liés depuis leur enfance, vivaient dans la plus grande intimité, se trouvant un jour au jeu de paume, ils s'engagèrent dans une dispute et se maltraitèrent l'un l'autre de paroles au point qu'ils en vinrent à s'appeler en duel pour se couper la gorge. Ils convinrent entre eux du jour, du lieu, de l'heure et des armes, sans que personne en fût instruit. L'un d'eux s'appelait don Pèdre de *Torrellas*, et l'autre don Jérôme de *Ansa*. Étant sortis de la ville, et arrivés à l'endroit désigné, n'ayant que leur manteau et leur épée, ils commencèrent à se battre, sans témoins. Après de longs efforts, tant pour se tuer que pour se défendre, aucun des deux n'avait pu blesser son adversaire, car ils étaient fort adroits l'un et l'autre. Enfin, soit par un accident imprévu, soit par lassitude et engourdissement de la main, don Pèdre

Torrellas laissa tomber son épée. Se voyant désarmé, et son adversaire venant à lui pour le tuer, il lui dit : « Don Jérôme, je suis vaincu ; je me tiens pour mort. La grâce que je vous demande, c'est que personne ne sache ce qui s'est passé ; que ceci reste enseveli dans un profond secret entre vous et moi : sinon donnez-moi tout de suite la mort ; car j'aime mieux mourir que de vivre déshonoré. » Don Jérôme de Ansa jura qu'il garderait le secret, et que jamais être vivant ne le saurait de sa bouche. Alors ils remirent leurs épées dans le fourreau ; ils s'embrassèrent comme deux amis et retournèrent à la ville. Peu de jours après, cette affaire fut connue publiquement ; on en contait tous les détails ; de telle manière qu'à la cour on ne parlait d'autre chose. *Torrellas* se plaignit d'*Ansa* : il l'accusa d'avoir trahi sa parole ; celui-ci jurait qu'il n'avait rien dit, et que l'indiscrétion venait d'un prêtre d'un village voisin, qui, étant allé visiter son troupeau dans les champs, avait vu ce qui s'était passé entre eux, et s'était empressé de le raconter à différentes personnes. *Torrellas* s'adressa directement au prêtre pour savoir de lui ce qu'il avait vu et entendu. Il ne fut pas satisfait de ses réponses, qui lui parurent embarrassées et contradictoires. Il sut en même temps que le prêtre était ami et chaud partisan de son adversaire ; ce qui le décida à n'ajouter aucune foi à ses explications. Il insista donc à se plaindre d'*Ansa*, l'accusant de *déloyauté*, d'avoir manqué à sa parole, qu'un gentilhomme doit respecter. *Ansa*, de son côté, soutenait qu'il n'en était rien, et chacun s'obstinant dans son dire, finalement ils se défièrent au combat. Ils demandèrent le champ à l'empereur, présentèrent leur requête suivant les priviléges de l'Aragon, suppliant sa majesté de leur assigner à cet effet le champ et les armes.

» L'empereur les renvoya au connétable de Castille, auquel, comme capitaine du royaume et juge suprême dans tout ce qui concernait les armes, la connaissance de cette affaire devait appartenir. Le connétable chercha, par tous les moyens, à les dissuader de ce combat ; tout fut inutile. Enfin, comme, d'après les lois du royaume, le champ ne pouvait leur être refusé, il leur assigna la place de Valladolid, d'autres disent un champ auprès de Saint-Paul. Le 29 décembre, on fit entourer d'une barrière un espace de terrain de 5o pas de long sur 36 de large. La barrière était formée de poutres plantées l'une à côté de l'autre et fortement liées ensemble, de la hauteur de 5 pieds hors de terre. Après cette première barrière, il y en avait une seconde dont la hauteur était de 6 pieds. Au point central de cette double barrière, on avait laissé de chaque côté un espace de 18 pieds où s'élevaient deux amphithéâtres qui se trouvaient ainsi l'un en face de l'autre. L'un de ces amphithéâtres, tendu en draps d'or et de soie, était garni d'un magnifique tapis. On y voyait un riche fauteuil au-dessus duquel était un dais également somptueux. Cet amphithéâtre était réservé pour l'empereur, l'autre pour le connétable. Aux deux centres de gauche et de droite de la barrière s'élevaient également deux amphithéâtres richement décorés, mais toutefois moins somptueux que les deux autres; ils étaient destinés pour les parens et amis de chaque combattant. A côté de ces amphithéâtres il y avait une tente où le chevalier devait être armé. Le terrain de la place était bien pavé et recouvert de sable, pour qu'on ne glissât pas. Le combat devait commencer à onze heures. L'empereur arriva le premier, et s'assit sur son trône. On lui présenta une verge d'or, laquelle Sa Majesté devait jeter dans la place, lorsqu'elle jugerait convenable de mettre fin au combat. Les seigneurs de la cour, les officiers de la couronne, les ambassadeurs des princes étrangers, les gardes de l'empereur étaient auprès de Sa Majesté; derrière étaient les tambours, les trompettes et les musiciens.

» Un moment après vint le connétable, à qui ses cheveux blancs donnaient un aspect vénérable; il était alors âgé de plus de soixante ans, mais robuste : l'air fier et sa bonne mine annonçait bien la haute qualité de sa personne. Vêtu d'une longue simarre de drap d'or, il montait un superbe cheval richement caparaçonné.

» Sa suite se composait de quarante gentilshommes vêtus de la même manière et marchant à pied à côté de son cheval; ses greffiers étaient à cheval, vêtus de robes noires de drap de soie, leurs chevaux couverts de housses de serge bleu foncé. On portait devant le connétable, capitaine général du royaume, et juge suprême de l'armée, une épée dans son fourreau (parce que le roi était présent). Après celui qui portait l'épée, venait le héraut d'armes, portant sur sa cotte d'armes celles de la maison de *Velasco*, usage que l'Espagne a retenu des Romains, qui l'avaient adopté dans leurs combats ou entreprises militaires.

» En arrivant au milieu de la place, vis-à-vis le trône de l'empereur, le connétable lui fit un salut profond, après quoi il vint s'asseoir à la place qui lui était réservée. La garde à pied et à cheval de l'empereur cerna la barrière, et ne laissa plus approcher personne. Aussitôt parut don Pèdre de Torrellas qui avait porté le défi ; il était accompagné de son héraut d'armes : l'amiral de Castille lui servait de parrain. Celui-ci était accompagné du duc de Béjar, de celui d'Albuquerque et de beaucoup d'autres grands seigneurs. Il était en pourpoint d'or et de soie, doublé de martre. On portait devant lui une hache d'armes, un estoc, un bouclier sur lequel étaient peintes les armes de sa maison, et les autres armes dont il devait se servir dans le combat. A son bouclier était suspendu le cartel où on lisait les conditions du combat. Arrivé vis-à-vis de l'empereur, il s'inclina profondément ; se tournant ensuite du côté du connétable, il le salua de même, et marcha droit à sa tente.

» Don Jérôme de *Ansa*, appelé au combat par Torrellas parut à son tour. Son vêtement était le même que celui de son adversaire, à l'exception de la fourrure qui était d'hermine. Il avait pour parrain le marquis de Brandebourg. Celui-ci était accompagné du duc de Naxera, de celui d'Albe, du comte de Benavente, du marquis d'Aguilar et de beaucoup d'autres grands seigneurs ; on portait devant lui l'écu de ses armes, comme j'ai déjà dit qu'on avait fait pour Torrellas. Après avoir salué l'empereur et le connétable, il se rendit à sa tente. On apporta aussitôt les armes, les boucliers, les casques avec lesquels il devaient combattre, et le tout fut déposé sous les yeux du connétable. Le connétable fit appeler les deux chevaliers ; un prêtre tenait un missel de ses deux mains sur sa poitrine, ils jurèrent l'un et l'autre à Dieu, sur les saints évangiles, et sur celui de la page ouverte, en y portant la main, qu'ils allaient combattre pour la défense de leur honneur ; que leur cause était juste ;

qu'ils n'en avaient point d'autre ; qu'ils se feraient bonne guerre, sans ruse ni supercherie, qu'ils n'useraient ni de maléfice, ni de sortiléges, ni de poisons, ni de pierres; qu'ils combattraient franchement et loyalement avec leurs armes, employant uniquement la force et l'adresse de leur personne, et comptant sur l'assistance de Dieu, de saint George et de sainte Marie, qui prendraient soin de la justice de leur cause. Aussitôt, chaque parrain fit apporter dans une caisse les armes qui furent déposées devant le connétable.

» Le connétable les examina, les fit peser, tant les épées que les haches d'armes, les harnais et les casques dont les combattans devaient se servir. Ensuite il ordonna qu'on les mît dans une balance, parce que le poids devait être le même de chaque côté, et ne devait pas être de moins de soixante livres : cela fait, on porta ces armes à chaque chevalier. Ensuite un chevalier de chaque côté alla assister à l'armement du combattant du côté opposé, afin de s'assurer qu'il ne prenait pas d'autres armes que celles qui lui auraient été remises par le juge du champ. Le connétable descendit dans la place, et, avec une imposante gravité, il acheva de donner les derniers ordres pour que tout fût en règle; ensuite, accompagné de douze chevaliers, il se plaça à l'un des angles de la place, droit devant lui. Trois chevaliers furent en même temps placés à chacun des trois autres angles. Les trompettes sonnèrent, et le premier crieur de l'empereur, s'arrêtant à chacun des quatre coins du champ, publia à haute voix le ban que voici :

« De par le roi et son connétable,

» Tant que les chevaliers combattront, il est défendu à toute
» personne, sous peine de la vie, de faire du bruit, d'encoura-
» ger les combattans par des paroles, gestes, sifflemens, signes
» de tête, de la main ou du corps, et d'aucune manière quel-
» conque, de les intimider ou exciter, de les irriter ou distraire,
» de leur faire prendre ou quitter les armes, excepté ceux qui
» sont ici chargés d'y veiller. »

» La publication achevée, *Torrellas* sortit de sa tente, armé de toutes armes, et suivi de son parrain. Il portait une hache d'armes à l'antique et son épée au côté. Le connétable lui crie : « Qui êtes-vous, chevalier ? Pourquoi entrez-vous ici tout ar- » mé ? » *Torrellas* déclare son nom, et dit la cause de sa querelle, qu'il veut terminer par la voie des armes. Le connétable lui ordonne d'ôter son casque et montrer son visage. *Torrellas* se découvre. Le connétable le reconnaît ; il est admis, remet son casque et va se placer à l'un des angles de la place, où les trois chevaliers qui s'y trouvent le reçoivent au milieu d'eux. Le connétable va s'asseoir au milieu des douze chevaliers qui occupaient un autre angle du champ.

» Don Jérôme de *Ansa* sortit aussitôt de sa tente, de la même manière que l'avait fait *Torrellas*, et se rendit vers le connétable, qui le reçut avec les mêmes cérémonies que son adversaire, et lui indiqua sa place auprès de trois autres chevaliers qui l'attendaient à l'angle opposé à celui où s'était placé *Torrellas*.

» Alors le connétable marcha vers l'amphithéâtre ou trône qui lui était réservé, et s'assit sur son siége.

» Bientôt la trompette sonna de nouveau. Les deux chevaliers prêts à combattre, et leurs parrains, se mirent à genoux et firent leur prière, implorant l'assistance de Dieu. Après quoi chaque parrain donna l'accolade à son chevalier, l'exhortant à combattre comme bon gentilhomme qu'il était, et, prenant congé d'eux, ils se retirèrent chacun à sa tente.

» La trompette donne le signal du combat. *Torrellas* s'avance fièrement vers son rival ; *Ansa* se présente aussi de bonne grâce, toutefois d'un pas plus calme que *Torrellas*. Dès le premier choc, celui-ci déchargea un si rude coup sur la tête de son adversaire, qu'il le fit reculer de quelques pas tout étourdi ; mais reprenant ses sens, il répondit aussitôt à *Torrellas* par des coups non moins vigoureux. Ils combattirent furieusement de la sorte pendant assez de temps, et tout à coup se rapprochant ou se séparant avec impétuosité l'un de l'autre, ils se portèrent tour à tour les plus rudes atteintes : les haches d'armes étaient en pièces ; ils luttèrent corps à corps. L'empereur voyant qu'ils étaient l'un et l'autre bons et vaillans chevaliers, qu'il serait dommage que l'un des deux ou tous deux peut-être mourussent dans un combat de cette nature, et jugeant qu'ils avaient bien fait leur devoir et défendu leur honneur avec une égale intrépidité, jeta la verge d'or qu'il tenait à la main, au milieu du champ, comme signal qui annonçait la fin du combat. A l'instant trente chevaliers, qui gardaient le champ, accoururent et séparèrent les deux combattans, non sans beaucoup de peine, tant ils étaient acharnés et déterminés à s'arracher la vie : ils élevaient la voix et réclamaient l'un et l'autre l'honneur de la victoire. L'empereur décida la question : il déclara que tous deux avaient bien combattu et soutenu leur honneur et leur réputation, et qu'ils étaient victorieux l'un et l'autre.

» Le connétable descendit de son siége, et vint relever respectueusement la verge d'or qui était par terre, la baisa, la porta sur sa tête, et, se mettant à genoux devant l'empereur et lui baisant la main, il lui remit la verge d'or. L'empereur lui ordonna de faire en sorte que les deux chevaliers redevinssent amis, de leur dire de sa part que sa majesté le voulait ainsi, parce qu'ils avaient bien fait leur devoir l'un et l'autre comme bons et braves chevaliers, qu'il les estimait tous deux et les regardait comme tels ; qu'il serait désormais plus convenable qu'ils exerçassent leur courage et leur adresse contre les ennemis de la foi, là où il n'y aurait que de la gloire à gagner en toute sûreté de conscience. Malgré ces ordres suprêmes, les deux gentilshommes persistaient avec tant d'obstination à ne pas obéir aux invitations de l'empereur, à vouloir achever le combat, que le connétable irrité, les poussa tous deux hors de la place chacun du côté par lequel il y était entré, et les menaça des peines les plus terribles s'ils osaient encore une fois prendre les armes l'un contre l'autre. L'empereur, indigné de leur entêtement, les fit renfermer dans des châteaux où ils restèrent long-temps, jusqu'à ce que, las d'être privés de leur liberté, ils consentirent à devenir amis et en donnèrent leur parole ; mais ils ne le furent jamais de bon cœur. »

L'ALCADE DE ZALAMÉA

NOTICE

SUR

L'ALCADE DE ZALAMÉA.

―――

L'Alcade de Zalaméa est une bonne composition dramatique. On y trouvera peu de défauts, aucun d'essentiel; et, ce qui est le plus remarquable, les unités suffisamment respectées.

Le caractère de Pèdre Crespo, et celui du général Figueroa, personnages très-historiques, sont excellens et parfaitement soutenus d'un bout à l'autre. Les connaisseurs n'hésitent pas à citer cette pièce comme l'une des meilleures de Caldéron... Collot-d'Herbois en a fait le *Paysan magistrat*. Voici l'original; il est bien supérieur à la copie, malgré les ornemens dont on a voulu enrichir celle-ci.

A l'exception de quelques bouffonneries triviales; de certaines invocations au soleil, à la lune, aux étoiles, etc., et d'une demi-douzaine de calembours, taches qui se rencontrent nécessairement dans toute comédie espagnole, *L'Alcade de Zalaméa* est un ouvrage plein d'esprit, de raison et gaieté. L'intérêt est vif et ne languit pas; l'action n'est pas trop compliquée; elle marche droit au dénoûment.

Je ne dis rien de la manière dont la pièce est écrite; Caldéron n'est ni moins bon poëte, ni moins heureux versificateur que Lope de Vega. Il manie sa langue avec une rare supériorité; il affecte même de rechercher les détails qui semblent le moins propres à recevoir les ornemens du style poétique, pour se jouer de la difficulté.

On croit, et l'auteur le dit lui-même, qu'il a pris son sujet dans l'histoire; je l'ignore, et ne m'en suis nullement inquiété. Il est certain que la loi n'accorde point aux alcades subalternes des facultés aussi étendues. Cependant les Espagnols ne reprochent point à Caldéron l'invraisemblance du dénoûment... Il y a du courage de sa part à mettre sur la scène un gentillâtre pour le couvrir de ridicule, un officier pour le livrer à la justice civile, en le dépouillant du privilége (*fuero*) d'être jugé par les tribunaux militaires. C'était attaquer à la fois la noblesse et l'armée, qui, dans tous les pays monarchiques, forment deux classes redoutables. Mais les comiques espagnols ont tout dit et tout mis sur la scène. La plupart des pièces de Caldéron se jouaient à la cour de Philippe IV, comme celles de Molière en présence de Louis XIV. Ces rois absolus étaient moins sévères que les censeurs d'office.

J. d'Esménard.

L'ALCADE DE ZALAMÉA.

PERSONNAGES.

LE ROI PHILIPPE II.
DON LOPE DE FIGUEROA, colonel.
DON ALVAR D'ATAYDE, capitaine.
UN SERGENT.
L'ÉTINCELLE, vivandière.
REBOLLEDO, soldat.
PÉDRO CRESPO, laboureur.
JUAN CRESPO, son fils.
ISABELLE, sa fille.
INÈS, cousine d'Isabelle.
DON MENDO, gentillâtre.
NUÑO, son valet.
LE GREFFIER de la commune de Zalaméa.
SOLDATS.

L'ALCADE DE ZALAMÉA.

JOURNÉE PREMIÈRE.

SCÈNE PREMIÈRE.

Un grand chemin qui conduit au village de Zalaméa.

REBOLLEDO, L'ÉTINCELLE, détachement de soldats d'infanterie.

REBOLLEDO.

Jour de Dieu ! qui jamais a eu l'idée de nous ballotter ainsi d'un endroit à l'autre, sans donner le temps de boire la goutte ! Que le ciel le lui rende.

TOUS ENSEMBLE.

Ainsi soit-il !

REBOLLEDO.

Sommes-nous des Bohémiens pour qu'on nous traite de la sorte ? Un drapeau qui n'est pas même déployé, un triste tambour, voilà ce qui nous fait aller !

UN SOLDAT.

Allons, Rebolledo, tu recommences.....

REBOLLEDO.

Oui, ce triste tambour qui n'a cessé de nous

rompre la tête jusqu'à ce moment où j'ai pu placer quelques paroles.

UN AUTRE SOLDAT.

Ne te fâche pas ; oublions la fatigue passée, nous voici près du village.

REBOLLEDO.

Du village ? Je n'en puis plus ; et si Dieu me donne la force d'y arriver, qui sait si nous nous arrêterons ? D'abord les alcades viendront dire au commissaire que si le détachement veut passer plus loin, ils donneront l'étape. Le commissaire va répondre que c'est impossible ; que la troupe ne peut plus marcher : mais si les alcades offrent quelque argent, le commissaire, se tournant vers nous, s'expliquera en ces termes : « Soldats, il y a ordre de ne pas s'arrêter ; continuons notre route.... » Et nous, pauvres gens, nous obéirons sans répliquer. Ma foi, cet ordre, pour le commissaire, est un ordre *monacal* [1] ; mais pour nous, c'est un ordre *mendiant*...... Vive Dieu ! que si j'arrive aujourd'hui à *Zalaméa*, et ledit commissaire veut aller en avant, il aura beau faire, il voyagera sans moi : ce ne sera pas le premier coup de tête qu'on pourrait me reprocher.

UN SOLDAT.

Ce ne sera pas le premier non plus qui aurait coûté la vie à un pauvre soldat, et surtout aujourd'hui, car nous avons pour chef don Lope de Figueroa : sa réputation de bravoure est faite, sans contredit ; mais on sait aussi qu'il n'est pas tendre de son naturel : il n'ouvre la bouche que pour apostropher le ciel et la terre, et sa sévérité ne distingue pas même ses amis. Il expédie son monde sans forme de procès.

REBOLLEDO.

Vous entendez bien tout cela ? Je n'en ferai pas moins ce que j'ai dit.

UN SOLDAT.

Quelle manière de parler pour un soldat !

REBOLLEDO.

Ce n'est pas tant pour moi que pour cette pauvre petite (*montrant l'Étincelle*) qui accompagne notre personne.

L'ÉTINCELLE.

Rebolledo, n'ayez pas de peine pour nous ; vous savez que nous avons du poil au cœur : cette commisération nous humilie. Je ne viens pas avec la troupe seulement pour le plaisir de servir avec elle, je veux partager avec honneur les fatigues du métier. Si j'eusse voulu conserver les avantages d'une vie sédentaire et douce, aurais-je quitté la maison du régidor, où rien ne manque ? car, durant tout le mois d'exercice, il ne cesse de pleuvoir des cadeaux chez lui..... J'ai mieux aimé venir avec vous, trotter à pied, souffrir avec Rebolledo ; je m'y suis résolue..... Eh bien, mon ami, à quoi penses-tu ?

REBOLLEDO.

Que tu es la reine des femmes.

LES SOLDATS.

Oh ! certainement. Vive l'Étincelle ! vive l'Étincelle !

REBOLLEDO.

Vive mille fois l'Étincelle, et surtout si, pour

désennuyer la marche, elle veut nous donner une chansonnette.

L'ÉTINCELLE.

A cela je réponds avec les castagnettes.

REBOLLEDO.

Tu ne chanteras pas toute seule ; je suis ici. Les camarades jugeront chaque mérite à part.

LES SOLDATS.

Bien, très-bien !

L'ÉTINCELLE. Elle chante.

« Je suis le mirliton, mirlitaine, mirliti, mirli-
» ton qui est l'âme de la chanson. Que le lieutenant
» s'en aille à la guerre, et le capitaine aussi..., etc.

REBOLLEDO. Il chante aussi.

» Tue des Maures qui voudra, quant à moi je
» n'ai pas à m'en plaindre.

L'ÉTINCELLE.

» Allons, que le four se chauffe, et qu'il y ait du
» pain pour tous.

REBOLLEDO.

» Hôtesse, mettez une volaille au pot, je ne puis souffrir le mouton [2]. »

UN SOLDAT.

Ah ! j'en suis presque fâché, tant la chanson nous faisait oublier la fatigue : mais j'aperçois le clocher ; nous arrivons à Zalaméa.

REBOLLEDO.

C'est le village ?

L'ÉTINCELLE.

Le clocher le dit... Ne regrettez pas tant la chansonnette, nous aurons mille occasions de la reprendre; d'ailleurs c'est mon plaisir. Vous savez qu'il y en a d'autres qui pleurent pour la moindre bagatelle; pour moi je suis toujours prête à chanter.

REBOLLEDO.

Halte, camarades! il le faut : attendons que le sergent apporte l'ordre; nous devons entrer comme de la troupe et marcher ensemble.

UN SOLDAT.

Voici le sergent; mais il attend le capitaine....

(Le capitaine, le sergent, entrent.)

LE CAPITAINE.

Soldats, bonne nouvelle : on reste ici. Nous avons séjour jusqu'à ce que le colonel arrive avec le reste de la troupe qui était à *Llerena*. Il y a ordre de rassembler tous les détachemens, et de ne partir pour Guadalupe, que lorsque tout le *terce* [3] sera réuni. Le seigneur Figueroa viendra bientôt lui-même. En attendant nous pouvons nous reposer de nos fatigues.

REBOLLEDO.

Capitaine, c'est vraiment une bonne nouvelle. Mille remercîmens.

TOUS LES SOLDATS.

Vive le capitaine!

LE CAPITAINE.

Le logement est fait; le commissaire va distribuer les billets.

Tom. I. *Caldéron.*

L'ÉTINCELLE.

Il faut que je sache pourquoi Rebolledo a dit qu'il ne pouvait plus s'accommoder de la viande ordinaire, du mouton, et qu'il lui fallait une volaille...

(Ils s'en vont tous, excepté le capitaine et le sergent.)

LE CAPITAINE.

Sergent, avez-vous mon billet?....

LE SERGENT.

Oui, capitaine.

LE CAPITAINE.

Où m'a-t-on logé?

LE SERGENT.

Dans la maison d'un laboureur qui est le plus riche de l'endroit; j'ai appris qu'il était en même temps très-fier, plus que ne pourrait l'être un infant de Castille.

LE CAPITAINE.

Cette fierté sied bien à un vilain!

LE SERGENT.

On assure que c'est la meilleure maison de Zalaméa, et, s'il faut parler franchement, je ne l'ai pas choisie pour vous à cause de cela seulement, mais parce qu'on y trouve aussi la plus belle personne des environs.

LE CAPITAINE.

Vraiment?

LE SERGENT.

Oui, sa fille....

LE CAPITAINE.

Belle et fière tant que tu voudras! mais enfin ce

n'est que la fille d'un vilain. Quels pieds, quelles mains cela peut-il avoir!

LE SERGENT.

Est-il possible qu'on dise de pareilles choses?

LE CAPITAINE.

Très-certainement.

LE SERGENT.

Est-il un passe-temps plus agréable pour celui qui n'a pas le cœur engagé, qui ne veut que s'amuser; est-il, dis-je, quelque chose de plus gentil qu'une petite bourgeoise? quelle aimable timidité! cela ne sait pas même répondre à ce qu'on lui dit.

LE CAPITAINE.

Eh bien, cela ne m'a jamais amusé, pas même en passant. Dès qu'une femme n'est pas habillée avec grâce, avec élégance, elle cesse d'être femme à mes yeux.

LE SERGENT.

Capitaine, toutes sont femmes pour moi. Allons à ce logement; vive Dieu! je la prendrai pour mon compte.

LE CAPITAINE.

Veux-tu savoir qui a raison de nous deux? Écoute: celui qui adore une beauté dit en la voyant, voilà *ma dame*. Il ne dit pas, voilà ma *paysanne*. La chose est claire, cette espèce de femme n'a aucun droit au titre de *dame*..... Quel est ce bruit?

LE SERGENT.

Un homme qui descend de cheval, là au coin de

la rue; sa figure, sa taille, rappellent tout-à-fait les traits du don Quichotte de Michel Cervantes.

LE CAPITAINE.

En effet, elle est bonne cette figure !

LE SERGENT.

Allons, capitaine, il est temps.

LE CAPITAINE.

Porte d'abord mes effets au logement, et viens m'avertir.

(Ils s'en vont.)

SCÈNE II.

L'entrée de Zalaméa. — La maison de Pierre Crespo.

Don MENDO, gentillâtre ridicule, NUNO.

MENDO.

Comment est mon cheval ?

NUNO.

Il a de la peine à se tenir.

MENDO.

As-tu dit à mon laquais de le promener un instant ?

NUNO.

Voilà une excellente ration !

MENDO.

Il n'y a rien qui délasse autant les animaux.

NUNO.

Je croirais que l'avoine a bien aussi son mérite.

MENDO.

As-tu dit qu'on détachât mes lévriers ?

NUNO.

Ils en seront très-contens, mais pas le boucher.

MENDO.

Allons, c'est assez. Il est trois heures ; mes gants et un cure-dent.

NUNO.

Croyez-vous tromper les curieux avec ce cure-dent ?

MENDO.

Si quelqu'un ose penser que je n'aie pas mangé un faisan à mon dîner, je suis prêt à lui soutenir ici et partout ailleurs qu'il en a menti.

NUNO.

Ne vaudrait-il pas mieux me donner quelque chose pour me soutenir moi-même ? car enfin je suis à votre service.

MENDO.

Sottises que tout cela. A propos, il est arrivé des soldats dans le village ?

NUNO.

Oui, seigneur.

MENDO.

Pauvres roturiers !... toujours des hôtes nouveaux ! que je les plains !

NUNO.

Il y en a qui sont plus à plaindre encore, parce qu'ils n'en ont pas à loger.

MENDO.

Qui donc ?

NUNO.

Les *hobereaux* (4). Pourquoi pensez-vous qu'on ne fait loger personne chez eux ?

MENDO.

Pourquoi ?

NUNO.

Parce qu'on y mourrait de faim.

MENDO.

Dieu fasse paix à l'âme de monsieur mon père ! Du moins il m'a laissé des titres de noblesse avec des armes bien coloriées, qui me garantissent à moi et aux miens le privilége de ne pas être soumis à toutes ces corvées.

NUNO.

Il serait mieux qu'il vous eût laissé aussi un peu d'argent comptant.

MENDO.

Ma foi, si je voulais penser à cela, et dire toute la vérité, je ne lui ai pas de grandes obligations de m'avoir engendré noble. Je n'aurais pas souffert qu'un autre qu'un gentilhomme m'eût engendré dans le ventre de ma mère.

NUNO.

Ceci demande une explication.

MENDO.

Elle est toute simple.

NUNO.

Dites, mon maître.

MENDO.

Mais tu ne sais point la philosophie ; tu ne connais pas les principes des choses.

NUNO.

Ni la fin ; depuis que je mange chez vous, votre table est toute divine ; elle n'a ni commencement, ni milieu, ni fin (5).

MENDO.

Ce n'est pas de cela que je parle. Sache que l'être qui naît est la substance des alimens dont les pères se sont nourris.

NUNO.

Vos auteurs mangeaient donc? Vous n'avez pas hérité d'eux cette habitude.

MENDO.

Ces alimens se convertissent en sang et chair. Si le mien n'eût mangé que de l'ail et des ognons, j'en aurais tout de suite senti l'odeur, et je lui aurais dit : Peu à peu, monsieur, je ne veux pas être le résultat de ces vilenies.

NUNO.

Je conviens qu'il n'y a pas de doute...

MENDO.

Sur quoi?

NUNO.

Eh bien, qu'il n'y a pas de doute que la faim rend l'esprit très-subtil.

MENDO.

Sot! est-ce que j'ai faim, moi?

NUNO.

Ne vous fâchez point, mon maître ; si vous ne l'avez pas, elle peut venir : il est déjà trois heures, et je crois que notre salive à tous deux pourrait servir pour enlever des taches.

MENDO.

Et pour cela, tu crois que j'ai faim? Que la canaille éprouve ce besoin, à la bonne heure; mais nous ne sommes pas tous égaux. Un homme de ma classe peut se passer de dîner.

NUNO.

Je voudrais être noble comme vous.

MENDO.

Laissons tous ces discours; nous voici dans la rue d'Isabelle.

NUNO.

Puisque vous êtes son amant, puisque vous l'aimez d'une si belle passion, que ne la demandez-vous en mariage? De cette manière son père et vous vous aurez ce qui vous manque à l'un et à l'autre; vous, de quoi dîner, et lui, des petits-fils gentils-hommes.

MENDO.

Ne me parle jamais de cela. Un vil intérêt aurait tant de pouvoir sur moi! je m'abaisserais à être le gendre d'un plébéien!

NUNO.

Mais, au contraire, je m'étais imaginé qu'il n'y avait rien de plus commode qu'un beau-père de cette espèce; tandis qu'en général les autres sont difficiles à contenter. Enfin, si vous ne voulez pas épouser Isabelle, pourquoi tant de démonstrations d'amour?

MENDO.

Et sans l'épouser, n'y a-t-il pas mille couvens où

on peut la mettre lorsque j'en serai dégoûté?... Est-elle à son balcon?

NUNO.

Je ne voudrais pas que Pierre Crespo m'aperçût.

MENDO.

Qui oserait te faire la moindre offense? n'es-tu pas à moi? Allons, obéis à ton maître.

NUNO.

Je fais ce que vous me dites, quoique je ne m'asseye pas avec vous [6].

MENDO.

Les valets ne manquent jamais de proverbes.

NUNO.

Bonne nouvelle! la voilà au balcon, derrière la jalousie, avec sa cousine Inès.

MENDO.

Dis plutôt que le soleil, couronné de diamans, recommence sa carrière, et qu'il se lève aujourd'hui à l'heure où il est ordinairement couché.

(Isabelle, Inès, à la fenêtre.)

INÈS.

Viens à la fenêtre, Isabelle; viens voir les soldats qui arrivent...

ISABELLE.

Ne me fais pas venir ici quand cet homme est dans la rue.... Tu sais, ma chère, comme sa vue me déplaît.

INÈS.

Quelle singulière manie de sa part! il veut absolument te faire la cour.

ISABELLE.

Ce sont là toutes mes bonnes fortunes.

INÈS.

Il me semble que tu as tort de t'en inquiéter.

ISABELLE.

Que veux-tu que je fasse?

INÈS.

Que tu prennes la chose comme un divertissement.

ISABELLE.

Triste divertissement!

MENDO, à Isabelle.

Jusqu'à cet instant, j'aurais juré, foi de gentilhomme (et ce serment est inviolable), qu'il n'était pas jour encore. Qu'y aurait-il d'étonnant à cela? le jour ne vient que lorsqu'il est annoncé par l'aurore... et je la vois paraître! deux même à la fois.

ISABELLE, à Mendo.

Seigneur Mendo, je vous l'ai déjà dit plusieurs fois, vous perdez tous les frais de votre galanterie; ces belles démonstrations d'amour sont superflues. Veuillez bien oublier cette rue et ma maison.

MENDO.

Si les jolies femmes savaient combien les embellit la colère, l'air dédaigneux, la rigueur même, elles ne voudraient jamais d'autre ornement. Vous êtes charmante, sur mon honneur; continuez à me dire des injures.

ISABELLE.

Puisque les paroles ne vous font pas plus d'effet,

seigneur Mendo, les actions peut-être vous toucheront davantage. — Viens, Inès, ferme-lui la fenêtre au nez.

(Elles s'en vont.)

INÈS, s'en allant.

Seigneur chevalier errant, qui entrez toujours en lice comme un aventurier, sans titre et sans qualité, que l'amour vous assiste et vous console !

MENDO.

Inès, les beautés font tout ce qu'elles veulent. — Nuno ?

NUNO.

Celui qui est pauvre n'obtient que des mépris.

(Pierre Crespo arrive.)

CRESPO.

Que je n'entre ni ne sorte jamais de chez moi sans voir ce hobereau mesurer gravement la longueur de cette rue !

NUNO, à Mendo.

Voilà Pierre Crespo.

MENDO.

Allons de cet autre côté. Ce rustre est plein de malice.

JUAN, sortant de la maison de son père.

Eh quoi ! toujours ce fantôme à notre porte, avec ses plumes et ses gants !

NUNO, à Mendo.

Voilà le fils.

MENDO.

Fais bonne contenance.

CRESPO.

Ah ! c'est mon fils.

JUAN.

C'est mon père.

MENDO, à part.

(*A part.*) Dissimulons. (*Haut.*) Pierre Crespo, Dieu vous garde !

(Il s'en va avec son valet.)

CRESPO.

Dieu vous garde ! Il est obstiné, notre homme ; quelque jour il pourrait lui en mésarriver.

JUAN.

A la fin je me fâcherai.... Mon père, d'où venez-vous ?

CRESPO.

De l'aire, mon fils. Je suis allé voir la moisson. Les gerbes sont magnifiques : de loin, on dirait des montagnes d'or ; et cet or est du plus fin ; tous les astres du ciel l'ont épuré... Le vent est propice : il chasse la paille d'un côté, le grain reste de l'autre ; chaque chose prend naturellement sa place, selon sa valeur et son poids. Oh ! fasse le ciel que je puisse bientôt recueillir ma richesse dans mes greniers, avant qu'un orage vienne troubler nos travaux et gâter le fruit de nos sueurs ! — Et toi, Juan, qu'as-tu fait ?

JUAN.

Mon père, je ne sais trop comment vous le dire ; je crains de vous fâcher. J'ai joué deux parties de *paume*, et les ai perdues toutes deux.

CRESPO.

Pas de mal, si tu as payé.

JOURNÉE I, SCÈNE II.

JUAN.

Mon père, je n'avais pas assez d'argent sur moi, et je viens vous prier de m'en donner.

CRESPO.

D'abord, écoute, mon fils; il y a deux choses que tu dois toujours éviter : l'une, de ne jamais promettre ce que tu es incertain de pouvoir tenir; l'autre, de ne jamais jouer plus d'argent que tu ne peux en mettre sur jeu; car, si, par un accident quelconque, tu n'es pas en état de faire honneur à ton engagement, adieu la bonne réputation.

JUAN.

Mon père, le conseil est digne de vous. Permettez que, pour vous prouver combien j'en suis touché, je vous en donne un autre. « N'offrez pas de conseils à celui qui ne demande que de l'argent. »

CRESPO.

Mon fils, tu ne t'es pas mal défendu.

(Un sergent arrive, chargé d'un porte-manteau.)

LE SERGENT.

Est-ce ici la maison de Pierre Crespo?

CRESPO.

En quoi peut-il vous servir?

LE SERGENT.

J'apporte ici les effets de don Alvar d'Atayde, capitaine de la compagnie, qui est arrivé tout à l'heure, et qui séjourne ici.

CRESPO.

Il n'en faut pas davantage; pour servir le roi, dans la personne de ses officiers, ma maison, mon bien, tout ce que je possède est là ; on va lui préparer un appartement. — Laissez les effets, et allez dire qu'il peut venir quand il voudra ; disposez de nos facultés.

LE SERGENT.

Il ne tardera pas.

(Il sort.)

JUAN.

Mon père, avec le bien que vous avez, riche comme vous l'êtes, comment pouvez-vous souffrir toutes ces vexations de logement de gens de guerre ?

CRESPO.

Mon fils, et le moyen de s'y soustraire ?

JUAN.

Mon père, acheter des lettres de'noblesse.

CRESPO.

Jeune homme, dis, tout le monde ne nous connaît-il pas ici ? nous sommes d'une race honnête, pure, mais roturiers..... Non certes ; que gagnerais-je d'acheter la noblesse, si je n'achète point le sang noble ? Après l'avoir achetée, en vaudrai-je mieux ? pure sottise. On dirait que je me suis fait noble pour cinq ou six mille réaux ; eh bien ! je ne vois là que la somme d'argent ; je n'y vois aucune espèce d'honneur. L'honneur, mon fils, ne s'achète pas.

Veux-tu que je te cite un petit conte, bien qu'il soit un peu trivial ; écoute. Un homme est chauve depuis long-temps ; il se détermine enfin et prend une perruque. Crois-tu que dans l'opinion de ceux qui l'ont vu, qui le connaissent, il ait cessé d'être chauve ? Alors que dit-on de lui ? « Un tel a une

» perruque très-bien faite; n'importe, on ne voit
» plus qu'il est chauve, mais on sait bien qu'il l'est. »

JUAN.

Mon père, c'est toujours se délivrer d'une incommodité; c'est remédier à un mal, autant que possible. C'est se garantir du soleil, du vent, du froid.

CRESPO.

Mon fils, je ne veux pas d'un honneur postiche : mes aïeux était vilains; mon père le fut aussi, mes enfans doivent l'être comme eux et moi. — Appelle ta sœur.

JUAN.

Elle vient.

(Isabelle et Inès entrent.)

CRESPO.

Ma fille, le roi, notre seigneur (que le ciel le conserve longues années), se rend à Lisbonne, où il va se faire couronner, en sa qualité de maître légitime du Portugal; des troupes marchent de tous côtés pour assister à cette fête. Le vieux *Terce*, de Flandre arrive en Castille; il a pour chef un don Lope de Figueroa, qui, dit-on, est le Mars espagnol. Aujourd'hui nous avons des soldats dans la maison; il ne faut pas qu'ils te voient : ainsi retire-toi dès à présent là-haut dans l'appartement que j'occupais.

ISABELLE.

Je venais vous le demander, mon père; en restant ici, je n'entendrais que des propos déplacés. — Ma cousine et moi, nous serons ensemble, sans que personne nous voie, pas même le soleil.

CRESPO.

C'est bien, adieu; et toi, Juan, tu recevras nos hôtes, tandis que je vais chercher des provisions pour les traiter comme il faut.

ISABELLE.

Allons, Inès.

INÈS.

Allons, cousine; ce n'est pas moins une simplicité de vouloir garder une femme, si elle ne veut pas se garder elle-même.

(Elles sortent.)

(Le sergent entre avec le capitaine.)

LE SERGENT.

Capitaine, c'est la maison.

LE CAPITAINE.

As-tu pris soin de mes effets?

LE SERGENT.

Je vais d'abord m'informer de la petite bourgeoise.

(Il sort.)

JUAN.

Soyez le bienvenu chez nous, seigneur; nous nous estimons heureux d'avoir un hôte aussi noble que vous, d'aussi bonne mine..... Que j'aimerais l'habit militaire!

LE CAPITAINE.

Je suis fort aise de vous voir.

JUAN.

Pardonnez si le logement n'est pas plus beau : mon père voudrait que sa maison fût un palais pour vous y mieux recevoir. — Il est sorti pour chercher des provisions; il désire vous bien traiter, et moi, je vais préparer votre appartement.

LE CAPITAINE.

Je suis très-sensible à votre bon accueil.

JUAN.

Vous pouvez disposer de votre serviteur.

(Il sort.)

(Le sergent rentre.)

LE CAPITAINE,

Eh bien! sergent, l'as-tu vue?

LE SERGENT.

Jour de Dieu! j'ai tout reconnu, la cuisine, l'appartement; et je ne la vois pas.

LE CAPITAINE.

Le vilain la tient à l'écart.

LE SERGENT.

J'ai questionné la servante. Elle m'a dit que le père la tenait dans cet appartement d'en haut; qu'elle ne descendrait pas, que le vieux était fort soupçonneux.

LE CAPITAINE.

Tous les rustres sont méfians, pleins de malice. Si je voyais sa fille, probablement je n'en ferais aucun cas; mais seulement parce que le vieux la tient cachée, je brûle d'envie d'entrer où elle est.

LE SERGENT.

Comment faire pour entrer, sans pourtant exciter de soupçons.

LE CAPITAINE.

C'est un caprice; il faut le satisfaire. Imaginons une ruse.

LE SERGENT.

Bien que la ruse ne soit pas très-subtile, il s'agit de venir à ses fins.

LE CAPITAINE.

Écoute.

LE SERGENT.

Dites?

LE CAPITAINE.

Tu feras semblant de.... Mais non, voici un soldat qui est plus éveillé, il jouera mieux son rôle....

(Rebolledo entre avec l'Étincelle.)

REBOLLEDO, au fond du théâtre.

Je viens en parler au capitaine ; je ne serai peut-être pas toujours malheureux....

L'ÉTINCELLE.

Vois comme tu lui parles ; pas de folies, mesure tes paroles.

REBOLLEDO.

Souffle-moi ta sagesse.

L'ÉTINCELLE.

Elle ne te serait pas inutile.

REBOLLEDO.

Reste derrière; attends-moi. (*S'avançant vers le capitaine.*) Je viens vous supplier....

LE CAPITAINE.

Je suis prêt à faire tout ce que je pourrai pour Rebolledo ; j'estime son courage, sa bonne mine....

JOURNÉE I, SCÈNE II.

LE SERGENT.

C'est un bon soldat.

LE CAPITAINE.

De quoi s'agit-il?

REBOLLEDO.

J'ai perdu tout l'argent que j'avais et que je puis avoir; je me trouve condamné à une misère présente, passée et future : je viens vous supplier de m'accorder, par voie d'indemnité, pour ces jours-ci...

LE CAPITAINE.

Que veux-tu?

REBOLLEDO.

Que le sous-lieutenant me donne la préférence pour tenir la petite partie du jeu de la compagnie [7]. Je suis un homme de bien, et j'ai (*montrant l'Étincelle*) des obligations à remplir.

LE CAPITAINE.

La chose me paraît juste; le sous-lieutenant saura que je veux que cela soit.

L'ÉTINCELLE.

Le capitaine lui donne de bonnes espérances... Ah! si je viens à me voir....

REBOLLEDO.

Capitaine, je vais le lui dire.

LE CAPITAINE.

Auparavant, écoute un mot. J'ai besoin de toi pour certaine opération que je veux tenter, et qui me sera utile....

REBOLLEDO.

Que tardez-vous à parler? Sitôt dit, sitôt fait.

LE CAPITAINE.

Je veux monter à cet appartement d'en haut, pour voir si j'y trouve une personne qui se cache de moi.

REBOLLEDO.

Pourquoi ne montez-vous pas?

LE CAPITAINE.

Je voudrais avoir un prétexte plausible. Je vais faire semblant de me fâcher contre toi ; je tirerai l'épée, tu fuiras de ce côté ; tu entreras pour te sauver dans l'appartement où est la personne en question.

REBOLLEDO.

C'est entendu.

L'ÉTINCELLE, au fond du théâtre.

Rebolledo cause avec le capitaine, si long-temps... Allons, nous avons notre affaire.

REBOLLEDO.

Vive Dieu! Que des larrons, des poules mouillées, de mauvais serviteurs ont obtenu ce que je sollicite, et un homme d'honneur tel que moi n'est pas écouté!

L'ÉTINCELLE.

La folie le prend...

LE CAPITAINE.

Comment, à moi, parler sur ce ton!

REBOLLEDO.

Oui, quand j'ai raison....

JOURNÉE I, SCÈNE II.

LE CAPITAINE.

Non, tu ne l'as pas; abaisse ce ton; et trop heureux que je veuille bien oublier cette insolence...

REBOLLEDO.

Vous êtes le capitaine, je me tais. Mais, jour de Dieu! si j'avais....

LE CAPITAINE.

Que ferais-tu?

L'ÉTINCELLE, *accourant.*

Seigneur, calmez-vous; je le vois perdu....

REBOLLEDO.

Que vous me parlassiez autrement.

LE CAPITAINE.

Qu'attends-je plus? Je veux le tuer, cet insolent!

REBOLLEDO.

Je fuis; mais c'est par respect pour les décorations du grade.

LE CAPITAINE, *courant après lui.*

Tu ne m'échapperas pas...

L'ÉTINCELLE.

Il a fini par faire des siennes.

LE SERGENT.

Seigneur, calmez-vous.

L'ÉTINCELLE.

Écoutez.

(*Le capitaine poursuit Rebolledo l'épée à la main; Juan accourt aussi avec une épée et Pierre Crespo.*)

JUAN.

Vite, accourez; tout le monde ici.

CRESPO.

Qu'est-il arrivé ?

JUAN.

Qu'est-ce donc ?

L'ÉTINCELLE.

Le capitaine vient de tirer l'épée contre un soldat qui fuit et se sauve par cet escalier.

CRESPO.

Quelle fatalité !

L'ÉTINCELLE

Courez tous après lui.

JUAN.

Peine perdue. On a vainement voulu cacher ma sœur et ma cousine....

(Rebolledo rentre sur le théâtre de l'autre côté. Isabelle, Inès, sont avec lui.)

REBOLLEDO.

Mesdames, tout temple est un lieu d'asile : que ce soit ici le mien. C'est le temple de l'amour...

ISABELLE.

Qui te force à fuir de la sorte ?

JUAN.

Comment oses-tu entrer ici ?

ISABELLE.

Qui te poursuit ?

(Le capitaine et le sergent arrivent.)

LE CAPITAINE.

Moi, qui veux le tuer ; ce misérable... Vive Dieu ! si j'en crois....

ISABELLE.

Calmez-vous, seigneur; ne fût-ce que parce qu'il s'est réfugié auprès de moi. Des hommes tels que vous aiment à respecter les femmes, non pour ce qu'elles sont individuellement, mais comme femmes en général. Cela suffit pour un homme de votre qualité.

LE CAPITAINE.

Il a choisi le seul asile qui pût le dérober à ma fureur. Votre beauté, madame, lui sauve la vie. Mais, est-il juste, dans cette occasion, que vous commettiez un homicide sur ma personne, quand vous vous opposez à ce que je le commette moi-même sur celle d'un autre?

ISABELLE.

Seigneur, nous sentons vivement le prix de votre courtoisie; ne mettez pas sitôt des conditions à notre intercession. Je vous supplie d'accorder sa grâce à ce pauvre soldat, mais veuillez laisser à notre reconnaissance le soin d'acquitter notre dette envers vous.

LE CAPITAINE.

Isabelle, votre esprit égale votre beauté, qui est incomparable; vous réunissez tous les dons de la nature!

(Pierre Crespo, Juan son fils, tous deux l'épée à la main, entrent.)

CRESPO.

Comment, chevalier, je croyais vous trouver ici prêt à tuer un homme, et....

ISABELLE.

Ah! ciel!

CRESPO.

Vous dites des douceurs à une femme; vous êtes très-noble sans doute, puisque la colère fait bientôt place à des sentimens plus doux.

LE CAPITAINE.

Celui qui est né gentilhomme a des devoirs dont il ne peut jamais s'écarter; par égard pour cette dame j'ai dû modérer mes transports.

CRESPO.

Isabelle est ma fille, seigneur; elle est une paysanne et non pas une dame.

JUAN, à part.

Vive Dieu! Tout ceci n'a été qu'une ruse pour pénétrer jusque dans cet appartement! Je suis honteux de voir qu'on veut se jouer de nous; il n'en sera pas ainsi! (*Haut.*) Seigneur capitaine, vous auriez pu mieux apprécier la bonne volonté de mon père, qui ne cherche qu'à vous bien traiter, au lieu de chercher à nous insulter.

CRESPO.

Jeune homme, qui vous appelle ici? quelle insulte voulez-vous dire? si le soldat a manqué, ne devait-il pas courir après lui? Ma fille, seigneur, est très-sensible à la générosité que vous avez eue de pardonner à ce malheureux; et moi je le suis également aux égards que vous avez eus pour ma fille.

LE CAPITAINE, à Juan.

Il est évident que je n'ai pas eu d'autre motif.... Faites plus d'attention à vos paroles.

JUAN.

Je ne suis pas aveugle.

LE CAPITAINE.

Si votre père n'était point là, je vous traiterais autrement.

CRESPO.

Doucement, seigneur capitaine; c'est moi qui puis traiter mon fils comme je veux, et non vous.

JUAN.

Et moi je souffre tout de la part de mon père, rien de la part d'un autre.

LE CAPITAINE.

Que feriez-vous?

JUAN.

Je saurais défendre mon honneur au péril de ma vie.

LE CAPITAINE.

L'honneur d'un vilain!

JUAN.

Est le même que le vôtre. S'il n'y avait pas de laboureurs, il n'y aurait pas de capitaines.

LE CAPITAINE.

Vive Dieu! C'est trop abuser de ma patience....

CRESPO.

Songez que je suis ici.

(Le capitaine et Juan tirent chacun l'épée.)

REBOLLEDO.

Pour le coup l'affaire est engagée.

L'ÉTINCELLE.

Holà ! La garde ! la garde !

REBOLLEDO.

Messieurs, don Lope ! voyez don Lope !

(Don Lope de Figueroa entre. Il porte la décoration de l'ordre de Saint-Jacques, et toutes les marques de son grade supérieur.)

DON LOPE.

Qu'est-ce donc ? En arrivant ici, la première chose que je vois c'est une querelle !

LE CAPITAINE, à part.

Funeste apparition !

CRESPO, à part.

Mon jeune homme faisait tête à tout le monde !

DON LOPE.

Mais, enfin, de quoi s'agit-il? Vive Dieu ! hommes, femmes, domestiques, je vais tout jeter par les fenêtres.... C'est bien assez d'être monté jusqu'ici avec cette jambe qui me désole, et que je donne à tous les diables, ainsi soit-il ! sans que vous vous obstiniez à ne pas me dire ce qui en est !

CRESPO.

Seigneur, ce n'est rien du tout.

DON LOPE.

Non, je veux savoir la vérité.

LE CAPITAINE.

Général, je suis logé ici, un soldat....

DON LOPE.

Dites donc....

LE CAPITAINE.

M'a manqué, j'ai tiré l'épée pour le punir; dans sa fuite, il est entré dans cette appartement, je l'ai suivi; ces deux paysannes y étaient, leur père ou frère, je ne sais trop ce qu'ils sont, trouvent mauvais que j'y sois entré....

DON LOPE.

Eh bien, j'arrive fort à propos; tout le monde sera content. Quel est ce soldat qui vous a manqué?

REBOLLEDO, bas.

Allons, je vais payer pour tous.

ISABELLE.

Seigneur, voilà celui qui est entré le premier.

DON LOPE.

Deux carrières de baguette.

REBOLLEDO.

Deux carrières de quoi, seigneur?

DON LOPE.

De baguette.

REBOLLEDO.

Seigneur, je ne suis pas un homme qui mérite d'être ainsi traité.

L'ÉTINCELLE.

Cette fois-ci, on me le rend estropié.

LE CAPITAINE.

Tais-toi, je t'en prie, je te tirerai de là.

REBOLLEDO.

Moi, me taire! si je me tais, on me liera les mains derrière le dos comme à un malfaiteur.

(*Haut.*) Le capitaine m'a ordonné de faire semblant de lui manquer, pour avoir un prétexte et entrer dans cet appartement.

CRESPO.

Seigneur, vous le voyez, nous n'avions pas tort.

DON LOPE.

Vous aviez tort. Vous avez exposé votre village à être mis sens dessus dessous ; tambour à l'ordre : que tous les soldats rentrent au corps ; tout le monde est consigné pour vingt-quatre heures ; peine de mort à celui qui sortira. (*A Crespo et au capitaine.*) Et pour que vous n'ayez plus rien à démêler l'un avec l'autre, capitaine, cherchez un autre logement ; je prends celui-ci pour moi, jusqu'à ce que nous partions pour Guadelupe où est le roi.

LE CAPITAINE.

Général, je ne sais qu'obéir.

CRESPO, à Isabelle.

Rentrez, ma fille. (*Elle s'en va. — Au général.*) Seigneur, mille remercîmens ; vous m'avez sauvé la vie, en arrêtant cette fâcheuse affaire ?

DON LOPE.

Comment dis-tu, la vie ?

CRESPO.

Oui, seigneur, d'abord je n'aurais pas épargné celle d'un homme qui m'eût offensé le moins du monde.

DON LOPE.

Vive Dieu ! sais-tu qu'il est capitaine ?

JOURNÉE I, SCÈNE II.

CRESPO.

Oui, vive Dieu! et fût-il général, s'il eût offensé mon honneur, je l'aurais tué tout de même.

DON LOPE.

Si quelqu'un s'avisait de toucher le poil seulement de l'habit du dernier de mes soldats, vive Dieu! je le ferais pendre sur-le-champ.

CRESPO.

Vive Dieu, aussi! celui qui s'aviserait de blesser mon honneur le moins du monde, en quoi que ce soit, je le ferais pendre tout de même.

DON LOPE.

Sais-tu que tout vilain est obligé par sa condition à supporter ces incommodités?

CRESPO.

A payer de mon argent, oui; de mon honneur, non. Nous devons sacrifier pour le roi, nos biens, notre vie; mais l'honneur, c'est notre âme, elle n'appartient qu'à Dieu.

DON LOPE.

Vive Dieu! je crois qu'il a peut-être raison.

CRESPO.

Vive Dieu! jamais je n'ai tort.

DON LOPE.

Je suis fatigué; cette jambe, que le diable m'a donnée, a besoin de repos.

CRESPO.

Et qui vous dit le contraire? Le diable aussi m'a donné un lit que je puis vous offrir.

DON LOPE.

Et ce lit est-il fait à la diable?

CRESPO.

Peut-être.

DON LOPE.

Je vais donc le défaire en m'y couchant, car, vive Dieu! je suis bien fatigué.

CRESPO.

Allons, vive Dieu! venez vous reposer.

DON LOPE.

Le vilain est têtu, il jure autant que moi.

CRESPO.

Don Lope est mauvais coucheur; je crois que nous ne serons pas très-bien ensemble.

FIN DE LA PREMIÈRE JOURNÉE.

JOURNÉE DEUXIÈME.

SCÈNE PREMIÈRE.

La rue et la maison de Pierre Crespo.

MENDO, NUNO.

MENDO.

Qui t'a dit tout cela ?

NUNO.

Ginète, sa servante.

MENDO.

Le capitaine, à la suite de cette querelle, vraie ou feinte, s'est mis à faire la cour à Isabelle?

NUNO.

Et de quelle manière ! il ne s'allume pas plus de feu chez lui que chez nous. Le capitaine ne quitte plus la porte d'Isabelle : à tout instant il lui envoie des messages. Un pauvre diable de soldat va et revient sans cesse ; c'est le confident.

MENDO.

N'en dis pas davantage. C'est trop fort ! Je ne puis digérer ce mortel affront.

NUNO.

Et surtout avec un estomac aussi affaibli !

MENDO.

Nuno, parlons sérieusement.

NUNO.

Plût à Dieu que ce fût une plaisanterie !

MENDO.

Que lui répond Isabelle ?

NUNO.

Comme à vous. Isabelle est une divinité que les vapeurs grossières de la terre n'atteignent pas.

MENDO.

Je t'en souhaite.

(Il lui donne un coup de poing au visage.)

NUNO.

Et moi je vous souhaite un bon mal aux dents : vous m'en avez cassé deux. Au reste, vous avez très-bien fait ; ce sont des meubles inutiles quand on est à votre service. Voici le capitaine.

MENDO.

Vive Dieu ! si je ne songeais à l'honneur d'Isabelle, je l'expédierais tout de suite.

NUNO.

Prenez garde à vous.

(Le capitaine, le sergent, Rebolledo, arrivent de l'autre côté du théâtre.)

MENDO.

J'écouterai de loin. (*A Nuno.*) Approche-toi de ce côté.

LE CAPITAINE.

Ce n'est pas de l'amour, c'est de la rage, de la fureur que je sens.....

REBOLLEDO.

Plût à Dieu que vous ne l'eussiez jamais vue! elle vous coûte bien du chagrin.

LE CAPITAINE.

Qu'a dit sa servante?

REBOLLEDO.

Vous savez ses réponses ordinaires.

MENDO, *toujours de l'autre côté du théâtre, et loin du capitaine.*

Allons, c'est décidé, Nuno; la nuit étend son voile sombre, je prendrai ensuite le parti que me dictera la prudence. Viens me donner mes armes.

NUNO.

Mais, mon maître, je ne vous en connais pas d'autres que celles qui sont sur le haut de la porte de votre maison.

MENDO.

Je pense qu'il se trouvera quelque chose de convenable dans ma sellerie.

NUNO.

Partons sans que le capitaine nous aperçoive.

LE CAPITAINE, *au sergent.*

Elle est fière, pour une bourgeoise! elle n'a pas daigné me répondre un seul mot favorable.

LE SERGENT.

Ces femmes-ci ne veulent pas d'un homme tel que vous : si un rustre leur contait fleurettes, elles s'adouciraient aussitôt. Vos regrets, d'ailleurs, sont bien gratuits. Nous partons demain : comment voulez-vous, en un seul jour, en venir à bout ?

LE CAPITAINE.

Un seul jour suffit au soleil pour fournir sa carrière ; il n'en faut pas davantage pour bouleverser un état, pour convertir des pierres en un bel édifice, pour perdre ou gagner une bataille : en un seul jour et moins encore, la mer s'agite et se calme, un homme naît et meurt ; mon amour ne peut-il pas être en peu de temps lumière et ombre comme le soleil, heureux ou malheureux comme un royaume, orageux ou tranquille comme la mer, plein de vie ou mort comme un être doué de sentiment et de facultés, éprouver, en un mot, l'alternative de la victoire ou de la défaite ? Et puisqu'un seul jour a suffi pour me rendre si à plaindre, pourquoi ne suffirait-il pas pour faire ma félicité ? Le bien serait-il plus difficile à venir que le mal ?

LE SERGENT.

Quoi ! pour l'avoir vue une seule fois, toutes ces exclamations !

LE CAPITAINE.

N'est-ce donc pas assez de l'avoir vue une seule fois ? Une seule étincelle cause un incendie : il ne faut qu'un moment pour que le volcan se fasse jour et lance des torrens de soufre enflammé. En un clin d'œil la foudre s'allume et brise tout ce qu'elle rencontre, le canon vomit la mort ; l'amour fait aussi promptement les mêmes ravages que le volcan, l'incendie, la foudre et le canon.

LE SERGENT.

Ne disiez-vous pas que la fille d'un vilain ne pouvait jamais être belle à vos yeux?

LE CAPITAINE.

Cette idée m'a perdu. J'étais pleinement rassuré : je me suis livré au danger sans y être préparé. J'ai été pris au dépourvu : je croyais trouver une paysanne; j'ai rencontré une divinité. Comment pouvais-je me dérober à l'effet de cette surprise inespérée? Je n'ai jamais rien vu d'aussi divin, d'aussi parfait. Quelle beauté! Rebolledo, que ne donnerais-je pas pour la voir?

REBOLLEDO.

Nous avons ici un soldat qui chante d'une manière admirable; c'est *l'Étincelle*, mon prévôt des jeux. C'est le meilleur musicien du genre; allons chanter, danser sous ses fenêtres. Il est naturel qu'elle paraisse; vous la verrez, vous lui parlerez peut-être.

LE CAPITAINE.

Mais don Lope de Figueroa y est logé : il ne faudrait pas l'éveiller.

REBOLLEDO.

Sa jambe ne le laisse jamais dormir. D'ailleurs, on ne dira pas que c'est vous : c'est nous qu'on accusera; vous viendrez déguisé parmi les chanteurs.

LE CAPITAINE.

Il y aurait encore beaucoup à réfléchir sur cela. Mais la passion l'emporte : rassemblez-vous ce soir, de manière pourtant que je ne sois pas censé l'avoir ordonné. Ah ! Isabelle, que de choses tu me fais faire !

(Le capitaine et le sergent s'en vont. L'Étincelle arrive.)

L'ÉTINCELLE, à Rebolledo, le retenant.

Reste ici.

REBOLLEDO.

Qu'est-ce donc ?

L'ÉTINCELLE.

Un pauvre diable, qui vient d'être marqué de ma main..

REBOLLEDO.

Pourquoi la dispute ?

L'ÉTINCELLE.

Il a voulu me tricher ; je me suis fâchée, et je lui ai parlé avec ceci (*elle lui montre son poignard*) : pendant qu'on le panse chez le barbier, allons au corps-de-garde, où je te raconterai ce qui s'est passé.

REBOLLEDO.

Il paraît que tu es en train ; et moi aussi.

L'ÉTINCELLE.

Cela n'en ira que mieux. J'ai mes castagnettes.... allons, que faut-il chanter ?

REBOLLEDO.

C'est pour ce soir, et la musique doit être plus complète. Allons au corps-de-garde.

SCÈNE II.

La maison de Pierre Crespo.

CRESPO, DON LOPE.

CRESPO.

Mettez ici la table de don Lope; il y a plus d'air. Seigneur, vous souperez là de meilleur appétit. Dans cette saison, la chaleur de la journée fait vivement désirer la fraîcheur du soir.

DON LOPE.

Cet endroit est délicieux.

CRESPO.

C'est un bout de jardin qui est réservé à ma fille pour venir s'y distraire. Asseyez-vous, seigneur : le souffle du zéphire qui agite le feuillage de la treille et le bruit de l'eau de cette fontaine forment un agréable murmure ; instrument d'une espèce toute particulière, luth d'argent et de nacre dont les cailloux dorés semblent être les cordes. Pardonnez, seigneur, si vous n'avez que cette musique naturelle ; il n'y a point ici de voix humaines qui en augmentent le charme. Le gazouillement des oiseaux finit avec le jour, et ces musiciens ne sont pas à mes ordres. Asseyez-vous, seigneur, et tâchez de ne pas songer à votre habituelle incommodité.

DON LOPE.

Impossible ! cette jambe ne me laisse pas respirer un moment. Dieu me soit en aide !

CRESPO.

Que Dieu vous soit en aide, *amen*.

DON LOPE.

Que le ciel me donne la patience ! Asseyez-vous, Crespo.

CRESPO.

Seigneur, je suis très-bien comme je suis.

DON LOPE.

Non, Crespo, asseyez-vous.

CRESPO.

Vous le voulez, seigneur, j'obéis ; vous auriez dû ne pas y faire attention.

DON LOPE.

Je fais une remarque, Crespo. Hier sûrement la colère vous avait troublé le jugement.

CRESPO.

Non, seigneur, jamais elle ne me le fait perdre.

DON LOPE.

Comment donc, hier, vous êtes-vous assis sans que je vous le disse, et même sur le meilleur siége ?

CRESPO.

Parce que vous ne me dîtes pas de m'asseoir ; et aujourd'hui que vous me le dites, je ne voudrais pas le faire. Il faut n'être poli qu'avec ceux qui le sont.

DON LOPE.

Hier vous ne faisiez que jurer, aujourd'hui vous êtes l'urbanité même.

CRESPO.

Seigneur, je réponds toujours sur le ton et dans le sens de celui qui me parle. Hier vous me parliez comme vous savez : la réponse devait être analogue à la demande. J'ai pris pour règle de jurer avec celui qui jure, de prier avec celui qui prie. Je m'accommode à tout. Ma sympathie est même telle que je n'ai pu fermer l'œil de toute la nuit, parce que je ne cessais de penser à votre jambe souffrante ; et ce matin, en m'éveillant, j'éprouvais une vive douleur dans chacune des miennes ; car, pour ne pas manquer de souffrir comme vous, de la droite ou de la gauche, n'étant pas bien fixé sur ce point, toutes les deux me faisaient mal en même temps. Dites-moi, seigneur, laquelle des vôtres est malade, afin que désormais je n'en aie aussi plus qu'une à soigner.

DON LOPE.

N'ai-je pas mille raisons de me plaindre ? Durant trente ans de guerre en Flandre, constamment exposé aux frimats de l'hiver, aux feux dévorans de l'été, jamais de repos, et de plus, cette maudite jambe n'a pas cessé un instant de me faire souffrir.

CRESPO.

Que le ciel vous donne de la patience !

DON LOPE.

Voilà certes une belle grâce de sa part ?

CRESPO.

Eh bien, qu'il ne vous la donne pas.

DON LOPE.

Qu'il ne m'en donne jamais; que le diable emporte mille fois la patience et moi avec!

CRESPO.

Amen, et s'il ne le fait pas ainsi, c'est qu'il ne sait rien faire de bon.

DON LOPE.

Jésus, mille fois, Jésus!

CRESPO.

Qu'il soit avec vous et avec moi!

DON LOPE.

Vive Dieu! je suis fâché.....

JUAN. Il apporte une table.

Seigneur, la table vous attend.

DON LOPE.

Pourquoi mes gens ne viennent-ils pas me servir?

CRESPO.

C'est moi qui, sauf votre permission, leur ai dit de ne point venir, et de ne faire aucune disposition dans ma maison pour votre service. J'espère, seigneur, qu'il ne vous manquera rien.

DON LOPE.

Puisque mes gens ne doivent pas venir, faites-moi le plaisir d'appeler votre fille, elle soupera avec moi.

CRESPO, à son fils.

Dis-lui de venir à l'instant, mon fils.

DON LOPE.

L'état où je suis doit écarter tout soupçon, Crespo.

CRESPO.

Quand même, seigneur, vous seriez très-bien portant, comme je le voudrais de tout mon cœur, je n'en aurais aucun ; je suis tranquille de ce côté-là. Si je voulus d'abord qu'elle restât dans son appartement, c'était pour qu'elle n'entendît pas des conversations libres ou déplacées. Mais, seigneur, si tous les soldats étaient courtois et polis comme vous, j'aurais exigé qu'elle fût ici la première à les servir.

DON LOPE, à part.

Le vilain est très-adroit ou très-prudent.

(Inès et Isabelle entrent.)

ISABELLE.

Mon père, qu'ordonnez-vous ?

CRESPO.

Ma fille, le seigneur don Lope veut bien nous honorer tous ; c'est lui qui vous appelle.

ISABELLE.

Seigneur, je suis votre servante.

DON LOPE.

C'est moi qui désire vous servir. (*A part.*) Quelle belle personne ! quelle modestie ! (*Haut.*) Je veux que vous soupiez avec moi.

ISABELLE.

Il sera plus convenable, seigneur, que ma cousine et moi nous vous servions à table.

DON LOPE.

Asseyez-vous.

CRESPO.

Asseyez-vous ; faites ce que don Lope veut.

ISABELLE.

Tout le mérite est dans l'obéissance.

(Elles s'asseyent à table. — Bruit de guitare dans la rue.)

DON LOPE.

Holà ! qu'est-ce que tout ceci ?

CRESPO.

Les soldats qui se promènent dans les rues ; ils chantent au son des instrumens...

DON LOPE.

Ces amusemens rendent plus suportables les fatigues du métier. La religion du soldat impose des privations ; il faut de temps en temps fermer les yeux.

JUAN.

Avec tout cela cette vie me plairait beaucoup.

DON LOPE.

Aimeriez-vous à être soldat ?

JUAN.

Oui, seigneur, si j'étais sûr d'obtenir la protection de votre excellence.

UNE VOIX, derrière le fond du théâtre.

Venez chanter ici.

REBOLLEDO, derrière le théâtre.

Allons, un couplet à Isabelle; et pour qu'elle se lève, jette une pierre à sa fenêtre...

CRESPO, à part.

La sérénade a un objet déterminé. Patience !

(On chante derrière le théâtre.)

« La fleur de romarin, jeune Isabelle, est au-
» jourd'hui toute bleue, et demain elle sera changée
» en miel. »

DON LOPE, à part.

De la musique, passe ; mais jeter des pierres aux fenêtres de la maison où je suis logé, c'est trop d'insolence. Dissimulons à cause de Crespo et de sa fille.

CRESPO.

Ce sont des jeunes gens. (*A part.*) Si ce n'était pour don Lope, je leur ferais sentir.....

JUAN, à part.

Si je puis attraper le vieux bouclier qui est dans la chambre de don Lope !.....

(Il cherche à s'en aller.)

CRESPO.

Où vas-tu, jeune homme ?

JUAN.

Chercher le souper de don Lope.

CRESPO.

Nos valets l'apporteront.

(Bruit derrière le théâtre; on chante.)

« Éveille-toi, jeune Isabelle, éveille-toi ! »

ISABELLE, à part.

Hélas ! je n'ai donné aucun motif à tout cela.

DON LOPE.

Oh! ceci ne peut plus se tolérer ; c'est une insolence....

(Il donne un coup de pied à la table et la renverse.)

CRESPO.

Oui, vraiment une insolence.

(Il donne un coup de pied à sa chaise.)

DON LOPE.

C'est un mouvement d'impatience : mais, vraiment, cette douleur de ma jambe est insupportable.

CRESPO.

C'est à cela que je pensais.

DON LOPE.

J'aurais cru toute autre chose en vous voyant renverser la chaise.

CRESPO.

Comme vous aviez renversé la table, n'ayant de mon côté que la chaise à portée..... (*A part.*) Dissimulons, honneur !

DON LOPE

Si j'étais à présent dans la rue ! Mais, c'est bien. Je ne veux pas souper encore. Retirez-vous et laissez-moi.

CRESPO.

Comme vous voudrez.

DON LOPE.

Adieu, Isabelle.

ISABELLE.

Que le ciel vous conserve, seigneur !

JOURNÉE II, SCÈNE II.

DON LOPE, à part.

Ma chambre est auprès de la porte de la rue, et j'y ai vu un bouclier suspendu...

CRESPO, à part.

Il y a une sortie par la cour, et j'ai ma vieille épée...

DON LOPE.

Bonsoir.

CRESPO.

Bonsoir. (*A part.*) Je fermerai la porte après moi pour que mes enfans ne sortent pas.

DON LOPE.

Je ferai en sorte qu'on laisse la maison tranquille.

ISABELLE, à part.

Ils dissimulent l'un l'autre leur mauvaise humeur.

INÈS.

Ils cherchent à se tromper mutuellement.

CRESPO.

Holà! mon fils, voilà ton lit.

(Il s'en va.)

SCÈNE III.

La rue, devant la maison de Crespo.

On voit arriver LE CAPITAINE, LE SERGENT, L'ÉTINCELLE, REBOLLEDO avec une guitare, et DES SOLDATS.

REBOLLEDO.

Ici nous sommes mieux; que chacun fasse sa partie.

L'ÉTINCELLE.

Recommençons-nous?

REBOLLEDO.

Sans doute.

L'ÉTINCELLE.

C'est là ce que je veux.

LE CAPITAINE.

Qu'elle n'ait pas seulement entr'ouvert sa fenêtre!

LE SERGENT.

Ce ne sera pas faute de nous avoir entendus.

L'ÉTINCELLE.

Attendons....

LE SERGENT.

Peut-être à mes dépens.

REBOLLEDO.

Voyons quel est celui qui vient à nous.

L'ÉTINCELLE.

C'est un cavalier armé de toutes pièces.

(Mendo arrive avec sa lance et Nuno.)

MENDO, à Nuno.

Vois-tu ceci ?

NUNO.

Je ne vois pas bien, mais j'entends.

MENDO.

Qui pourrait souffrir cette insolence ?

NUNO.

Moi.

MENDO.

Isabelle ouvrira-t-elle sa fenêtre ?

NUNO.

Pourquoi pas ?

MENDO.

Non, vilain.

NUNO.

Non, soit.

MENDO.

Ah ! jalousie ! peine affreuse ! Je les chasserais bien tous à grands coups d'épée; mais il faut que j'évite toute indiscrétion, jusqu'à ce que je sache si elle s'y prête de façon ou d'autre.

NUNO.

Alors, asseyons-nous.

MENDO.

Oui; je ne serai pas connu.

REBOLLEDO.

Il s'est assis.... Il a l'air d'un fantôme, d'une âme en peine qui rôde pour expier ses fautes passées;

mais il a son bouclier, et semble vouloir parler... Allons, Étincelle, une chanson nouvelle et salée...

L'ÉTINCELLE.

Je veux bien. (*Don Lope entre d'un côté, Crespo de l'autre, couverts tous deux de leurs boucliers, et l'épée à la main. — L'Étincelle chante.*) « Vous avez
» connu Sampaye, la fleur de l'Andalousie, le fa-
» raud de meilleure mine, le galant le plus renom-
» mé; un jour il trouva la Criarde.... (8), un jour il
» trouva la Criarde, le soir, à l'entrée de la nuit,
» avec le redoutable Garlo, dont vous savez le cou-
» rage; car il est prompt comme la foudre dans
» tout ce qu'il veut entreprendre : il trouva donc la
» Criarde : Où ? diriez-vous : chez le marchand de
» de vin; il tire aussitôt l'épée, et frappant d'estoc
» et de taille.... »

(Don Lope et Crespo tombent à coups d'épée sur les chanteurs par deux côtés différens.)

CRESPO.

Ce fut de cette manière.

DON LOPE.

Voici comme cela se passa. (*Ils les poursuivent et les dispersent. Don Lope rentre.*) Ils sont partis. (*Voyant Pedro Crespo.*) Mais c'en est un qui revient.

CRESPO, voyant don Lope.

Celui-ci tient ferme au poste.

DON LOPE.

Il aura aussi son affaire.

CRESPO.

Je vais lui faire suivre le chemin des autres.

DON LOPE.

Allons, partez aussi.

CRESPO.

Partez vous-même, vous apprendrez à courir aussi.

(Ils se battent.)
DON LOPE.

Vive Dieu ! il se défend bien.

CRESPO.

Vive Dieu ! il n'a pas peur.

(Juan accourt l'épée à la main.)
JUAN.

Mon père, je vous trouve; je suis à votre côté !

DON LOPE.

C'est Pedro Crespo !

CRESPO.

Moi-même. Êtes-vous don Lope ?

DON LOPE.

Eh ! sans doute ! N'avez-vous pas dit que vous ne sortiriez pas ? Voilà un bel exploit de votre part.

CRESPO.

J'ai fait comme vous; qu'avez-vous à me reprocher ?

DON LOPE.

J'étais offensé; vous, non.

CRESPO.

Parlons franchement; je suis venu me batire pour vous tenir compagnie.

VOIX DE SOLDATS, derrière le théâtre.

Marchons tous ensemble; exterminons ces vilains!

VOIX DU CAPITAINE.

Prenez garde....

(Ils entrent tous.)

DON LOPE.

Je suis ici, attendez. Quelle insolence!

LE CAPITAINE.

Les soldats chantaient dans la rue sans faire trop de bruit, ni offenser personne; il s'est élevé une dispute, j'ai accouru pour les contenir....

DON LOPE.

Don Alvar, je connais l'objet de la dispute; mais puisque le village est indisposé contre les soldats, je dois éviter tout excès. Il est jour bientôt. Je vous ordonne de partir avant midi, de Zalaméa, avec votre compagnie. Allons, que tout soit fini; qu'on n'y revienne pas, ou je rétablirai la paix à grands coups d'épée.

LE CAPITAINE.

La compagnie partira, mon général. (*A part.*) Belle paysanne, tu me coûteras la vie.

CRESPO, à part.

Don Lope a la tête vive, nous serons bien ensemble.

DON LOPE, à Crespo.

Venez avec moi; je ne veux pas qu'on vous trouve seul nulle part....

(Mendo arrive, Nuno blessé.)

MENDO, à Nuno.

Est-ce quelque chose de sérieux ?

NUNO.

Fût-elle moins sérieuse, cette blessure n'en est pas moins plus fâcheuse que je ne voudrais ?

MENDO.

Je n'ai jamais éprouvé de chagrin pareil.

NUNO.

Ni moi non plus.

MENDO.

Je n'ai pas tort d'être sérieux... Le coup est à la tête ?

NUNO.

Oui, tout ce côté là.

(Bruit de tambour.)

MENDO.

Quel est ce bruit ?

NUNO.

La compagnie qui va bientôt partir.

MENDO.

O quel bonheur ! je serai débarrassé du capitaine.

NUNO.

Ils partent avant midi.

(Le capitaine et le sergent entrent.)

LE CAPITAINE.

Sergent, pars avec toute la compagnie avant que le soleil se couche. Lorsqu'il disparaîtra de l'horizon pour se cacher dans l'océan espagnol, je t'attends auprès de ce bois; je veux commencer ma carrière au moment où l'astre brillant du jour finira la sienne.

LE SERGENT.

Chut. Voici le fantôme du village.

MENDO.

Tâchons de passer sans qu'ils se doutent de mon affliction. Toi, Nuno, fais bonne contenance.

NUNO.

Cela m'est-il possible?

(Le maître et le valet s'en vont.)

LE CAPITAINE.

Je pense retourner au village; la servante s'est chargée de me ménager une entrevue avec cette belle homicide; quelques cadeaux ont séduit celle qui la sert, elle protége mon amour.

LE SERGENT.

Si vous revenez, capitaine, que ce ne soit pas seul : il n'y a pas trop à s'y fier avec ces rustres.

LE CAPITAINE.

Je le sais bien; choisis quelques soldats pour venir avec moi.

LE SERGENT.

J'y vais..... mais si don Lope s'avisait de reparaître, et s'il vous voyait!

LE CAPITAINE.

Je n'ai pas ce souci. Don Lope part aussi pour Guadelupe, où il doit rassembler tout le régiment; je viens de l'apprendre : le roi lui-même doit s'y trouver. Sa majesté est en chemin.

LE SERGENT.

Comptez sur moi.

LE CAPITAINE.

Il s'agit de ma vie.

(Rebolledo entre.)

REBOLLEDO.

Seigneur, heureuse nouvelle!

LE CAPITAINE.

Quoi donc.

REBOLLEDO.

Un ennemi de moins.

LE CAPITAINE.

Lequel? parle vite?

REBOLLEDO.

Le frère d'Isabelle. Don Lope l'a demandé à son père, et l'emmène avec lui à la guerre. Je viens de le rencontrer, tout rayonnant, plein d'ardeur; il a déjà l'air d'un soldat, quoiqu'on voie bien qu'il ne fait que de quitter la charrue : il n'y a plus que le vieux pour nous contrarier.

LE CAPITAINE.

Tout va bien; et surtout si celle qui me l'a promis, me procure ce soir le bonheur d'entretenir Isabelle.

REBOLLEDO.

N'en doutez pas.

LE CAPITAINE.

Je reviendrai ce soir; à présent je vais rejoindre ma compagnie qui est en route; tu m'accompagneras avec le sergent.

REBOLLEDO.

C'est peu de monde, ma foi, mais c'est assez contre deux autres, contre quatre, bah! contre six....

L'ÉTINCELLE.

Et moi, si tu retournes, que deviendrai-je? Je ne suis pas tranquille; si celui que j'ai envoyé hier chez le chirurgien me trouve seule....

REBOLLEDO.

Je ne sais que faire de toi. Aurais-tu le courage de m'accompagner?

L'ÉTINCELLE.

Pourquoi pas? n'ai-je pas du courage, et un habit de soldat?

REBOLLEDO.

Oh! l'habit ne manquera pas; nous avons là celui de l'autre camarade qui est parti ces jours passés.

L'ÉTINCELLE.

Je prendrai sa place.

REBOLLEDO.

Allons, viens, le drapeau est en route.

L'ÉTINCELLE.

Ah! je le vois à présent; la chanson a raison de dire que l'amour d'un soldat ne dure qu'une heure.

(Ils s'en vont.)

SCÈNE IV.

La maison de Crespo.

DON LOPE, PÈDRO CRESPO, JUAN son fils.

DON LOPE.

Je suis très-reconnaissant de tout ce que vous avez fait, mais principalement de m'avoir donné votre fils pour l'emmener avec moi. C'est une chose que je n'oublierai jamais.

CRESPO.

Je vous le donne pour que vous ayez un serviteur de plus.

DON LOPE.

Je le prends comme un ami. Sa bonne tournure, son courage, son ardeur pour les armes, m'ont attaché à lui.

JUAN.

Je serai toujours à vos ordres, vous verrez comme je tâcherai de vous être agréable en tout.

CRESPO.

La grâce que je vous demande, seigneur; c'est de l'excuser s'il est un peu gauche pour vous servir; la charrue, la pelle, la fourche, sont les seuls livres que nous avons ici sous la main. Mon fils n'a pu apprendre la politesse des cours et de la ville.

DON LOPE.

Le soleil est moins ardent, je vais partir.

JUAN.

Je vais chercher votre litière.

(Inès et Isabelle entrent.)

ISABELLE.

Ce n'est pas bien, seigneur; partir comme cela, sans prendre congé des personnes qui ne demandent qu'à s'employer à votre service.

DON LOPE.

Je ne serais jamais parti sans vous baiser la main, et sans vous prier de pardonner la liberté que je veux prendre. Ce n'est pas celui qui récompense qui oblige, c'est celui qui auparavant a rendu service. Ce bijou, quoique entouré de diamans, n'est pas assez magnifique pour vous, mais je vous supplie de l'accepter et de le porter comme venant de ma part.

ISABELLE.

Je suis affligée, seigneur, que vous ayiez la pensée de payer aussi largement l'accueil que vous avez trouvé dans cette maison; l'honneur que vous nous avez fait est assez grand pour que nous vous ayions nous-même des obligations.

DON LOPE.

Ce n'est point un dédommagement, c'est une preuve d'amitié.

ISABELLE.

A ce dernier titre, je le reçois. Permettez que je recommande mon frère à vos bontés, puisqu'il a été assez heureux pour mériter d'être admis au nombre de vos serviteurs.

DON LOPE.

Je vous le répète, soyez tranquille à cet égard, il est avec moi.

JUAN.

La litière est prête.

DON LOPE.

Adieu.

CRESPO.

Que le ciel vous conserve !

DON LOPE.

Adieu, excellent homme.

CRESPO.

Adieu, noble seigneur don Lope.

DON LOPE.

Qui vous aurait dit, le premier jour que nous nous sommes vus ici, que nous serions de si bons amis pour la vie !

CRESPO.

Moi, seigneur je l'aurais dit, si j'eusse su que vous étiez......

DON LOPE.

Dites-le franchement.

CRESPO, en s'en allant.

Un fou d'une si bonne espèce.

(Don Lope s'en va.)

CRESPO, à son fils.

Pendant que don Lope se prépare à monter dans sa litière, mon fils, écoute bien ce que je vais te dire ici, en présence de ta sœur et de ta cousine.

« Grâces à Dieu, Juan, tu es né d'une famille
» honnête et sans tache, mais tout-à-fait plébéienne.
» Je te dis l'un comme l'autre, d'abord pour que tu
» n'en conçoives pas une telle méfiance de toi-même
» que tu n'oses aspirer à devenir, par des moyens
» convenables, plus que tu n'es ; ensuite, pour que,
» donnant dans un excès contraire, tu ne te fasses
» pas mépriser par une sotte vanité. Sois modeste ;
» la prudence sera la règle de tes actions. Tu sauras
» souffrir certaines choses inévitables contre les-
» quelles un fol orgueil se révolte, sans pouvoir les
» changer. Combien de défauts sont rachetés par la
» modestie et l'humilité ! Combien l'orgueil gâte de
» caractères d'ailleurs estimables! Sois poli surtout,
» libéral, affable. Le chapeau et l'argent font beau-
» coup d'amis, et tout l'or qui est sorti des mines de
» l'Amérique, ou que les mers ont englouti, ne vaut
» pas l'avantage d'être aimé généralement. Ne parle
» point mal des femmes, pas même de celles de la
» dernière classe ; toutes sont dignes de considéra-
» tion : sans elles nous ne serions pas venus au
» monde. Ne te bats pas pour des bagatelles. Lorsque
» je vois des maîtres d'armes qui enseignent l'art de
» se tuer, je me dis à moi-même : ce n'est point à se
» battre avec adresse, avec élégance, avec courage
» qu'on devrait s'exercer, mais à savoir dans quel
» cas et pour quels motifs il est convenable de se
» battre. Je suis certain que s'il y avait un seul
» maître qui donnât des leçons de cette dernière es-
» pèce, chacun s'empresserait de lui confier l'édu-
» cation de ses enfans. Avec ces conseils et l'argent
» que je t'ai donné pour faire ton voyage, et en ar-

» rivant, les habits nécessaires, avec la protection
» de don Lope surtout, et ma bénédiction que je te
» donne aussi, mon fils, j'espère te voir un jour
» dans une meilleure position. Adieu, je sens que
» je vais m'attendrir. »

JUAN.

Mon père, vos leçons restent désormais gravées dans mon cœur; elles n'en sortiront jamais tant que je vivrai : permettez que je baise votre main, et toi, ma sœur, embrasse-moi; j'entends partir la litière de don Lope, et je cours les rejoindre.

ISABELLE.

Je voudrais bien te retenir dans mes bras.

JUAN, à Inès.

Cousine, adieu.

INÈS.

Je n'ai pas la force de te parler ; mes yeux t'en disent assez. Adieu.

CRESPO.

Allons, pars vite; plus je te vois, plus je suis fâché que tu nous quittes. Si je n'avais pas donné ma parole !.....

JUAN.

Que le ciel vous conserve tous !

(Il s'en va.)

CRESPO.

Que Dieu t'accompagne, mon fils.

ISABELLE.

Mon père, que vous avez été cruel !

CRESPO.

A présent qu'il n'est plus là, je me sens moins

ému....; car enfin qu'aurait-il fait en restant toujours ici ? il n'aurait jamais été qu'un fainéant, un être nul. Qu'il aille servir le roi.

ISABELLE.

Je suis peinée de le voir partir de nuit.

CRESPO.

Voyager la nuit, en été, c'est plutôt un plaisir qu'une fatigue, et il faut qu'il rejoigne bientôt don Lope. (*A part.*) Cet enfant m'a attendri. Je m'efforce de cacher mon émotion.

ISABELLE.

Rentrez, mon père.

INÈS.

Puisqu'il n'y a plus de soldats, restons encore un moment à la porte et jouissons de la fraîcheur de l'air ; les voisins ne tarderont pas à sortir aussi de leurs maisons.

CRESPO.

En vérité, je ne veux pas rentrer non plus. Je vois d'ici le chemin qu'a pris mon enfant ; il me semble que je le vois lui-même marcher. Inès, apporte-moi un siége.

INÈS.

En voilà un.

ISABELLE.

On dit que cette après-dînée l'élection des magistrats a eu lieu.

CRESPO.

Nous sommes en août : c'est l'usage ; cela se fait toujours à cette époque.

JOURNÉE II SCÈNE IV.

(Isabelle, Inès, Crespo sont assis devant la porte de la maison. Le capitaine, Rebolledo, L'Étincelle, plusieurs soldats arrivent de l'autre côté du théâtre.)

LE CAPITAINE, à sa suite.

Ne faites pas de bruit. Toi, Rebolledo, avertis la servante que je suis ici.

REBOLLEDO.

J'y vais : mais que vois-je ? du monde devant la porte ?

LE SERGENT.

Aux reflets de la lune sur les visages, je reconnais Isabelle ; je ne me trompe pas.

LE CAPITAINE.

C'est elle, mon cœur me l'a dit sans le secours de la lune. Nous arrivons au bon moment ; si nous avons du cœur, notre affaire est faite.

LE SERGENT.

Capitaine, voulez-vous écouter un conseil ?

LE CAPITAINE.

Non.

LE SERGENT.

Eh bien ! je ne vous en donnerai pas. Faites ce que vous voudrez.

LE CAPITAINE.

Je m'élance, j'enlève Isabelle ; vous, tirez l'épée et empêchez qu'on ne me suive.

LE SERGENT.

Nous sommes à vos ordres.

LE CAPITAINE.

Il est entendu que nous nous retrouverons dans le bois voisin, à la droite de la route.

REBOLLEDO, à L'Étincelle.

L'Étincelle !

L'ÉTINCELLE.

Quoi ?

REBOLLEDO.

Garde les manteaux.

LE CAPITAINE.

Je veux arriver le premier.

CRESPO.

Nous avons assez pris le frais, rentrons.

LE CAPITAINE.

Il est temps, amis ; à moi !!

ISABELLE.

Ah ! traître ! Seigneur, que faites-vous ?

LE CAPITAINE.

C'est une fureur, un délire d'amour.

(Il l'enlève et sort.)

ISABELLE, dans la coulisse.

Infame ! mon père !

CRESPO.

Ah ! misérables !

INÈS.

Je rentre dans la maison.

CRESPO.

Infâmes, traîtres, parce que je n'ai pas une épée !

REBOLLEDO.

Rentrez, si vous ne voulez pas que la mort....

CRESPO.

Que m'importe la vie quand on me ravit l'honneur ! Ah ! si j'avais mon épée ! Désarmé, comment les suivre ! Si je vais chercher mon épée, ils fuient, les trouverai-je encore ? que faire ? Ciel injuste ! De toute manière le danger est le même....

INÈS, accourant avec une épée.

Tenez, voilà votre épée.

(Elle s'en va.)

CRESPO.

Elle vient à propos ; traîtres, à présent j'ai de l'honneur, je puis les poursuivre. Lâchez votre proie, vils misérables ; j'aurai ma fille ou il m'en coûtera la vie.

LE SERGENT.

Vaine entreprise, nous sommes en nombre.

CRESPO.

Mes malheurs aussi me donnent de la force ; ah ! faut-il encore que la terre manque sous mes pieds ?

(Il tombe.)

REBOLLEDO.

Tuons-le.

LE SERGENT.

Ce serait trop à la fois, l'honneur et la vie ! Non, il vaut mieux le lier et le conduire dans le bois où nous le laisserons attaché à un arbre, afin qu'il ne puisse donner l'alarme dans le village.

ISABELLE, derrière la toile.

Mon père, mon père, ah ! seigneur !

CRESPO.

Ma fille !

REBOLLEDO, au sergent.

Fais ce que tu as dit.

(Il le lie et l'emporte.)

CRESPO, s'en allant avec les soldats.

Ma fille, mes soupirs seuls peuvent aller vers toi!

ISABELLE, derrière la toile.

Ah! malheureuse que je suis!

CRESPO.

Et moi, ma fille!

JUAN, arrivant.

Quelles voix frappent mon oreille! quels cris! mon cheval s'est abattu à l'entrée du bois, et je tombe avec lui; il se relève et s'enfuit dans la forêt: je cours après et j'entends de tous côtés des gémissemens qui m'effraient. Je ne reconnais pas ces voix confuses, étouffées.... Il y a deux êtres souffrans qui, chacun de son côté, m'appellent à leur secours: mais l'un d'eux paraît une femme; je..... Allons à celle-ci; ainsi, me l'a dit mon père: tirer l'épée quand le motif est grave, et honorer les femmes. Je vais suivre à la fois les deux préceptes.

FIN DE LA DEUXIÈME JOURNÉE.

JOURNÉE TROISIÈME.

SCÈNE PREMIÈRE.

Une forêt.

ISABELLE seule.

O jour ! ne viens plus éclairer le monde ; dans cette obscurité qui protége mon ignominie, je rougis moins de l'état où ils m'ont réduite. O vous dont le règne ne dure qu'une nuit, fugitives étoiles, ne permettez pas que l'aurore vienne sitôt vous remplacer dans la plaine azurée du ciel ; son aimable sourire et ses larmes ne valent point vos douces clartés ; et s'il faut enfin que l'aurore se montre, qu'elle ne laisse voir que ses larmes ! Et toi, soleil, prolonge ton séjour dans le sein des mers écumantes ; souffre pour cette fois du moins que l'empire douteux de la nuit dure quelques heures de plus. Soleil, sois sensible à ma prière ; fais en sorte qu'on puisse dire que tes faveurs sont volontaires, et non l'effet d'un ordre invariablement établi ! Pourquoi te hâterais-tu de venir révéler au monde le plus noir de tous les forfaits, la plus affreuse violence que le ciel ait permise pour se venger des hommes ? Hélas ! tu ne m'écoutes point : depuis que je te conjure de retarder ta course, je vois ta face majestueuse s'élever au-dessus des monts ! Infortunée que je suis, tu sembles d'accord avec mes bourreaux ; ta présence vient éclairer ma honte et redoubler les peines qui me déchirent le cœur ! Que faire ? où aller ? Si je retourne à la maison de mon père, quel affront pour ce vieillard dont toute la joie, tout le bonheur était de se mirer dans le pur cristal de l'honneur de sa fille, de sa fille aujourd'hui si scandaleusement outragée ! Si la crainte ou le respect m'empêchent d'aller chercher des consolations auprès de mon père, on osera dire peut-être que ma fuite fut volontaire, que je suis complice de mon infamie, et mon innocence ne me sauvera pas des funestes interprétations de la malice ! Que j'ai eu tort de chercher à me sauver des mains de mon frère ! Ne valait-il pas mieux que dans l'aveuglement de sa colère il m'eût donné la mort, en me trouvant dans l'état où j'étais ? Je veux l'appeler ; qu'il revienne avec toute sa fureur, qu'il me délivre de la vie.... Quelle voix ai-je entendue !

CRESPO, derrière la toile.

Ah ! tue-moi ; encore une fois ta rigueur sera un bienfait ; la vie est un supplice pour moi !

ISABELLE.

Quelle est cette voix étouffée ? j'ai peine à la reconnaître.

CRESPO.

Arrachez-moi la vie, par pitié !

ISABELLE.

Ciel! il invoque aussi la mort! Il y en a donc d'autres pour qui la vie est un supplice... Que vois-je?

(Elle apperçoit son père attaché à un arbre.)

CRESPO.

Si dans ces forêts il peut se trouver quelqu'un qui ait des sentimens de générosité, qu'il vienne me donner la mort!.... Ah! quel objet a frappé ma vue!

ISABELLE.

Les mains liées derrière le dos, attaché à un arbre, implorant le secours du ciel! Dieux! c'est mon père!

CRESPO.

Je vois ma fille! — Viens, ma fille; détache ces liens.

ISABELLE.

Mon père, ah! je n'ose; quand vos mains seront libres, pourrai-je vous raconter mes malheurs?... En apprenant ma honte, vous m'arracherez la vie; il faut auparavant que vous sachiez.....

CRESPO.

Non, Isabelle, non; ferme ta bouche: il y a des malheurs qui n'ont pas besoin d'être racontés; on les sait d'avance.

ISABELLE.

Il faut que vous sachiez ce qui m'est arrivé: votre vertu s'en irritera, et vous voudrez me punir sans m'entendre jusqu'au bout. J'étais hier soir auprès de vous, dans cette heureuse sécurité que vos cheveux blancs inspiraient à ma jeunesse, lorsque ces traîtres masqués m'enlevèrent : ainsi l'audace effrénée rend inutiles toutes les résistances de l'honneur; ainsi le loup affamé ravit l'agneau suspendu aux mamelles de sa mère. Ce capitaine, cet hôte ingrat qui dès le premier jour avait rempli la maison de troubles et de soupçons, me saisit dans ses bras, tandis que des soldats ses complices protégeaient son attentat : cet endroit caché de la forêt lui servit d'asile. Les forêts sont l'asile de tous les crimes.

Ici même, ayant repris deux fois connaissance, j'entendis votre voix qui, s'affaiblissant peu à peu, finit par s'éteindre : d'abord, j'avais entendu distinctement vos paroles; ensuite, ce ne fut plus qu'un son lointain et confus que l'écho cessa bientôt de répéter. C'est ainsi que, lorsque la trompette s'éloigne ou se tait, il reste encore pendant quelques momens une vibration dans les airs qui n'est plus un son articulé, mais qui rappelle celui qu'on avait entendu.....

L'infâme, voyant qu'il n'était plus poursuivi; que j'étais sans aucune défense; que la lune même cachait dans un sombre nuage, soit par cruauté, soit par vengeance, cette lumière qu'elle emprunte au soleil, voulut (ayez pitié de moi), voulut, dis-je, justifier son amour par de trompeuses paroles. Comment osa-t-il, d'un instant à l'autre, passer de l'offense la plus atroce à des protestations de tendresse? Malheur à l'homme qui veut gagner les cœurs par la violence! ne voit-il pas que le véritable triomphe de l'amour consiste à obtenir l'aveu de celle qu'on aime?

Celui qui croit posséder une beauté qu'il outrage,

et dont le cœur le repousse, peut bien s'applaudir de son affreuse victoire; mais il n'a caressé qu'un cadavre. Que de supplications je lui adressai! Tantôt fière, tantôt soumise, j'essayai tous les moyens de l'effrayer ou de l'attendrir. Orgueilleux, cruel, grossier, effronté, audacieux, rien n'a pu le fléchir; et si ce que les paroles n'osent pas prononcer peut être expliqué par les actions, je cache mon visage de honte, mes yeux pleurent mon malheur, je me tords les mains de rage, je meurtris mon sein gonflé de colère. Mon père, interprétez ces démonstrations; ma bouche ne peut en dire davantage. J'exhalais des plaintes inutiles qui se perdaient dans les airs, ne demandant plus de secours au ciel, mais implorant sa justice quand l'aurore a paru; guidée par elle, je cours dans la forêt, j'entends du bruit, et j'aperçois mon frère. O ciel! les malheureux ne tardent guère de voir s'accumuler leurs peines. La clarté douteuse du jour naissant suffit pour lui apprendre mon malheur avant que je le lui raconte, parce que le chagrin a l'œil perçant et soupçonneux; il tire cette épée que vous veniez de lui donner. Le capitaine voyant le secours, hélas! trop tardif qui m'arrivait, tire la sienne aussi: ils se jettent l'un sur l'autre; l'un attaque, l'autre se défend: et moi, tandis qu'ils se battent avec fureur, voyant que mon frère ignorait si j'étais coupable ou innocente, pour ne pas exposer ma vie en cherchant à me justifier, je m'éloigne dans les profondeurs de la forêt, non sans regarder quelquefois en arrière à travers les branches de feuillages pour voir le combat dont je redoutais l'issue. Bientôt mon frère blesse le capitaine : celui-ci tombe. Il allait lui porter un dernier coup, lorsque les soldats qui étaient venus avec lui le trouvent dans cet état et cherchent à le venger. Mon frère songe d'abord à se défendre ; mais les voyant si nombreux, il s'enfuit avec rapidité, sans que les autres courent après lui. Ils ne sont occupés que de soigner le capitaine, et renoncent à poursuivre son adversaire : ils ont emporté le capitaine dans leurs bras du côté du village, s'inquiétant peu de son crime, et ne cherchant qu'à remédier au danger le plus pressant, celui de sa blessure. Pour moi, tombant d'un malheur dans un autre, confuse, honteuse, désolée, je vais, je cours dans toute la forêt sans savoir où je suis. Me voici enfin, mon père, à vos pieds. Avant que vous me donniez la mort, j'ai voulu vous raconter mes douleurs : vous les savez à présent ; prenez sans pitié votre épée, ne ménagez point ma vie ; je vais vous ôter ces liens, que vous allez passer autour du cou de votre malheureuse fille : elle a perdu son honneur. Vous êtes libre ; donnez-moi la mort : on dira que, pour ressusciter le vôtre, vous n'avez pas hésité à la sacrifier.

CRESPO.

Lève-toi, Isabelle ; ne reste point à genoux. Sans ces événemens qui viennent parfois éprouver si douloureusement notre sensibilité, les peines seraient ignorées, et le bonheur n'aurait aucun prix. Ces événemens malheureux sont l'apanage de l'humanité ; il faut les recevoir courageusement, et en conserver un profond souvenir. Ma fille, allons-nous-en vite à la maison. Ton frère est en danger ; il y a des démarches urgentes à faire pour savoir ce qu'il est devenu, et le sauver.

ISABELLE.

O fortune! il y a ici, ou beaucoup de prudence, ou beaucoup de dissimulation.

CRESPO.

Allons, ma fille; vive Dieu, que si le besoin de se faire panser a forcé le capitaine de rentrer dans le village, je pense qu'il serait heureux pour lui de mourir de cette blessure, pour lui en éviter d'autres que je lui réserve; car je ne serai tranquille que jusqu'à ce qu'il ait expiré de ma main. Allons chez nous, ma fille.

(Le greffier de la commune entre.)

LE GREFFIER.

Seigneur Pierre Crespo, je vous félicite.

CRESPO.

Pourquoi, greffier?

LE GREFFIER.

Le conseil vous a nommé alcade [9], et vous avez pour étrennes deux grandes affaires : la première, c'est la venue du roi, qui arrive aujourd'hui ou demain; l'autre, c'est que des soldats ont amené secrètement au village ce capitaine qui avait ici sa compagnie. Il est blessé; il ne veut pas dire par qui. Si on peut découvrir cela, ce sera une procédure très-grave.

CRESPO.

Au moment où je songe à me venger, voilà que la justice me fait moi-même l'arbitre de mon honneur. Comment oserais-je me rendre coupable d'un attentat, quand on vient de me confier l'autorité pour empêcher les autres d'en commettre ? Mais tout ceci demande réflexion. (*Au greffier.*) Je suis très-reconnaissant de la confiance qu'on me témoigne.

LE GREFFIER.

Venez à la salle du conseil, prendre possession de votre charge ; vous pourrez là même procéder à l'enquête.....

CRESPO.

J'y vais ; greffier, retirez-vous.

ISABELLE.

Ciel, aie pitié de moi. Mon père, voulez-vous que je vous accompagne ?

CRESPO.

Ma fille, ton père est alcade : il saura te faire justice.

(Ils s'en vont.)

SCÈNE II.

Une maison du village de Zalaméa.

LE CAPITAINE, blessé ; LE SERGENT.

LE CAPITAINE.

La blessure était peu de chose, pourquoi m'avez-vous conduit ici ?

LE SERGENT.

Qu'en savait-on ? Il fallait d'abord voir ce que c'était et vous panser. A présent il est convenable de ne pas exposer la vie, à cause de la blessure. Mais, avant tout, il était indispensable d'arrêter le sang.

LE CAPITAINE.

Je suis pansé. Ne restons plus ici ; partons avant qu'on sache que nous y sommes. Les autres sont-ils là ?

LE SERGENT.

Oui.

LE CAPITAINE.

Éloignons-nous de ces vilains ; s'ils sont avertis que je suis ici, il faudra peut-être en découdre.

(Rebolledo entre.)

REBOLLEDO.

Capitaine, voici la justice [10] !

LE CAPITAINE.

Qu'a de commun avec moi la justice civile ?

REBOLLEDO.

Ils n'en sont pas moins entrés chez vous.

LE CAPITAINE.

Tant mieux ; je n'ai plus rien à craindre des habitans du village. La justice civile doit nécessairement me renvoyer au conseil de guerre.

REBOLLEDO.

Le paysan aura porté plainte contre vous.

LE CAPITAINE.

Je le pense.

CRESPO, dans la coulisse.

Gardez toutes les portes ; qu'aucun soldat ne sorte.

Si quelqu'un veut forcer la consigne, tuez-le sur-le-champ.

LE CAPITAINE.

Comment osez-vous entrer ici? Mais que vois-je?

(Crespo, le bâton d'alcade à la main (1). Suite d'alguazils, le greffier.)

CRESPO.

Et pourquoi non ? la justice a-t-elle besoin de permission ? Je ne le pense pas.

LE CAPITAINE.

La justice, si en effet vous êtes devenu alcade depuis hier, n'a rien à démêler avec moi.

CRESPO.

Seigneur, ne vous emportez point ; je viens seulement remplir une formalité, avec votre permission : il convient que nous soyons seuls vous et moi.

LE CAPITAINE, aux soldats.

Retirez-vous.

CRESPO, à ses alguazils.

Et vous aussi ; mais ayez l'œil sur les soldats.

LE GREFFIER.

C'est entendu.

(Les soldats, les alguazils et les paysans s'en vont.)

CRESPO.

En ma qualité d'alcade, je me suis servi du nom de la justice pour vous forcer de m'écouter. A présent je dépose les marques de mon caractère public. Je suis un simple particulier, et je viens vous entretenir de mes peines. (*Il dépose son bâton d'alcade.*) Nous sommes seuls, don Alvar ; parlons avec une entière franchise, toutefois sans que nos chagrins enfermés au fond notre cœur éclatent avec trop de violence. Je suis un homme de bien ; si j'avais eu le choix de ma naissance, le ciel m'est témoin que j'aurais voulu qu'elle fût sans aucune espèce de tache qui pût faire souffrir mon amour-propre. Cependant, parmi mes égaux, j'ai su mériter quelque considération ; le conseil municipal et mes concitoyens m'accordent leur estime ; je suis passablement riche, plus même, par la grâce de Dieu, que les autres habitans du pays. Ma fille, à ce que je crois, a été élevée dans la retraite et dans la vertu ; elle jouit d'une bonne réputation : aussi quelle mère eut soin de son enfance ! Que le ciel fasse paix à son âme ! Je pense, seigneur, qu'il me suffit, pour ne vous laisser aucun doute sur tout cela, de vous dire que, quoique riche, personne ne parle mal sur mon compte. Sans être fier, je ne me laisse insulter par qui que ce soit : cependant nous habitons un petit village où l'on a surtout le défaut d'aimer à se critiquer les uns les autres : plût à Dieu qu'on s'y contentât de savoir les torts ou les faiblesses du voisin, sans se faire un plaisir de les publier ! Que ma fille soit belle, rien ne le prouve mieux que ce que vous avez fait, et les larmes qu'elle me coûte..... Seigneur, tout mon malheur vient de là : mais ne vidons pas ici toute la coupe d'amertume ; il faut que la résignation ait encore de quoi s'exercer : cependant, seigneur, ne laissons pas tout-à-fait aller les choses comme elles veulent ; nous devons faire aussi de notre côté quelques efforts pour les améliorer. Le malheur dont il s'agit, vous le voyez, seigneur, il est extrême ; je ne puis le passer sous silence : Dieu sait que si j'avais le moyen de le tenir renfermé dans mon sein, il n'en sortirait pas, je ne viendrais pas vous en parler, je me soumettrais à mon sort avec une entière résignation. Mais forcé de chercher la réparation d'un outrage aussi scandaleux, je ne vois pas que le remède puisse consister dans la vengeance ; après mille réflexions douloureuses, je ne vois qu'un parti qui me convienne, et qui puisse vous convenir à vous-même, c'est que vous preniez sur-le-champ tout mon bien, sans qu'il reste, à moi et mon fils, une obole pour notre subsistance : je vous amènerai mon fils pour vous supplier à genoux d'accepter cette offre. Nous irons tous les deux demander l'aumône, s'il n'y a pas d'autres ressources pour avoir un morceau de pain. Si vous voulez de plus nous faire appliquer à l'un et à l'autre la marque des esclaves et nous vendre, nous consentons encore à cela. Vous ajouterez le prix de notre personne à la dot que je vous cède. Rendez-nous seulement l'honneur que vous nous avez ravi. Je ne crois pas, seigneur, que le vôtre puisse souffrir dans cette circonstance, parce que, si vos enfans étaient dans le cas de perdre quelque chose pour être mes petits-fils, ils en seraient dédommagés par l'avantage de vous avoir pour père. En Castille, dit le proverbe, c'est le cheval qui porte la selle, et la chose est certaine. (*Il se jette aux genoux du capitaine.*) Voyez que je vous le demande à genoux ; mes pleurs coulent sur ma barbe blanche. Enfin, que viens-je vous supplier de m'accorder ? l'honneur que vous m'avez enlevé vous-même. Cet honneur, c'est mon bien, seigneur ; et pourtant je vous parle avec autant d'humilité que

si je vous demandais quelque chose du vôtre........
Songez que je puis le reprendre de mes propres
mains ; mais je me contente de le recevoir de vous.

LE CAPITAINE.

Ennuyeux vieillard, la patience m'échappe ; sachez-moi gré, toi et ton fils, si je ne vous fais pas périr de ma main l'un et l'autre : c'est la beauté d'Isabelle qui me désarme. Voulez-vous disputer votre affaire l'épée à la main ? Je ne vous crains pas. Voulez-vous suivre la voie des tribunaux ? Vous n'avez ici aucune juridiction sur ma personne.

CRESPO.

Seigneur, vous êtes donc insensible à mes larmes?

LE CAPITAINE.

Les pleurs d'une femme, d'un enfant ou d'un vieillard ne signifient pas grand'chose.

CRESPO.

Vous me refusez toute espèce de consolation ?

LE CAPITAINE.

Que veux-tu de plus ? je te laisse vivre.

CRESPO.

Songez que je suis prosterné à vos pieds ; que je réclame à grands cris mon honneur.

LE CAPITAINE.

Quel ennui !

CRESPO.

Seigneur, je suis alcade de Zalaméa.

LE CAPITAINE.

Tu n'as aucune juridiction sur moi : le conseil de guerre me réclamera.

CRESPO.

C'est votre dernier mot ?

LE CAPITAINE.

Oui, vieillard décrépit et ennuyeux.

CRESPO.

Il n'y a donc plus de remède ?

LE CAPITAINE.

Pas d'autre pour toi que de te taire.

CRESPO.

Pas d'autre ?

LE CAPITAINE.

Non.

CRESPO.

Eh bien ! (*Il se lève.*) Je jure que vous me la paierez.

(Il reprend le bâton d'alcade.)

LE GREFFIER, dans la coulisse.

Seigneur alcade !

LE CAPITAINE.

Qu'oseraient faire ces vilains ?

(Les alguazils et les paysans entrent.)

LE GREFFIER.

Seigneur alcade, qu'ordonnez-vous ?

CRESPO.

Arrêtez le capitaine.

LE CAPITAINE.

Quelle insolence! un homme tel que moi! un officier du roi! C'est impossible.

CRESPO.

Nous essaierons : vous ne sortirez d'ici que prisonnier ou mort.

LE CAPITAINE.

Je vous déclare que je suis capitaine en activité.

CRESPO.

Et moi, suis-je un alcade en retraite? Rendez-vous prisonnier sur-le-champ.....

LE CAPITAINE.

Je ne puis lutter contre la violence. Je me rends. Le roi recevra ma plainte.

CRESPO.

Et la mienne aussi. Fort heureusement sa majesté n'est pas loin. Elle nous écoutera tous les deux. Remettez cette épée.....

LE CAPITAINE.

Il n'est pas convenable que....

CRESPO.

Comment non? Vous êtes prisonnier.

LE CAPITAINE.

Traitez-moi avec plus de respect....

CRESPO.

Oh! cela est juste. (*Aux alguazils.*) Conduisez-le respectueusement à la prison de la ville, et, toujours avec le même respect, mettez-lui les fers aux pieds et une chaîne au cou; ayez également soin, sans manquer au respect qui lui est dû, d'empêcher qu'il ne parle à aucun de ses soldats : mettez ceux-ci au cachot, parce qu'il sera bientôt nécessaire de recevoir leurs déclarations. (*S'adressant au capitaine.*) Et, ceci entre nous, si je trouve les charges suffisamment prouvées, je jure, très-respectueusement, que je vous ferai pendre.

LE CAPITAINE.

Le pouvoir dans les mains d'un vilain !

(Les alguazils emmènent le capitaine.)

LE GREFFIER.

Ce page et ce soldat sont les seuls qu'il a été possible d'arrêter; l'autre s'est sauvé.

CRESPO.

Celui-ci est le drôle qui chante ! Avec un certain tour de gosier que je lui prépare, il ne chantera plus de sa vie.

REBOLLEDO.

Mais, seigneur, est-ce un crime de chanter ?

CRESPO.

Non, c'est un talent. J'ai un instrument qui te fera chanter encore mieux. Déclare la vérité, ou....

REBOLLEDO.

Que voulez-vous que je déclare ?

CRESPO.

Tout ce qui s'est passé hier.

REBOLLEDO.

Votre fille le sait mieux que moi.

JOURNÉE III, SCÈNE II.

CRESPO.

Déclare, ou tu vas mourir.

L'ÉTINCELLE.

Rebolledo, courage; nie tout, et ta valeur sera le sujet d'un couplet que je chanterai éternellement.

CRESPO, à l'Étincelle.

Ton tour viendra, ne sois pas si pressée.

L'ÉTINCELLE.

Je ne crains pas la torture.

CRESPO.

Pourquoi non, dis?

L'ÉTINCELLE.

La loi le défend.

CRESPO.

Et la raison?

L'ÉTINCELLE.

Elle est positive.

CRESPO.

Voyons.

L'ÉTINCELLE.

Je suis enceinte.

CRESPO.

A-t-on vu l'effronterie! Mais modérons-nous. Vous décidez-vous à déclarer? persistez-vous à nier?

L'ÉTINCELLE.

Ah! nous déclarerons, et plus qu'on ne voudra; le pis ce serait de mourir.

CRESPO.

Cela vous sauvera de la torture.

L'ÉTINCELLE.

Puisqu'il en est ainsi, moi, ma vocation est de chanter ; je chanterai, vive Dieu ! (*Elle chante.*) « On veut me donner la torture, etc. »

REBOLLEDO, chante aussi.

« Et moi, que me donnera-t-on ? »

CRESPO.

Y songez-vous, malheureux ?

L'ÉTINCELLE.

Nous préludons, puisque nous allons chanter.

(Ils sortent.)

SCÈNE III.

La maison de Crespo.

JUAN.

Depuis que je blessai le traître, et que je fus obligé de m'enfuir à l'arrivée de ses complices, j'ai parcouru toute la forêt sans trouver ma sœur... Je reviens au village, dans notre maison, où je raconterai tout à mon père ; il me conseillera ce que je dois faire pour sauver à la fois et la vie et l'honneur.

(Inès et Isabelle, les yeux pleins de larmes, entrent.)

INÈS.

Eh ! mon Dieu ! ne te laisse pas accabler par la douleur ; vivre dans cet état, c'est mourir.

ISABELLE.

Et qui te dit, ma chère, que je tienne à la vie ?

JUAN, *de l'autre côté du théâtre, sans les voir.*

Je dirai tout à mon père. (*Il les aperçoit.*) Mais n'est-ce pas Isabelle?... Qu'attends-je?...

(Il tire sa dague.)

INÈS.

Mon cousin!

ISABELLE.

Mon frère, que vas-tu faire?

JUAN.

Te punir d'avoir compromis mon honneur et ma vie.

ISABELLE.

Écoute....

JUAN.

Non; tu mourras de ma main, vive Dieu!

(Crespo entre.)

CRESPO.

Qu'est-ce donc?

JUAN.

Mon père, c'est venger une injure; punir celle qui....

CRESPO.

C'est assez, c'est assez. Tu t'égares, mon fils; oser venir ici!

JUAN.

Qu'entends-je, que vois-je?

CRESPO.

Se présenter ainsi devant moi, après avoir tout à l'heure blessé un capitaine dans la forêt!

JUAN.

Si je l'ai blessé, c'est en défendant votre honneur et le mien....

CRESPO.

C'est assez, dis-je; qu'on le mène aussi en prison.

JUAN.

C'est de cette manière que vous traitez votre fils!

CRESPO.

Je n'épargnerais pas mon propre père. (*A part.*) J'assure sa vie, et l'on dira que c'est une singulière manière de rendre la justice.

JUAN.

Écoutez-moi; j'ai blessé un traître, et je voulais aussi tuer ma sœur....

CRESPO.

Je le sais; mais il ne suffit pas de le savoir comme Pierre Crespo, il faut que je le sache comme alcade, et par la voie de l'enquête judiciaire. Tu dois aller en prison. (*A part.*) Il sera facile de le justifier.

JUAN.

On ne conçoit rien à vos motifs. Votre honneur est perdu; vous faites arrêter celui qui veut vous le rendre; vous gardez auprès de vous celle qui est la cause de votre malheur.

(On l'emmène en prison.)

CRESPO.

Viens, Isabelle; signe ta plainte contre celui qui t'a outragée.

ISABELLE.

Quoi! vous, mon père, vous allez publier ainsi ce que vous vouliez ensevelir dans le silence! Puisque vous ne pouvez venger notre injure, tâchez au moins

JOURNÉE III, SCÈNE III.

de la taire... Dispensez-moi d'une formalité si pénible... je sais le moyen de réparer mon honneur.

CRESPO.

Voici l'emblème de la justice. — Elle ne veut pas céder aux moyens de douceur, je saurai la contraindre par force.

(Il prend son bâton.)

DON LOPE, dans la coulisse.

Arrête, cocher.

CRESPO.

Qui nous arrive ? qui entre chez moi ?

(Don Lope entre.)

DON LOPE.

O Pierre Crespo ! me reconnaissez-vous ? Je reviens de loin ; je sais qu'il y a ici une mauvaise affaire : j'ai voulu descendre chez vous, et non ailleurs, parce que je compte sur votre amitié.

CRESPO.

Soyez le bienvenu ; vous me faites toujours beaucoup d'honneur.

DON LOPE.

Votre fils n'a pas paru....

CRESPO.

Vous saurez bientôt le motif : mais veuillez bien me dire celui qui vous amène ; vous avez l'air tout agité....

DON LOPE.

La plus haute insolence qu'on ait jamais imaginée ; la plus insigne témérité qu'on puisse commettre ; un soldat est venu me prévenir au milieu de la route que.... Je vous l'avoue, Crespo, la colère me suffoque.

CRESPO.

Voyons, seigneur, de quoi s'agit-il?

DON LOPE.

Qu'un misérable alcade de ce village a fait mettre en prison l'un de mes capitaines ; et vive Dieu ! que jamais ma jambe ne m'a fait souffrir comme aujourd'hui, car elle m'a empêché d'arriver plus tôt ici pour punir cet insolent. Vive Dieu ! que je le ferai périr à coups de bâton.

CRESPO.

Seigneur don Lope, vous avez fait une course inutile ; je pense que l'alcade ne se les laissera pas donner.

DON LOPE.

Je les lui donnerai sans qu'il veuille les recevoir.

CRESPO.

Je ne vois pas la chose si claire... Je ne conçois pas même qu'on ait pu vous donner un conseil aussi hasardé. Savez-vous pourquoi l'alcade a fait arrêter le capitaine?

DON LOPE.

Non : mais, quel que soit le motif, que la partie intéressée me demande justice, je sais très-bien faire couper des têtes, s'il est nécessaire.

CRESPO.

Je ne crois pas, seigneur, que vous compreniez bien ce qu'est un alcade dans son village.

DON LOPE.

Sera-t-il autre chose qu'un vilain, au bout du compte?

CRESPO.

Il ne sera qu'un vilain, sans doute, mais ce vilain, s'il se met en tête de faire étrangler le capitaine, rien ne pourra l'en empêcher.

DON LOPE.

Vive Dieu! qu'on l'en empêchera! et si vous voulez vous convaincre de ce que je vous en dis, Crespo, faites-moi savoir où je le trouverai.

CRESPO.

Tout près d'ici.

DON LOPE.

Venez me le montrer, cet insolent...

CRESPO.

C'est moi!

DON LOPE.

Vive Dieu! je m'en doutais.

CRESPO.

Vive Dieu! que c'est comme je vous le dis.

DON LOPE.

Eh bien! Crespo, ce qui est dit est dit.

CRESPO.

Eh bien! seigneur, ce qui est fait est fait.

DON LOPE.

Je suis venu chercher le prisonnier et punir l'attentat commis sur sa personne.

CRESPO.

Eh bien, moi, seigneur, je le tiens ici en prison pour ce qu'il a fait ici.

DON LOPE.

Vous devez savoir qu'il est au service du roi, et que c'est moi qui suis son juge.

CRESPO.

Savez-vous qu'il m'a enlevé ma fille?

DON LOPE.

Savez-vous que je suis le maître de cette affaire?

CRESPO.

Savez-vous qu'il a outragé mon honneur dans cette forêt qui est là?

DON LOPE.

Savez-vous les priviléges de ma dignité militaire?

CRESPO.

Savez-vous que je l'ai supplié de terminer paisiblement, et qu'il a rejeté ma prière?

DON LOPE.

Vous usurpez une juridiction qui n'est pas la vôtre?

CRESPO.

Il a usurpé mon honneur qui ne lui devait rien.

DON LOPE.

Je le forcerai à vous satisfaire. Je répondrai pour lui.

CRESPO.

Je ne prie jamais un autre de faire pour moi ce que je puis faire moi-même.

DON LOPE.

Je veux emmener le prisonnier; je m'y suis engagé.

CRESPO.

Et moi, j'ai fini ma procédure.

DON LOPE.

Qu'est-ce que c'est? une procédure!

CRESPO.

Quelques feuilles de papier que je couds l'une à l'autre à mesure que j'ai écrit les déclarations des témoins.

DON LOPE.

J'irai l'enlever dans sa prison.

CRESPO.

Vous pouvez y aller. Je vous préviens seulement que j'ai donné ordre de tirer sur quiconque s'en approchera.

DON LOPE.

Je suis accoutumé aux balles. Mais cette action ne sera pas meurtrière. (*A ses gardes.*) Courez : que toutes les compagnies qui sont en marche s'arrêtent, et, formées en bataillons, qu'elles rentrent dans le village, tambour battant et les mèches allumées.

UN DE SES GARDES.

Il n'est pas nécessaire de les appeler. La nouvelle de ce qui se passe s'est répandue parmi la troupe; elle est rentrée d'elle-même, et tout le village est occupé.

DON LOPE.

Vive Dieu ! nous allons voir si j'aurai le prisonnier.

CRESPO.

Vive Dieu ! auparavant, je sais ce que j'ai à faire.

(Ils sortent.)

DON LOPE, dans la coulisse.

Voilà la prison, soldats. Le capitaine est là : si on ne le livre pas, mettez le feu partout ; et si quelqu'un bouge, brûlez le village tout entier.

LE GREFFIER, dans la coulisse.

Ils peuvent brûler la prison ; on ne lui rendra pas la liberté.

VOIX CONFUSES, dans la coulisse.

Meurent les *péquins*.

D'AUTRES VOIX.

Nous allons voir.....

DON LOPE, toujours dans la coulisse.

Ils sont nombreux. Brisez les portes ; mettez le feu partout.

SCÈNE IV.

La place publique où est la prison.

LE ROI PHILIPPE II, DON LOPE, les soldats ; de l'autre côté, **CRESPO** ; suite de paysans.

LE ROI.

Quel est ce désordre ? Comment ! à l'instant où j'arrive...

DON LOPE.

Sire, la plus insigne témérité d'un vilain... Vive

Dieu ! si votre majesté eût tardé un moment de plus, elle eût trouvé ici une illumination générale.

LE ROI.

Qu'est-il donc arrivé?

DON LOPE.

Un alcade a osé faire arrêter un capitaine : je suis venu le réclamer ; il a refusé de le rendre.

LE ROI.

Quel est cet alcade?

CRESPO.

Sire, c'est moi.

LE ROI.

Quelles sont vos raisons?

CRESPO.

Cette procédure, où est prouvé jusqu'à l'évidence un crime digne de mort. Il s'agit d'une fille enlevée de la maison de son père, violée dans un bois, qu'on ne veut pas épouser, tandis que son père s'est jeté aux pieds du ravisseur pour l'en supplier.

DON LOPE.

Sire, cet homme est l'alcade ; il est aussi le père de la fille.

CRESPO.

Cela ne fait rien à l'affaire. Si un indifférent venait demander justice, ne devrais-je pas la lui rendre? oui, sans doute. Eh bien ! ne puis-je faire pour ma fille ce que je serais obligé de faire pour une autre? De plus, mon propre fils est aussi arrêté; ne dois-je pas être également juste envers sa sœur? Qu'on voie la procédure, qu'on examine si j'y ai mis de la partialité ou de la mauvaise foi ; si j'ai suborné les témoins ; si je n'ai pas recueilli scrupuleusement leurs dépositions, sans ôter rien ni ajouter à ce qu'ils ont déclaré ; et qu'après, on me fasse payer de ma tête.....

LE ROI, *après avoir parcouru la procédure.*

C'est bien jugé. Mais tu n'as pas l'autorité compétente pour faire exécuter la sentence ; c'est un droit réservé à un autre tribunal : ainsi, remets le prisonnier.

CRESPO.

Il ne sera pas facile de le rendre. Comme il n'y a ici qu'un seul tribunal, il exécute lui-même ses jugemens : ainsi, la chose est faite.

LE ROI.

Que dis-tu ?

CRESPO.

Si vous en doutez, sire, regardez ; voilà le capitaine.

(Le rideau se lève. On voit le capitaine assis sur la chaise adossée au poteau. Il est mort (¹²).

LE ROI.

Comment as-tu l'audace?....

CRESPO.

Votre majesté a dit que la sentence était juste ; quel mal y a-t-il eu à l'exécuter ?

LE ROI.

Le conseil n'aurait-il pas su la faire exécuter aussi ?

CRESPO.

Sire, toute la justice royale ne fait qu'un corps : s'il a plusieurs bras, quel inconvénient y a-t-il à ce que ce bras-ci exécute un jugement qu'un autre bras devait exécuter ? qu'importe d'ailleurs une erreur tout au plus de forme, quand tout d'ailleurs est conforme à la loi, à la raison et à la justice ?

LE ROI.

Puisqu'il en est ainsi, pourquoi, étant noble et capitaine, ne l'avez-vous pas fait décapiter ?

CRESPO.

Vous le demandez, sire ? Comme nos gentilshommes se conduisent bien dans la contrée, notre bourreau n'a pas fait d'apprentissage sur eux : ceci, d'ailleurs, est simplement un droit du défunt ; lorsqu'il le réclamera, justice lui sera faite. En attendant, personne ne doit l'invoquer pour lui.

LE ROI.

Don Lope, c'est une affaire finie. La mort est justement prononcée ; le défaut de forme n'est pas essentiel. Faites partir tous vos soldats le plus tôt possible ; je suis pressé d'arriver en Portugal. (*A Crespo.*) Je vous fais alcade de Zalaméa pour toute votre vie.

(*Il sort.*)

CRESPO.

Votre majesté sait honorer la justice.

DON LOPE.

Rendez grâces à l'heureuse arrivée de sa majesté.

CRESPO.

Quand même le roi ne fût pas venu, il n'y avait plus de remède.

DON LOPE.

Il eût mieux valu vous adresser à moi; j'aurais fait réparer l'honneur de votre fille.

CRESPO.

Elle entrera dans un couvent qu'elle-même a choisi. Son nouvel époux ne regarde pas la qualité.

DON LOPE.

Rendez-moi les autres prisonniers.

CRESPO.

Qu'on les fasse sortir à l'instant.

(Ils arrivent tous.)

DON LOPE.

Votre fils manque : il est mon soldat ; je veux qu'il soit libre aussi.

CRESPO.

Je veux, moi, punir aussi l'insolence qu'il a eue de blesser son capitaine : quoiqu'il puisse s'en justifier en alléguant son honneur offensé, il devait s'y prendre d'une autre manière.

DON LOPE.

C'est bien, Pierre Crespo ; faites qu'on l'appelle.

CRESPO.

Seigneur, le voilà.

JUAN.

Seigneur, votre serviteur est à vos pieds. Je vous suivrai partout.

REBOLLEDO.

Je ne chanterai plus de ma vie.

L'ÉTINCELLE.

Pas moi ; je chanterai toujours quand je verrai l'instrument en question.

CRESPO.

Ici finit cette comédie, qui est une histoire véritable. Pardonnez les fautes de l'auteur.

FIN DE LA TROISIÈME ET DERNIÈRE JOURNÉE.

NOTES

SUR

L'ALCADE DE ZALAMÉA.

(1) *Ordre monacal, ordre mendiant*, jeu de mots dont les Espagnols saisissent bien toutes les allusions. *Un ordre monacal, de bénédictins, de hiéronymites, de bernardins*, c'était le symbole de l'abondance, de tous les biens de ce monde. *Un ordre mendiant, les capucins*, etc., c'était la misère personnifiée, du moins à l'extérieur.

(2) *Je ne puis souffrir le mouton :* il y a quelque allusion dans cette expression. Le mot de mouton, *carnero*, en espagnol, se prête à beaucoup de commentaires. Je n'ai pas deviné le sens particulier que Caldéron a voulu lui donner en cette circonstance.

(3) *Tercio*, vieux français; *terce*, un régiment d'infanterie. Les corps de *miquelets*, catalans, conservent encore le nom de *tercio*.

(4) *Hobereau.* En espagnol *hidalgo; hidalguia*, noblesse. Quand on dit simplement *un hidalgo*, c'est pour désigner un petit et pauvre gentillâtre de village. On ne saurait se faire une idée de la pauvreté dans laquelle vivent la plupart de ces *hidalgos*. — *Cavallero*, c'est autre chose : c'est le gentilhomme à qui sa fortune permet de jouir de toute sa prééminence. Viennent ensuite les personnages titrés, qui sont des *cavalleros* renforcés; enfin les grands d'Espagne des trois classes qu'on peut assimiler à nos ducs à brevet, la troisième; aux ducs héréditaires, la deuxième; aux ducs et pairs, la première; sans qu'il y ait toutefois une analogie parfaite; car tous les titres espagnols sont hé-

réditaires à très-peu d'exceptions près, et l'élévation d'une classe de grandesse à la classe immédiatement supérieure n'est qu'une affaire d'argent. J'oubliais de parler des *savonnettes à vilain;* mais *Pèdre Crespo* en dit assez dans la pièce, pour assigner à ceux qui les achètent leur véritable rang dans la hiérarchie nobiliaire.

(5) *Milieu, ni fin.* Il y a ici un jeu de mots dans le texte. *Ni principios ni fin: principio,* en espagnol, signifie *commencement;* mais il signifie aussi *un plat, une entrée du repas.*

(6) Dans le texte, il est fait allusion au proverbe: *Haz lo que manda tu amo, y sientate con el á la mesa. Fais ce que t'ordonne ton maître, et tu t'assiéras à table avec lui.* C'est-à-dire qu'une obéissance respectueuse doit être la première qualité du domestique, et que son maître lui en saura beaucoup de gré.

(7) Ce privilége est fort recherché par les soldats; celui qui l'obtient exerce le monopole des jeux parmi la troupe; il n'est pas ordinairement accordé par les chefs. Le plus brave s'en empare, et pour le lui enlever il faut se battre avec lui. Le poignard décide la question.

(8) Chanson de cabaret que j'ai traduite tant bien que mal. Les allusions locales, provinciales, ont très-peu de sens pour quiconque n'est pas familiarisé avec les mœurs du pays.

(9) La dignité d'*alcade* est conférée par l'élection libre des citoyens de l'endroit. L'alcade est maire, juge de paix, juge de première instance au civil, au criminel, etc.; mais la voie de l'appel est ouverte aux parties. Cette législation est changée par les nouvelles institutions de l'Espagne, quoique le nom d'*alcade* ait été conservé.

(10) *Voici la justice.* Le capitaine est étonné de cette visite: il a raison. Les militaires n'étaient point soumis à la justice civile, aux tribunaux ordinaires; ils n'étaient justiciables que de leurs chefs ou du conseil suprême de la guerre. Ce privilége est désigné par le mot *fuero,* privilége, exemption, prérogative.

(11) *Le bâton de la justice. La vara*, verge; *baston*, canne. En Espagne, la canne est un signe du commandement, même parmi les militaires : celle que portent les *alcades* est noire, avec une pomme d'ivoire.

(12) *Il est mort* : l'attitude du capitaine mort explique le genre de supplice connu sous le nom de *garrotte*. Le patient est assis sur un tabouret, le dos appuyé à une poutre dressée verticalement : le bourreau l'étrangle par le moyen d'un tourniquet attaché à cette poutre.

FIN DU PREMIER VOLUME.

www.ingramcontent.com/pod-product-compliance
Lightning Source LLC
Chambersburg PA
CBHW070839230426
43667CB00011B/1861